Performance Management

省级高水平应用型专业群建设教材

21世纪应用型本科管理系列规划教材

2nd edition

绩效管理

（第二版）

高毅蓉 崔 沪 主 编

王乐杰 魏文培 副主编

东北财经大学出版社 Dongbei University of Finance & Economics Press 大连

图书在版编目（CIP）数据

绩效管理 / 高毅蓉，崔沪主编. —2版. —大连：东北财经大学出版社，2019.8

（21世纪应用型本科管理系列规划教材）

ISBN 978-7-5654-3610-9

Ⅰ. 绩…　Ⅱ. ①高… ②崔…　Ⅲ. 企业管理-工资管理-高等学校-教材　Ⅳ. F272.923

中国版本图书馆CIP数据核字（2019）第152724号

东北财经大学出版社出版

（大连市黑石礁尖山街217号　邮政编码　116025）

网　　址：http://www.dufep.cn

读者信箱：dufep@dufe.edu.cn

大连永盛印业有限公司印刷　　东北财经大学出版社发行

幅面尺寸：185mm×260mm　　字数：312千字　　印张：13.75

2019年8月第2版　　2019年8月第3次印刷

责任编辑：孙晓梅　吴　奂　　责任校对：吴　非

封面设计：张智波　　版式设计：钟福建

定价：38.00元

教学支持　售后服务　　联系电话：（0411）84710309

如有印装质量问题，请联系营销部：（0411）84710711

第二版前言

企业的发展离不开好的绩效管理体系和管理制度，有效的绩效管理可以把企业的战略、资源、业务和行动有机地结合起来，提高企业的竞争力。同时，绩效管理又是“中国十大管理难题”之首，备受理论界和企业界的关注。

“绩效管理”是人力资源管理专业的主干课，是培养学生综合性管理水平和能力的必修课，具有职业培养性，目的是造就人力资源管理专业化和职业化的人才，因而具有鲜明的应用与实践导向性。本教材在编写过程中结合了编者近年来在“绩效管理”教学中的体会、在一些大中型企业担任咨询管理顾问的实践，以及为企业各层次管理人员和人力资源管理人员提供培训的经验，同时参考和汲取了国内外同类教材的精华，力求新颖、实用、普适。

本教材第二版主要做了以下几方面的调整，以便更加符合现代企业绩效管理的实践和诉求：对每一章都进行了重新审查和必要的修订，以保证其能及时反映新涌现出来的最佳企业实践；使绩效管理各模块的内容更加精练和脉络清晰；相关章节新添加了编者在企业管理咨询中的经营理念、管理方法和经验总结。

除以上内容调整外，本教材保持和扩展了以下特色：

1.内容体系更加系统完整。本教材共分为十章，涵盖了绩效管理的基本原理、技能方法和拓展实践三个方面。第一章和第二章介绍了绩效管理和绩效管理体系的基本概念和基本原理；第三章到第八章按照绩效管理的工作流程，分别对绩效计划，绩效考核指标与标准的设计，绩效考核的方法与实施，绩效沟通、绩效辅导和绩效反馈、绩效考核结果的运用，绩效管理常用工具一系列绩效管理的核心工作和相关技能进行了介绍；第九章和第十章深入剖析了不同员工群体的绩效考核和绩效管理中常见问题的处理。与其他绩效管理教材相比，本教材第九章和第十章的内容阐述更为详细，并且紧密贴合企业管理实践，有利于学生深入了解企业管理中的实际问题，提高人力资源管理实操能力，对企业人力资源管理从业人员也有一定的参考和帮助作用。

2.编写体例新颖，便于学习。本教材每章开始都有学习目标和引导案例，读者在每章学习之始就知道本章的学习轮廓。每章结尾有课后练习题，包括选择题、判断题、问答题、实务题或实训题、案例分析题等多种题型，便于读者总结和复习，加深对本章内容的理解，并可以更好地理论联系实际，激发读者阅读和学习的兴趣。

3.案例重视典型性、针对性和本土化。本教材的引导案例和案例分析突出了案例教学的特色，突出实用性和可操作性。目前的同类教材大多借鉴国外学者的观点，理论性较强，与应用型人才培养目标和企业实际运作体系存在偏差。因此，本教材原创案例、本土案例所占比重较大，所选案例力求融知识性、实用性、可读性于一体。

4.内容尽量做到深入浅出，文字简明易懂，特点突出。本教材的突出特色是：知识面宽，兼收并蓄中外绩效管理的优秀理论和方法；内容新颖，反映人力资源管理学科的最新发展情况，参考文献大多为近年来的研究成果；理论联系实际，符合中国国情。

本教材由高毅蓉负责设计编写大纲并总撰。各章节作者分工如下：第一章、第二章由高毅蓉编写；第三章、第五章由崔沪编写；第四章由高毅蓉和崔沪共同编写；第六章由魏文培编写；第七章、第八章、第九章由王乐杰编写；第十章由李东升编写。

本教材是在北京交通大学劳动经济学科博士生导师袁伦渠教授和林玳玳教授、福建农林大学博士生导师李中斌教授的鼓励和帮助下完成的，修订过程中还采纳了教材使用者山东工商学院高建丽、闫敏等老师所提出的宝贵建议。同时，编者参阅了国内外专家、学者的大量研究成果，并从中借鉴和吸收了许多有价值的理论和观点，在此一并表示衷心的感谢。

本教材配有教学用PPT课件，以及练习题参考答案，选用本教材并有需要的主讲教师可登录东北财经大学出版社网站（www.dufep.cn）下载。对于本科生，为了深入地理解绩效管理知识和掌握相关技能，建议学习本教材之前能掌握“人力资源管理概论”“工作分析”等先修课程的相关知识。

在本教材的编写过程中，尽管我们付出了不懈的努力，但由于水平有限，教材中难免存在不足和疏漏，恳请广大读者和专家批评指正。我们的联系方式是：yironggao@126.com。

编　者

2019年3月

目　录

第一章　绩效管理概述 …… 1
学习目标 …… 1
引导案例 …… 1
第一节　绩效的基本概念 …… 1
第二节　绩效考核与绩效管理 …… 6
课后练习题 …… 15
案例分析 …… 17
第二章　绩效管理体系 …… 19
学习目标 …… 19
引导案例 …… 19
第一节　绩效管理体系概述 …… 19
第二节　绩效管理体系的构建与实施 …… 25
课后练习题 …… 38
案例分析 …… 39
第三章　绩效计划 …… 43
学习目标 …… 43
引导案例 …… 43
第一节　绩效计划概述 …… 44
第二节　绩效计划的制订 …… 47
第三节　绩效目标的制定 …… 56
课后练习题 …… 60
案例分析 …… 62
第四章　绩效考核指标与标准的设计 …… 64
学习目标 …… 64
引导案例 …… 64
第一节　绩效指标的设计 …… 64
第二节　考核标准的制定 …… 67

课后练习题 …… 71
案例分析 …… 73

第五章 绩效考核的方法与实施 …… 75

学习目标 …… 75
引导案例 …… 75
第一节 绝对考核法 …… 76
第二节 相对考核法 …… 82
第三节 绩效考核的实施 …… 90
课后练习题 …… 95
案例分析 …… 97

第六章 绩效沟通、绩效辅导与绩效反馈 …… 98

学习目标 …… 98
引导案例 …… 98
第一节 绩效沟通 …… 98
第二节 绩效辅导 …… 104
第三节 绩效反馈 …… 110
课后练习题 …… 116
案例分析 …… 118

第七章 绩效考核结果的运用 …… 120

学习目标 …… 120
引导案例 …… 120
第一节 绩效改进 …… 121
第二节 绩效考核结果与培训开发 …… 128
第三节 绩效考核结果与人事决策 …… 133
第四节 基于绩效的薪酬 …… 135
课后练习题 …… 147
案例分析 …… 148

第八章 绩效管理常用工具 …… 150

学习目标 …… 150
引导案例 …… 150
第一节 目标管理 …… 151
第二节 360度绩效考核法 …… 158
第三节 关键绩效指标法 …… 163
第四节 平衡计分卡 …… 169
第五节 经济增加值 …… 174
课后练习题 …… 176

案例分析 …… 177
第九章 不同员工群体的绩效考核 …… 179
学习目标 …… 179
引导案例 …… 179
第一节 市场营销人员的绩效考核 …… 179
第二节 研发人员的绩效考核 …… 184
第三节 高层管理人员的绩效考核 …… 189
第四节 职能人员的绩效考核 …… 191
课后练习题 …… 196
案例分析 …… 196
第十章 绩效管理中常见问题的处理 …… 198
学习目标 …… 198
引导案例 …… 198
第一节 企业绩效管理中的常见问题 …… 199
第二节 对绩效管理中存在问题的处理建议 …… 205
课后练习题 …… 207
案例分析 …… 208
主要参考文献 …… 211

第一章　绩效管理概述

学习目标

通过本章的学习，应该掌握以下几个方面的内容：

1.绩效与绩效考核的概念与特征；

2.绩效考核与绩效管理的区别；

3.绩效管理研究的发展历程；

4.绩效管理在人力资源管理中的地位和作用；

5.各级管理人员在绩效管理中的角色与职责。

引导案例

王华是某公司生产车间的主任，他曾经是公司的模范工人，由于技术好，他从一般的生产线工人升职为班组长、车间副主任，一路晋升到车间主任。目前全公司的5个车间，除王华负责的车间外，其他车间的生产计划都超额完成，唯独王华所在车间的生产计划没有完成。他担任车间主任后，感受到了从未有过的压力。吴欣、刘克、张力都是车间的班组长。吴欣从业经验最丰富，能说会道，思维敏捷，王华让他负责最困难的几道工序的生产任务，对他寄予厚望，但事与愿违，一年下来生产计划完成得并不理想。刘克和张力是新提拔上来的班组长，工作局面也一直未打开。

到了年末，除了要做好产量冲刺外，公司年中才开始推行的“绩效管理”还要做。王华叹了一口气，自言自语道：“天天讲管理，天天谈管理，生产还做不做。管理是为生产服务，不以生产为主，管理还有什么意义。又是规范化，又是考核，车间哪有精力去抓生产？公司大了，花招也多了，人力资源部的人员多了，总得找点事来做。考来考去，考得主任精疲力竭，考得工人垂头丧气，产量怎么可能不下滑！不过，还得要应付；否则，公司一个大帽子扣过来，自己吃不了还得兜着走。”

请问：（1）绩效是什么？（2）该公司的绩效考核有什么问题？这算不算绩效管理？

第一节　绩效的基本概念

一、　什么是绩效

“绩效”是一个多义的概念，要对其做出明确的解释非常困难。《现代汉语词典》（第七版）把绩效一词解释成“成绩、成效”。根据《牛津现代高级英汉词典》的解释，绩效指的是“执行、履行、表现、成绩”。对于绩效这一概念，管理学界也存在多种解释。有的专家认为，绩效指的是完成工作的效率与效能；也有专家认为，绩效是员工的工作结果，是对企业的目标达成具有效益、具有贡献的部分；还有专家认为，绩效是个人知识、技能、能力等一切综合素质通过工作而转化为可量化的贡献，包括有形和无形两部分。美国学者贝兹和霍尔顿（1995）则指出，绩效是一个多维结构，观察和测量的角度不同，其结果也会不同。因此，对绩效的含义，在不同的学科领域、不同的组织以及组织发展的不同阶段，人们有不同的解释，尚未形成统一的意见。员工的工作绩效，是指员工在工作岗位上的工作行为表现和工作结果，它体现了员工对组织的贡献多少、价值大小。对组织而言，绩效就是任务在数量、质量及效率等方面的完成情况；对员工个人来说，则是上级和同事对自己工作状况的评价。

从20世纪70年代开始，研究者们就开始关注对绩效内涵的研究。按照考察内容和管理方法的不同，关于企业绩效的研究一般从个人绩效、流程绩效和组织绩效三个层面展开。

（一）个人绩效

从个人层面对绩效内涵进行研究是被更多研究者所关注的。企业中的个人绩效管理集中于怎样促使员工努力工作以达到其工作岗位的要求。目前对个人绩效的理解主要有四种典型的观点：绩效是结果；绩效是行为；绩效是能力素质；绩效是结果、行为和能力的统一体。

1. 绩效是结果

这一观点以结果或产出为导向，出现的时间较早，在实际运用中也比较常见。这种观点就是把绩效视为工作所达到的成果或工作结果的记录。表示绩效结果的相关概念有：职责，关键结果领域，结果，责任、任务及事务，目的，目标，生产量，关键成功因素等。

与这种观点相似，也有人把绩效解释成“完成工作任务”，对于一线生产工人或体力劳动者而言，他们的绩效就是完成所承担的工作任务，即工作结果。但是，对于管理岗位的任职者，工作任务是什么则变得模糊不清和难以界定，他们在工作中必须要在传统的工作任务以外去判断、创造和决策，不可能用完成工作任务的情况来解释他们的绩效。

2. 绩效是行为

“绩效是结果”这一观点把绩效与任务完成、目标达成、工作结果、产出等同起来，但在现实的组织中并没有把二者完全等同起来，这种观点也越来越受到人们的质疑。首先，许多工作结果并不一定是个体行为所致，可能受与工作无关的其他因素影响；其次，员工没有平等的完成工作的机会，而且，员工在工作中的表现不一定都与工作任务有关；再次，过分关注结果会导致忽视重要的过程和人际因素，不适当地强调结果可能会在工作要求上误导员工；最后，过度关注结果也使得上级无法获取反映下级活动情况的信息，不能对其进行有效的指导与帮助。由于以上原因，对绩效以行为为导向的解释逐步产生了，这种观点认为绩效由个体控制之下的、与目标相关的行为组成，行为本身就是绩效。绩效是行为的观点开始被人们重视和接受，但是，如何对行为进行界定同样是非常困难的事情。尽管绩效是行为，但并不是所有的行为都是绩效，只有那些与组织目标的实现有关的行为才是绩效。波曼和默多维德罗（1993）提出了任务绩效和周边绩效（又称为关系绩效）的概念，通过“周边绩效”这一概念来界定那些与组织目标的实现不直接相关，但对组织同样具有意义甚至更为重要的行为[1]。这些被定义为周边绩效的工作行为包括：主动地完成不属于本职工作的任务、活动；表现出超常的工作热情或付出额外的努力来完成工作；工作时帮助他人并与他人合作；即使在个人感到不便时也严格执行组织的规章制度；同意、支持并维护组织目标等。周边绩效的提出使超职责的工作行为得到认可，可以营造良好的组织氛围，对工作任务的完成有促进和催化作用，有利于员工任务绩效的完成以及整个团队和组织绩效的提高。

3. 绩效是能力素质

这种观点的前提是认为能力素质是影响人们绩效的决定性因素。1973年，美国心理学家麦克利兰提出了"能力素质"（又称为胜任力特征）的概念。他认为，人的工作绩效由一些更根本、更潜在的因素决定，这些因素能够更好地预测人在特定职位上的工作绩效，诸如"成就动机""人际理解""团队领导""影响能力"等个人条件和行为特征，这些个人条件和行为特征"能区分在特定的工作岗位和组织环境中杰出绩效水平和一般绩效水平的个人特征"，并决定工作是否有效，决定一个人是否能产生杰出的绩效。素质绩效观点和行为绩效观点在一定程度上是相似的，但行为绩效观点将注意力主要放在工作或者"事"上，能力素质观点更关注员工能力的开发，即更关注"人"，强调在每个绩效管理循环中不断提高员工的能力，因为员工能力的提升是员工绩效提升的根本动力，关注"人"也就是在更根本的层面上关注"事"。

4. 绩效是结果、行为和能力的统一体

持这一观点比较具有代表性的学者是阿姆斯特朗和巴龙（1998），他们认为："绩效指行为和结果。行为由从事工作的人表现出来，将工作任务付诸实施。行为不仅仅是结果的工具，行为本身也是结果，是为完成工作任务所付出的脑力和体力的结果，并且能与结果分开进行判断。"对绩效这一概念进行解释的前两种观点分别侧重于工作结果和工作过程（行为），而工作本身既有结果问题又有过程问题，因此，在这两种观点的基础上出现了把绩效解释成结果与行为的统一体是逻辑上的必然。绩效是结果与行为的统一体，就是不仅要看做什么，还要看如何做，绩效不仅取决于做事的结果，还取决于做事的过程或行为。综上所述，所谓员工的个人绩效，是指员工的工作行为、表现及其结果，以及产生这些工作结果的员工个人潜在能力，它体现了员工对组织的贡献多少、价值大小。

在企业绩效考核实践中，需要从多个角度对员工的绩效进行分析与考核。工作绩效尽管是工作结果的总称，但它表现在多种维度上，因此要从多种维度、多个方面去分析与评价。例如，一名工人的绩效除了产量指标完成情况外，质量、原材料消耗、能耗、出勤，甚至团结、服从、纪律等硬、软件方面，都要综合考虑，逐一评估。绩效的多维性决定了在构建绩效管理系统时往往要根据组织战略、组织文化、岗位特征等多个方面，去设计多重、多维的绩效管理体系。

（二）流程绩效

流程是指生产产品或者提供服务的一系列步骤和活动。质量和流程重组是这个领域中提高绩效最重要的两个方面。组织中有跨越不同部门的众多流程。流程绩效管理的任务就

① Borman W C，Motowidlo S J.Expanding the Criterion Domain to Include Elements of Contextual Performance［C］// Schmitt N，Borman W C，Personnel Selection in Organization. San Francisco：Jossey-Bass. 1993：71-98.

是分析流程哪里出现了问题，或什么地方需要改进，以满足组织的战略计划要求。市场竞争的加剧是流程绩效概念受重视的重要原因，企业必须提供高效、整合的服务才能满足客户需求。企业不同部门如何分工、如何协调等问题，这都不是客户关心的，客户只关心企业能否在最短的时间内由统一接口提供整合的、最优质的服务。企业绩效不应只停留在对岗位工作的考核上，还要考虑流程本身端到端的绩效需求。例如，对于一家IT分销企业而言，如果IT产品信息管理流程能够及时、准确地把新产品及重要的产品信息（如库存）投递到客户端，如果订单需求管理流程能够非常方便、快捷地接收客户需求，如果订单审批流程能够保证在规定的时间内完成审批，如果订单执行流程能够在可接受时效内准确完成配送，客户自然就会满意。因此，企业要改善客户服务质量，就要提升与满足客户需求相关流程的绩效。只有企业给相关部门制定一个面向流程而非面向岗位的流程绩效目标，各部门才会围绕这一总体目标协调，并制定相应的规则和监控机制来确保总体目标达成。

（三）组织绩效

组织绩效面向整个企业的任务和目标。一般来讲，企业制订战略计划时对于向外部客户提供产品或者服务等一般使用数量、质量、时间和成本这样一些词汇来描述，如企业的年销售环比增长率、利润率、市场占有率、成本、顾客满意度、股东回报率、员工回报率、企业对社会的贡献等。企业作为一个由不同的部门和人员组成的复杂系统，其内部有各种各样的子系统（部门、流程、团队、员工等），绩效管理关注的焦点在于怎样提高不同领域的工作绩效，使它们能够协同工作，共同为企业的战略目标服务。员工个人绩效的高低直接影响部门、团队和组织的整体绩效，尤其是效率和效益。组织绩效强调全局性、集体性，个人绩效强调个体性。一方面，个人绩效是根基，组织绩效为支撑；另一方面，组织绩效是个人绩效的协同和整合。

二、 绩效的影响因素

（一）个人绩效的影响因素

员工绩效的优劣不是取决于单一因素，而要受制于主观、客观的多种因素。它既受到环境因素的影响，又受到工作特征因素的影响，如自主性、完整性等；既受到员工自身能力、个性因素影响，又与组织的制度与机制有关，同时更受到员工的工作动机、价值观的影响。图1-1为绩效的影响因素，列出了影响工作绩效的四种主要因素，即员工的激励、技能、环境与机会。其中，前两者是员工自身的、主观性影响因素；后两者则是客观性影响因素。

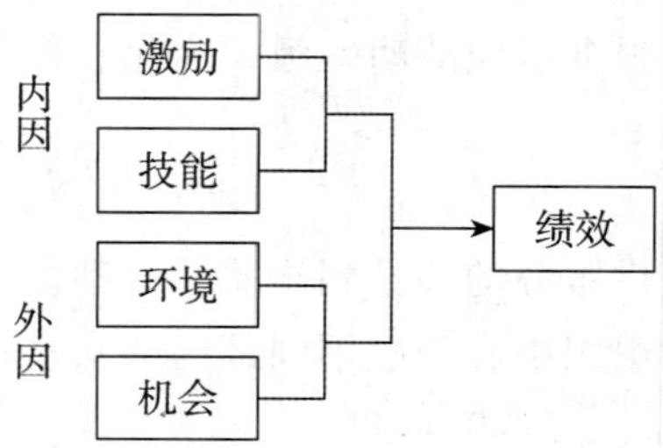

图1-1 绩效的影响因素

这个模型也可用以下公式表示：

P=f（S，O，M，E）

式中：P表示绩效；S表示技能；O表示机会；M表示激励；E表示环境。

该公式说明，绩效是技能、机会、激励和环境四个变量的函数。

激励是指员工的工作积极性。激励本身又取决于员工个人的需要结构、个性、感知、学习过程与价值观等个人特点，其中需要结构的影响最大。员工在谋生、安全与稳定、友谊与温暖、尊重与荣誉、自我实现诸层次的需要方面，各有其独特的强度组合，需经企业调查摸底，具体分析，"对症下药"予以激发。

技能是指员工工作技巧与能力的水平，它取决于个人天赋、智力、经历、教育与培训等个人特点。其中，培训不仅能提高其技能，还能对实现目标的期限要求及对目标实施的抱负树立自信心，从而增强对他们的激励强度。

影响工作绩效的客观因素，即环境与机会，虽只起间接作用，却也不容忽视。环境是指企业内部的客观条件，如劳动场所的布局与物理条件（室温、通风、粉尘、噪声、照明等），任务的性质，工作设计的质量，工具、设备与原材料的供应，上级的领导作风与监控方式，公司的组织结构与环境政策，工资福利、培训机会以及企业的文化、宗旨及氛围等。环境因素当然也包括企业之外的客观环境，如社会政治、经济状况，市场竞争强度等，但这些因素的影响都是比较间接的。

机会则是偶然性的，如某项任务正巧分配给甲员工，乙员工当时不在或因纯随机性原因而未被派给此项任务；其实乙的能力与激励均优于甲，却无从表现。不能否认，"运气"是有的，现实中不可能做到真正的完全彻底的平等。此因素是完全不可控的。

（二）组织绩效的影响因素

一个组织的绩效至少取决于对若干因素相互作用的控制，这些因素主要包括：企业外部因素、个体资源、团体资源、团体任务及团体互动过程等。在企业运营中，需要对这些因素进行分析，以预测或评估它们对企业绩效的影响程度。

1. 企业外部因素

宏观政治、经济、社会文化和科技环境、行业和市场环境，是企业面对的外部影响因素。这些因素渗透于管理过程的方方面面，它们既影响基本的管理理念、原则、战略、功能和过程，也影响具体的管理方法和手段，任何一种管理行为的运作和执行，都是管理者思想观念的体现，而且体现在对各工作单位的资源配置方面，管理者通过调配工作单位完成任务的资源，以使企业绩效更具吸引力。

2. 个体资源

个体的知识、技能和能力取决于宏观社会文化和技术环境。企业可能达到的绩效水平，在很大程度上取决于个体给企业带来的资源。个体资源对企业绩效的影响主要表现在两个方面：（1）知识、技能和能力。虽然企业的绩效不仅仅是个体能力的综合，但是通过个体的能力可以间接判断出他们在企业绩效中的贡献以及其工作效果如何。个体如果具备完成任务的必要技能，并且具备这种必要技能的个体越多，企业的绩效就越高。（2）人格特性。具有积极意义的人格特性对生产率、士气和团体凝聚力都能够产生积极的影响，这些人格特性包括：外倾性、随和性、责任心和情绪稳定性；与此相反，具有消极意义的人格特性，如专制、支配、不合习俗等，更可能对生产率、士气和凝聚力产生负面影响。这些人格特性通过个体在团体内部的互动方式影响企业绩效。

3. 团体资源

（1）领导。成功的领导能预见到变革，积极地寻求各种机会，激励下属实现更高水平的生产力，矫正不良的工作绩效。领导的经验越丰富、领袖魅力和个人能力等越强，所施加的影响对绩效的取得越有效。

（2）团体构成。大多数绩效的完成需要具备多种技术和知识，团体成员在性别、年龄、人格特征、教育背景以及工作经验方面差异性越大，团体的绩效往往越好，因为在经历了最初的磨合后，差异性带来的冲突，反而激发了创造力，并促成了绩效水平的提高。

（3）团体凝聚力。团体凝聚力与绩效的关系依赖于绩效规范，绩效规范要求越高（如高工作质量、高产出、高效率），凝聚力强的团体的绩效就会越高。

4. 团体任务

如果团体任务是常规性的、标准化的绩效，则无须讨论其他工作方法，按照标准化的操作程序执行就足够了；如果任务是相互依赖性很高的绩效时，则需要更多的互动过程。

5. 团体互动过程

企业绩效实现的好坏，很大程度上取决于管理者对个体资源和群体资源的组合、协调的结果。在团体为完成任务而努力的过程中，可能产生协同效应，也可能产生责任扩散现象。因此，在绩效实现的过程中必须及时发现和纠正责任扩散现象，以保证企业绩效不因负向协同效应而抵消。

第二节　绩效考核与绩效管理

一、绩效考核与绩效管理的概念

（一）绩效考核

绩效考核，又称为绩效考评、绩效评估或绩效评价，是指根据企业的经营目标，针对企业中每个员工所承担的工作，应用各种科学的定性和定量方法，对员工个人或小组的工作状态和结果及其对企业的贡献或价值进行考核与评价，并对结果进行反馈的过程。在对绩效考核概念的这种解释方式中，包含以下三个要点：（1）绩效考核要以企业的经营目标为依据，并据此制定具体的考核标准；（2）绩效考核的中心内容是对员工个人或小组的工作状态及结果进行考核与评价；（3）绩效考核所获得的结果要反馈给被考核者，以促使其改进和提高以后的工作绩效。绩效考核的目的是通过考核提高每个个体的效率，最终实现企业的目标。绩效考核是企业人事管理的重要内容，更是企业管理强有力的手段之一。

（二）绩效管理

绩效管理，是指各级管理者和员工为了实现组织目标共同参与的基础性工作（目标管理和工作分析）、绩效指标和绩效计划制订、绩效辅导沟通、绩效实施与管理、绩效考核、绩效反馈、绩效考核结果利用、绩效目标提升的持续循环过程。绩效管理的目的是持续提升个人、部门和组织的绩效。绩效管理是指为了达成组织的目标，通过持续开发的沟通过程，把对组织的管理和对员工的管理结合在一起的一种体系，是一个动态完整的系统过程。[①]绩效管理通常被看成一个循环，这个循环的周期通常分为四个步骤，即绩效计划、绩效实施与管理、绩效考核和绩效反馈面谈。传统的绩效考核往往忽略了绩效管理的过程，绩效考核与绩效管理并不是等价的。绩效管理将绩效考核作为一个系统来认识。在这个系统中，绩效考核不仅包含应用某种方法考核员工工作绩效这一核心过程，而且将企业文化、企业战略以及人力资源政策对绩效考核的影响也纳入其中，同时把考核结果反馈这一较孤立的环节与员工培训，甚至人力资源开发紧密联系起来。

绩效管理是一个完整的系统，图1-2表明了绩效管理系统中不同环节之间的关联。

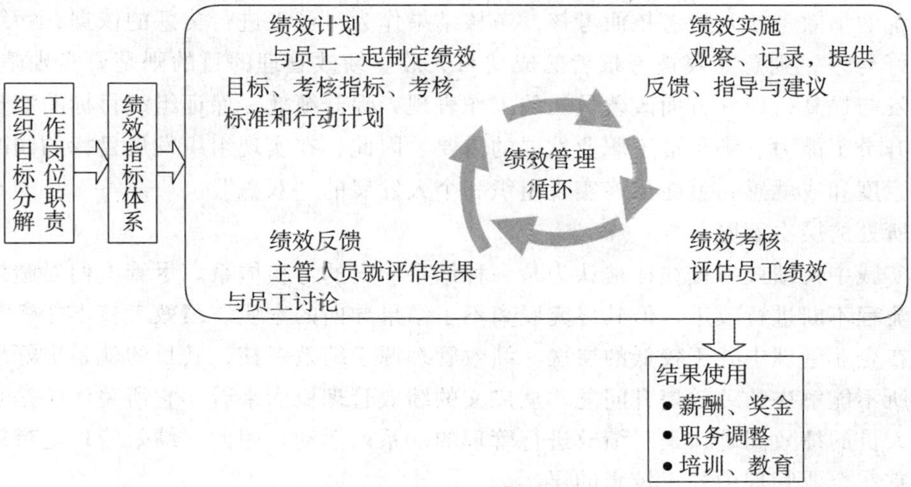

图1-2　绩效管理系统

绩效管理一定要以激励为中心，努力发挥其正面导向作用。绩效管理要“奖字当先，奖大于罚”，这样才能有效引导员工积极奋进。绩效管理是激励性、系统性的管理体系。绩效管理是经理和员工的对话过程，目的是帮助员工提高绩效水平，使员工的努力与企业的远景规划和任务目标一致，使员工和企业实现同步发展。成功的绩效管理仅取决于管理本身，而且很大程度上取决于与管理相关联的整个绩效管理过程。

二、　绩效考核与绩效管理的区别与联系

（一）绩效考核与绩效管理的基本关系

绩效考核是人们更为熟知的概念，实践中人们更多进行的是绩效考核，而绩效管理是在绩效考核的基础上产生的，是绩效考核的拓展，二者既有紧密的联系又有明显的区别。

绩效考核是绩效管理的一个重要组成部分或一个重要环节，这是二者之间最根本的联系。单纯的绩效考核容易产生各种各样的问题，绩效考核的成功不仅取决于考核本身，而且在很大程度上取决于绩效管理其他环节及整个活动的进行情况。有效的绩效管理需要合理的绩效考核来支撑，离开有效的绩效考核，整个绩效管理过程将受到重大的影响。

① 林新奇．绩效考核与绩效管理［M］．北京：清华大学出版社，2015．

（二）绩效考核与绩效管理的主要区别

尽管绩效考核与绩效管理存在历史的联系，但它们在思想基础和内涵方面都有所区别。对于管理者与被管理者来说，很有必要了解二者之间的区别：一是因为在现实的管理中，许多管理者并不清楚两者的区别，他们误将绩效考核当成了绩效管理；二是因为管理者沿用了早年的绩效考核理念，换句话说，管理者愿意使用绩效考核工具。而实际上，“绩效考核”不仅是绩效管理中的“绩效考核”环节，早期管理中的“绩效考核”还是一种管理工具或手段。绩效考核与绩效管理这两个概念的主要区别如下：

1. 所要实现的目标不同

传统的绩效考核是为考核而考核，考核结果作为对员工进行奖惩的依据；而绩效考核结果的好与差，则意味着被考核者的成功与失败。绩效管理的目的则是要实现绩效提升、能力开发与提高，即一方面改善员工的工作表现、提升绩效，保证组织目标的实现；另一方面提升员工能力、满足员工职业发展的需要。因此，在实现组织发展目标的同时提高员工的满意度和成就感，就能最终实现组织和个人发展的“双赢”。

2. 所处的层次不同

在实践中，绩效考核往往被认为是一种结果导向的考核体系。尽管人们对绩效考核的方法和流程不断进行改进，但其终究脱离不了结果导向的本质。绩效考核不能带来绩效的提升，在企业管理中处于较低的层次。绩效管理源于绩效考核，其目的就是更好地解决绩效考核所不能解决的绩效提升问题。从广义的绩效管理概念来看，它所关注的是企业内部组织及人员的绩效问题，是对绩效进行管理的一系列活动。因此，绩效管理能带来绩效的提升，它在企业管理中处于较高的层次。

3. 对人性的假设不同

在管理过程中，管理者做出何种决策或采取何种方式与手段必然受其管理思想的束缚，而管理思想依赖于管理者对人性的不同假设。绩效考核对人性的基本假设是把人看成“经济人”，认为人的主要动机是经济性的，即在成本一定的情况下追求个人利益的最大化或在利益一定的情况下追求个人成本的最小化。在这种人性假设下，执行绩效考核的管理者通常认为员工在无人监督的情况下会尽量少做工作或降低工作质量，而绩效考核就是为了督促员工为企业多做工作，试图用考核这个“鞭子”鞭策员工提高工作绩效。绩效管理对人性的假设则是把人看成“社会人”，认为人的主要动机是社会和心理的，具有自主性，能进行自我控制，追求自我实现。在这种人性假设下，绩效管理强调“以人为本”，在绩效管理过程中不再对人进行简单的控制，而是给予更多的信任、充分的授权和激励。

4. 系统范围不同

绩效管理是一个系统，它由包括绩效考核在内的各种系统要素构成；而绩效考核虽然本身也可以构成一个系统，但它是绩效管理系统的一个子系统或构成要素。因此，从系统的观点来看，绩效管理与绩效考核是系统与要素之间的关系，或整体与局部的关系。

5. 着眼点不同

绩效管理的特点决定了它能够着眼于未来，从绩效计划开始，前瞻性地分析员工及企业绩效中所存在的问题，并依据企业的具体情况规划未来的发展。相比之下，绩效考核则主要是对过去所取得绩效的总结，着眼点总是关注于过去的工作，甚至对企业当前的绩效情况都较少关注，更不要说对未来绩效的考虑了。

6. 管理者角色不同

在传统的绩效考核中，作为考核者的管理者通常扮演的是评判者的角色，往往缺乏沟通技巧方面的培训，因此在操作中经常会与被考核者对立起来，致使绩效考核工作效果极差。在绩效管理过程中，管理者主要扮演的是指导者或教练的角色，与被管理者之间是合作伙伴关系，这样的角色定位会帮助被管理者消除心理顾虑，使得绩效管理取得更好的效果。

7. 员工参与方式不同

在绩效考核中，通常由管理者或人力资源部门制订绩效计划和考核标准，员工对目标不承担任何责任，他们不知道上级主管对他们的期望是什么，也不知道自己将如何被考核，在整个考核过程中员工只是被动地参与。在绩效管理过程中，员工可以亲自参与绩效管理的各个环节（如制定指标、绩效沟通和绩效反馈等），充分体会到绩效管理对自己的近期和长远发展的作用，增加了参与的主动性和积极性。

8. 实施频率不同

传统的绩效考核是一年一次或两次，在特定的时期进行，这与绩效考核结果导向的特点是相符的。同时，由于传统意义上的绩效考核只是对以往工作的评价总结，在实践中要考虑到考核的成本问题，大多数企业会选择一年一次或两次的考核频率。绩效管理则不同，它的目的是实现企业整体绩效的提升，而绩效的提升需要绩效管理过程持续不断地进行。

从以上不同层面中，可以看到绩效考核与绩效管理之间的区别（见表1-1）。

表1-1　**绩效考核与绩效管理之间的区别**

区别点	绩效考核	绩效管理
实现的目标	为员工的奖惩提供依据	实现员工的绩效提升
所处层次	低层次	高层次
人性假设	把被管理者当成“经济人”	把被管理者当成“社会人”
系统范围	管理过程中的局部环节和手段	完整的管理过程和系统
着眼点	回顾过去一个阶段的成果	具有前瞻性
管理者角色	与员工站到对立面，距离远，甚至有紧张的气氛和关系	注重建立与员工之间的绩效合作伙伴关系
员工参与方式	参与程度低	参与到绩效管理的各个环节
实施频率	一年一次或两次	持续不断

三、 绩效管理的目的与作用

（一）绩效管理的核心目的是通过提高员工的绩效水平来提高组织或者团队的绩效

在绩效管理的过程中，我们达到了许多目的，主要包括：员工参与管理，员工通过参与设定自己的工作目标而具有自我实现的感觉；组织目标的统一，通过自上而下地分解目标，避免团队与员工目标偏离组织目标；一年中多次的评估与奖惩，实现组织对目标的监控实施，保证工作目标按时完成；通过绩效管理，将公司管理规范化，把各层领导从日常琐碎事务中解放出来，员工能够做到自我管理与约束，从而提高工作效率，实现员工成长与企业发展的共赢。以上这一切都是为了提高组织或团队的效率，保证实施组织目标。因此，绩效管理在企业的人力资源管理这个有机系统中占据着核心的地位，发挥着重要的作用。值得注意的是，绩效考核的目的与激励内涵是改善行为动机，调动人的积极性，因此绩效考核的最重要的目的不在于考核本身而在于是否能形成改善绩效的考核循环。

（二）绩效管理对于组织战略具有重要意义

绩效管理已成为战略管理控制系统中不可缺少的管理工具和手段。一个企业要想获得成功，不仅仅要保证过程绩效的可靠性，而且要为组织战略上的成功设计它的绩效管理系统，建立一个旨在提高企业核心竞争力的绩效管理系统。绩效管理将企业的战略目标分解到各个业务单元，并且分解到每个岗位，岗位职责最终由员工来实现。因此，要对每个员工的绩效进行管理、改进和提高，从而提高企业整体的绩效，使得企业的生产力和价值也随之提高，企业的竞争优势也就由此而获得。绩效管理是实现组织战略目标、培养核心竞争力的重要手段。

（三）绩效管理为企业的人力资源管理与开发等提供了必要的依据

从管理的角度看，绩效考核结果可以为人力资源管理的各个层面提供服务。通过绩效管理，实施绩效考核，为企业员工的管理决策，如辞退、晋升、转岗、降职等提供了必要的依据，同时也解决了员工的培训、薪酬、职业规划等问题，使之行之有据。这也是绩效管理成为人力资源管理各个环节中的核心的原因。为了鼓励员工不断创造高绩效，很多企业都将加薪和员工绩效相联系，实行绩效加薪，也就是以员工绩效评价结果为基础决定其基本薪酬的增加幅度。在实践中，许多企业由于各种基本制度欠缺，造成绩效加薪没有章法可循，结果使得作为重要激励手段的加薪，不能达到应有的效果，甚至造成负面影响。为了避免由于考评尺度把握的不同所带来的不平衡现象，需要变粗放式管理为精细化管理：建立新型晋升平台，打通多个晋级通道，通过对岗位任职资格的要求和岗位说明书的职责范围划分岗位职务等级，不同岗位职务对应不同的绩效工资系数，根据实有人数和绩效工资系数计算部门可以分配的绩效工资总额；部门对个人，针对不同岗位分别制定相应的考核指标及标准，实行逐级考核，按照考核结果进行二次分配。

（四）绩效管理提供了一个规范而简洁的沟通平台

实践证明，提高绩效的有效途径是进行绩效沟通。绩效管理改变了以往纯粹的自上而下发布命令和检查成果的做法，要求管理者与被管理者双方定期就其工作行为与结果进行沟通、评判、反馈、辅导，管理者要对被管理者的职业能力进行培训、开发，对其职业发展进行辅导与激励，客观上为管理者与被管理者之间提供了一个十分实用的沟通平台。从个人发展的角度来看，绩效考核为评价个人优缺点和提高工作绩效提供了一个反馈渠道。

（五）绩效管理的法律意义

在一个劳动法律健全的国家，招聘、录用、考核、辞退甚至企业内部的奖金分配、晋升都受到国家或社会公平就业组织的监督。在劳动纠纷中，如果不能拿出足够的证据来说明人事决策的理由，企业往往会遭到法庭或者社会公平就业组织的制裁。而这种证据一般都来自于绩效管理，例如，要为辞退员工提供员工不能胜任岗位的证据，这种证据自然是员工的绩效记录。为此，绩效管理程序必须有明确、成文的制度，在绩效管理的每一个环节都必须填写表格并由双方签字认可。由于我国劳动力市场发育还不成熟，劳动立法相对滞后，长期以来，企业人力资源管理中存在很多不规范的地方。随着我国劳动立法的发展，绩效管理在企业劳动纠纷中发挥的作用必然越来越重要。

综上所述，绩效管理是企业实现管理提升目标和持续发展目标的重要手段，见表1-2。

表1-2　**绩效管理的目的**

管理方面	发展方面
衡量个人优缺点 工作效果好坏 记录个人决策 确定个人工作 薪酬管理 决定晋升、调任或临时解雇 帮助工作目标实现 评价目标完成情况 提供沟通平台	确定法律要求 确定培训需求并实施 人力资源短期与长期规划 确定企业长期战略与发展需要 建立评价员工的有效体系

四、　绩效管理在人力资源管理系统中的地位

（一）绩效管理在人力资源管理中的地位

1.绩效管理在人力资源管理中处于核心地位

首先，组织的绩效目标是由公司的发展战略决定的，绩效目标要体现公司发展战略导向，组织结构和管理控制是部门绩效管理的基础，工作分析是个人绩效管理的基础。其次，绩效考核结果在人员配置、员工培训与开发、薪酬管理等方面都有非常重要的作用，如果绩效考核缺乏公平、公正性，那么上述各个环节的工作都会受到影响，而把绩效管理落到实处将对上述各个环节的工作起到促进作用。企业的人力资源管理是一个有机系统，这个系统中的各个环节紧密相联。绩效管理在这个系统中占据核心的地位，起到重要的作用（如图1-3所示）。作为一种现代化的管理工具与手段，有效的绩效管理体系能够帮助企业达成使命，体现企业执行战略的能力，创造高业绩，并成为企业发展的持续动力源泉。只有以有效而卓越的绩效管理体系作为手段，以提高员工的积极性、创造性为目的，形成独具特色的人力资源管理体系，才是其他企业无法模仿的优势，也才能在企业间激烈的竞争中立于不败之地。

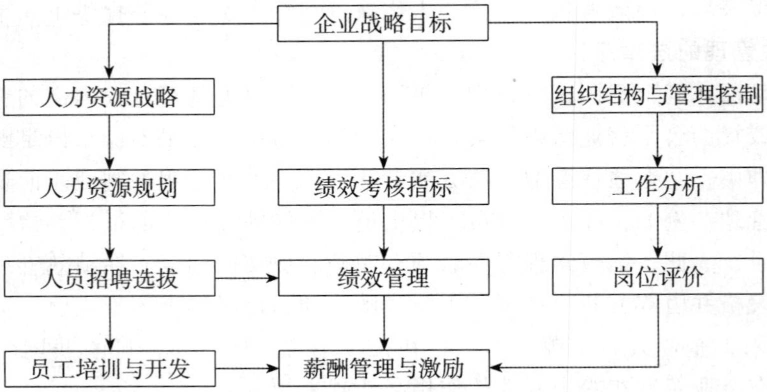

图1-3 绩效管理在人力资源管理中的地位

2.绩效管理是企业人事决策的重要依据

绩效管理是人力资源管理的枢纽和闸门，贯穿于企业招聘、薪酬、培训、升迁、员工发展等整个人力资源管理过程中。绩效管理为人力资源管理的其他环节提供确切的基础信息，绩效考核的结果可以为其他职能部门的决策提供参考依据。没有考核就没有科学有效的人力资源管理。通过薪酬激励激发组织和个人的积极性，通过人员培训与开发提高组织和个人的技能水平，能带来组织和个人绩效的提升，进而促进企业发展目标的实现。组织和个人绩效水平，将直接影响组织的整体运作效率和价值创造，因此衡量和提高组织、部门以及员工个人的绩效水平，是企业经营管理者的一项重要常规工作，而构建和完善绩效管理系统是人力资源管理部门的一项战略性任务。

3.成功的绩效管理是现代人力资源管理的最有效途径

企业的最终目的是要盈利，取得经营业绩、实现经营目标。而任何企业目标的实现都是靠企业中每个员工的工作来达到的，人的因素显然是一个比较复杂的变数，如何对人进行有效的管理是保证公司目标实现的关键，而对人有效管理的根本是对其绩效的管理。实施绩效考核，关注绩效改进是企业不断自我提升和达成战略目标的重要保证，绩效考核通过将企业的战略目标逐级分解并层层传递给各级部门直至个体员工，以及对绩效考核结果持续反馈和改进，使得部门及个人的绩效聚焦，共同支撑企业战略目标的实现。归根到底，绩效管理是为了改进和提高工作绩效，是为了构建一个基于共同的责任，员工能够自我激励和自我评价的管理体系。

（二）绩效管理与人力资源管理中其他职能的关系

1.绩效管理与工作分析

工作分析是指运用系统的方法收集有关工作的各种信息，明确组织中各个职位的工作目标、职责和任务、权限，工作中与组织内外的他人的关联关系，对任职者的基本要求等。工作分析是绩效管理的重要基础。从广义的角度上说，工作分析也是绩效管理的内容之一。根据工作分析提供的与工作有关的信息可以把工作目的、职责、任务等转化成关键绩效指标，根据关键绩效指标就可以进行绩效评估与管理。可以说，工作分析提供了绩效管理的基本依据。

2.绩效管理与人员招聘选拔

在人员招聘过程中或对人员进行开发的过程中，通常需要采取各种人才测评手段，包括纸笔形式的能力测验和个性测验、行为性面谈以及情景模拟技术等，这些人才测评方法主要是针对人的“潜能”部分所进行的，侧重考察人的一些潜在的能力或性格倾向与行为风格特征，以此推断人在未来的情境中可能表现出来的行为特征。而绩效考核则是对人“显质”的评估，侧重考察人们已经表现出来的业绩和行为，是对人的过去表现的评估。尽管两者有时会采用表面上相似的手段，但目的有所不同。为了对一个人进行全面了解，这两种评估手段可以相辅相成，共同提供个体特征的信息。个人的能力素质对绩效影响很大，人员招聘选拔要根据岗位对任职者能力素质的要求来进行。

3.绩效管理与培训开发

由于绩效管理的主要目的是了解目前人们在绩效状况中的优势和不足，进而改进和提高绩效，因此培训开发是在绩效考核之后的重要工作。在绩效考核之后，主管人员往往需要根据被考核者的绩效现状，结合被考核者个人的发展愿望，与被考核者共同制订绩效改进计划和未来发展计划。人力资源部门则根据员工在目前绩效中有待改进的方面，设计整体的培训开发计划，并帮助主管和员工共同进行培训开发工作。合理、有效、准确的绩效考核可以清晰地了解员工在德、能、勤、绩等各方面存在的优点或者缺点。企业可以根据员工的个人情况，对员工有计划、有目标、有目的地开展培训，避免产生一些不必要的人员培训上的浪费。在绩效考核过程中主要的参考点是未来。我们不是为了解释过去如何，而是要将考核结果作为一种资源去规划某项工作或某个职工未来的新可能性，这就是对职工及工作的开发。绩效管理应用于人力资源开发，可以提供员工优劣势的信息，帮助员工在现有岗位上创造更佳的业绩，加强对员工的针对性培训，为员工的职业生涯设计提供建议。

4.绩效管理与薪酬体系

目前比较盛行的制定薪酬体系的3P模型，就是以职位价值决定薪酬（pay for position）、以绩效决定薪酬（pay for performance）和以任职者的胜任力决定薪酬（pay for person）的有机结合。绩效是决定薪酬的一个重要因素。在不同的组织中，对不同性质的职位，在不同的薪酬体系中，绩效所决定的薪酬成分和比例有所区别。通常来说，职位价值决定了薪酬中比较稳定的部分，绩效则决定了薪酬中变化的部分，如绩效工资、奖金等。

五、　各级管理者在绩效管理中的角色与职责

绩效管理作为企业的一个系统化管理工作，不只是单纯的工具和方法，它牵涉的工作面比较广泛，所涉及的人包括企业的全体员工，上至总经理下至普通员工。对涉及的人进行准确定位，明确其具体的职责，真正做到各司其职、各负其责，对于绩效管理的顺利实施和有效运行发挥着重要作用。。

（一）高层管理人员在绩效管理中的角色与职责分工

高层管理人员是绩效管理的决策者、支持者与推动者。高层管理人员首先是绩效管理重大政策的制定者，并直接负责将公司的绩效目标分解到各部门。在成功地将绩效管理导入企业之后，对于绩效管理执行过程的督导工作也尤为重要。首先，高层管理人员负责审

批各部门负责人的绩效合约，对员工的绩效申诉进行最终裁决。其次，绩效管理作为企业战略目标得以有效落实的助推器，在没有被广泛认识和理解之前，只有在高层管理人员的大力支持和帮助下，人力资源部组织的宣传、动员、培训等一系列活动才能让各直线经理看到企业实施绩效管理的决心和信心，让员工正确认识绩效管理对企业和个人发展的作用。绩效管理是一个复杂的系统，在实施时需要企业花费大量的人力、物力、财力，如果缺乏高层管理人员的大力支持和关注，人力资源部往往被视为一个专为其他部门增加负担、添麻烦的部门，造成各部门的直线经理对绩效管理工作应付了事，从而造成绩效管理工作的形式化、表面化。大量的管理实践经验表明，高层管理人员参与绩效管理工作越多，企业的绩效管理工作开展得就越顺利，直线经理绩效管理决策执行得就越好。

（二）人力资源部在绩效管理中的角色与职责分工

人力资源部是绩效管理的组织者与指导者。

第一，人力资源部门要充分研究绩效管理理论，熟悉公司其他部门的工作内容和业务流程，改进并完善公司的绩效管理体系，明确绩效管理流程，设计并提供绩效管理工具表格，组织各部门的绩效考核工作，收集各种考评信息、数据，汇总并统计绩效考核结果。

第二，提供绩效管理培训，组织直线经理和广大员工参加有关绩效管理的培训与研讨活动，将绩效管理的理念、技巧和方案传达给直线经理和员工，使他们认识和了解绩效管理，帮助他们掌握更多的技巧和方法，提高他们的绩效管理能力。

第三，与高层管理人员保持积极的沟通，在具体的实务操作上达成一致的理解，取得支持与合作，同时，根据评估结果和公司的人事政策，对绩效管理进行系统的诊断，定期向决策者提供人事决策依据和建议。

第四，建立与直线经理的合作伙伴关系，加强彼此的沟通与了解，让直线经理认识到绩效管理并不是人力资源部门的事情，他们才是绩效管理的中坚力量。

第五，监督和协调绩效管理的执行过程，了解绩效管理工作的进展情况，及时提供指导与帮助，受理和调查员工绩效投诉，并将调查结果提供给副总裁或总经理以进行决策。

（三）直线经理在绩效管理中的角色与职责分工

直线经理是绩效管理的执行者和反馈者。在绩效管理中，直线管理者是实施的主体，起着桥梁的作用，向上对公司的绩效管理体系负责，向下对下属员工的绩效提高负责。只有直线管理者真正按自己的职责分工操作了，绩效管理才能按预想的方向前进，才能真正实现落地，得到有效实施。

首先，在绩效计划阶段，直线经理与下属制定并签署绩效合约，进行持续的绩效沟通。如果是管理者单方面布置任务，员工单纯接受要求，没有进行充分的双向沟通，绩效计划制订就变成了传统的管理活动，其可行性和客观性就得不到保障。

直线经理有责任、有义务与员工就工作任务、绩效目标等前瞻性问题进行提前沟通，在双方充分理解和认同公司远景规划与战略目标的基础上，对公司的年度经营目标进行分解，结合员工的职位说明书与工作特点，共同制定员工的年度绩效目标。

其次，在绩效实施过程中，直线经理承担辅导员和记录员的角色，对员工的工作进行指导与监督，与员工保持及时、真诚、具体、有针对性的沟通，对发现的问题及时予以解决，帮助员工提高绩效能力，持续不断地辅导员工提升业绩水平。直线经理要多走出办公室，与员工保持接触，记录员工绩效表现的细节，建立员工绩效档案。一方面为员工提供适时的支持，另一方面也为以后的绩效考核工作提供事实依据，确保绩效考核有理有据、公平公正。与员工因绩效考核结果而发生分歧是许多管理者回避绩效结果、回避考核与反馈的一个重要原因，而绩效记录是具有说服力的真凭实据，例如，一个员工一年总共缺勤多少次？分别是在哪一天？是什么原因造成的？

再次，在绩效考核阶段，直线经理评估直接下属的绩效，向人力资源部提供本部门和员工的绩效考核结果，协调和解决其在评估中出现的问题。绩效考核是一段时间（月度、季度、半年、年度）绩效管理的一个总结，总结员工的绩效表现，包括员工表现好的方面和需要改进的地方，直线经理需要综合各个方面对员工的绩效表现进行评价。同时，绩效考核也是公司薪酬管理、培训发展等相关人事决策的一个重要依据。

最后，直线经理向直接下属提供绩效反馈，并指导其改进绩效。同时向人力资源部反馈直接下属对公司绩效管理体系的意见，根据绩效评估结果和公司人事政策提出职权范围内的人事建议或决策。绩效管理的根本目的在于改善员工的绩效，进而改善企业的绩效，因此，直线经理要与员工就过去一个绩效周期的表现进行沟通，对员工的绩效表现进行诊断，帮助员工找出绩效表现中存在的不足，并为员工制订改进计划。

（四）员工在绩效管理中的角色与职责分工

员工是绩效管理的具体落实者。绩效管理的终极目标是提升员工的能力、激发员工的潜能。只有员工的绩效提高了，企业目标的实现才有可能。作为一名员工，在公司推行绩效管理时，首先要充分理解和认识绩效管理体系；与直接上级沟通确定绩效计划，签署绩效合约，在完成绩效目标的过程中，记录自己的绩效表现，及时向管理者反馈绩效信息，积极寻求管理者的支持与帮助；在考核结束后，以良好的心态与直接上级进行绩效沟通，认真分析绩效表现，既要肯定自己的优势，也要积极面对绩效实施过程中的不足，在管理者的指导下拟订改进计划，使自己的能力获得更好的提升。

课后练习题

1.选择题

（1）实践证明，提高绩效的有效途径是进行（　　）。

A.绩效考核　B.绩效管理　C.绩效计划　D.绩效沟通

（2）（　　）属于绩效管理中人力资源部的角色分工。

A.开发绩效考核系统　B.设定绩效目标

C.参与结果的运用　D.提供绩效反馈

（3）绩效管理的最终目的是（　　）。

A.确定员工奖金　B.决定员工升迁

C.确定培训人选　D.提升员工绩效

（4）企业绩效管理体系实施效果的主要责任人是（　　）。

A.CEO　B.人力资源管理部门主管

C.绩效管理专员　D.直线经理

（5）绩效管理过程的第二个环节是（　　）。

A.绩效计划　　B.绩效辅导　　C.绩效评价　　D.绩效反馈

(6) 在绩效管理系统中，高层管理者扮演的角色是（　）。

A.支持者和推动者　　B.设计者和组织者

C.推动者和监督者　　D.技术支持者和辅导者

2.判断题

(1) 简单地说，绩效是一定时间内员工的行为及其结果。（　）

(2) 影响员工的工作绩效的主要因素是态度。（　）

(3) 一般而言，保险推销员应当采用行为导向的考评方法进行考核。（　）

(4) 个人发展计划是指根据员工有待发展提高的方面，包括一定时期内完成的有关工作绩效和工作能力改进与提高的系统计划，也是绩效管理的一种应用方式。（　）

(5) 绩效主要是指员工在劳动过程中的表现，因此绩效考评主要是对员工的劳动态度、行为表现进行评价。（　）

(6) 由于绩效反馈面谈是主管人员对员工进行的，所以只需要主管人员做好绩效反馈面谈准备工作。（　）

3.问答题

(1) 你如何看待“绩效”这一概念？

(2) 绩效考核与绩效管理有哪些区别和联系？

(3) 影响个人绩效和组织绩效的主要因素有哪些？

(4) 各级管理人员在绩效管理中的角色与职责有什么不同？

(5) 为什么说绩效管理是企业人力资源管理的一项重要基础工作？

4.实务题

下面是某制造企业车间主任的岗位职责，如果对其进行绩效考核，请问应从哪些方面评估其绩效？

车间主任直属生产部经理领导，接受生产指令，按照品管部配方生产，指挥下属员工正确使用设备，生产出合格的成品。具体职责如下：

(1) 每日主持召开班前会，按照生产部下达的生产计划，合理安排、配置生产人员，严密组织，保证生产计划的有效实施，满足销售需要。

(2) 严格按照各项规章制度和作业规程要求部下，并带头遵照执行。

(3) 加强与部下沟通，及时将部下的思想工作状况报告经理，并协助经理解除部下的后顾之忧，及时将部下的合理化建议报告生产部经理。

(4) 按照现场管理要求，做好对生产现场安全、操作、质量、卫生、管理等的监督、检查工作，及时、灵活、有效地纠正、处理生产中出现的各种问题，减少停机时间，保证产品质量，做到不合格产品不出车间。

(5) 掌握生产工艺流程和所有生产设备的性能，指导生产员工合理使用设备。

(6) 努力钻研生产技术，提高自身素质，利用各种机会对生产员工进行培训和交流，强化员工的效率和节约意识，提高其工作技能和生产效率，确保生产部分解到车间的各项指标得以完成。

(7) 每天核定车间各项消耗情况，根据有关规定将消耗和岗位计件工资挂钩考核，并将考核结果报告给生产部经理，在当月工资中兑现。

（8）配合生产部经理，定期对生产员工进行理论和操作技能考核，根据考核结果按有关考核方案核定岗位工资，并将考核结果报生产部经理，在当月工资中兑现。

（9）审核本车间每天出库的原料种类及数量并签字，审核生产记录并签字。

（10）定期组织车间班组长、锅炉工、机修工、电工对生产现场锅炉房、机修车间、配电室进行安全检查；对安全隐患及时组织整改，并做好相关记录。

（11）有权调整本车间员工工作岗位；有权制定车间管理制度并报生产部经理批准后实施；有权向生产部经理建议调整、任免生产班组长；有权对本车间员工处以30元以下罚款或停工一天的处罚（罚款一律交财务部），事后要报告生产部经理并在生产部备案。

（12）向公司领导和生产部经理提出工作改进建议。

（13）完成上级交给的其他任务。

案例分析

W公司是一家港口货物代理公司，主要从事货运代理、内贸船舶代理、货物运输、仓储保税、报关报验、收费结算等业务，是目前全国沿海港口中功能较为齐全的散杂货货运代理公司之一。公司承担着为当地港口承揽散杂货的任务，代理货种主要包括化肥、煤炭、粮食、钢铁、有色金属矿石等。由于受国际竞争形势的影响，公司董事长为了提高员工的工作效率，决定在公司内部引入绩效管理来代替多年的单纯职级管理制度。听到这个消息，公司员工无不欢欣鼓舞，尤其是对于那些基层员工来说更是大快人心。因为按照以前的制度来讲，员工的薪资水平主要由在公司所处的职级决定，基层员工处于公司中比较低的层级自然会影响到他们每月的薪水，例如，相同的执行员岗位，二级科员比一级科员收入多。即使是管理层岗位，例如部门经理，有的是正科级，有是副科级，薪资差距主要体现在职级差别上。但若是实行绩效管理体制，薪水除了与职级挂钩之外，也与其工作绩效紧密相连。于是，人力资源部门在董事长的授权下，开始紧锣密鼓地制定绩效管理制度。经过人力资源部门全体员工6个月的艰苦奋战，绩效管理制度终于在众人的期盼中“始”出来。新制度规定，为了对员工进行有效激励，提高工作效率，公司将每半年实施一次绩效考评，普通员工与主管及以上人员分开进行评估。考评成绩与奖金关联，绩效考评最优秀的普通员工可以获取其考评前6个月平均工资3倍的奖金，绩效考评最优秀的主管及以上人员可获得其平均工资2倍的奖金，绩效考评不合格的员工工资降档或调离岗位。董事长由于迫切想知道新制度的实施效果，要求人力资源部门依据新制度对全厂员工过去6个月的工作绩效进行评估，并依据评估结果发放奖金。人力资源部门原本以为这肯定会受到员工的欢迎，因为毕竟可以发奖金。然而，事与愿违，随着新制度逐渐被人们认识，人力资源部门面临的压力越来越大，首先是员工感到实行绩效考评后工作压力增加，并且担心随时有被炒鱿鱼、扣奖金的风险，并且感觉考核指标设置不公平、不合理，导致相当一部分普通员工抵制公司对其进行绩效考评，接着出现新来销售人员（公司销售队伍一直都很不稳定）离职。经理层特别是业务部门经理也有了不满情绪，认为绩效考评打分、填表、安抚员工情绪等工作繁杂，严重影响了部门业务工作的正常进行。总之，由于实行新制度，公司内出现怨声载道的局面。最后，董事长亲自干预，不断与员工沟通和许诺之下，才稳住了这壶“沸腾的开水”，董事长责令人力资源部门停止实施新制度。人力资源经理无奈地说：“实施绩效考核后人力资源部几乎天天加班加点，光是绩效考核指标就修改了十几稿，费力不讨好啊!”

问题分析：为什么公司会陷入这种困境？在该企业中，人力资源管理部门、领导层、部门负责人、员工在企业绩效管理中应分别担任什么角色？

第一章课后练习题答案

第二章 绩效管理体系

学习目标

通过本章的学习，应该掌握以下几个方面的内容：

1.绩效管理体系的构成；

2.绩效管理体系的类型；

3.绩效管理体系设计的基本原则和构建绩效管理体系的基本步骤；

4.如何对绩效管理体系的有效性进行评估。

引导案例

A公司目前有员工1 000人左右，从前几年开始着手从管理上进行改革。绩效考核工作是公司重点投入的一项工作。人力资源部在原有的考核制度基础上制定出了《中层干部考核办法》。在每年年底正式进行考核之前，人力资源部会出台当年的具体考核方案，以使考核达到可操作性程度。A公司的做法通常是由公司的高层领导与相关的职能部门人员组成考核小组。考核的方式和程序通常包括被考核者填写述职报告、在单位内召开全体职工大会，进行述职、民意测验（范围涵盖全体员工）、向经理主管人员甚至全体员工征求意见（访谈）、考核小组进行汇总写出评价意见，并征求主管副总经理的意见后报公司总经理。对中层干部的考核完成后，公司领导在年终总结会上进行说明，并将具体情况反馈给个人。尽管考核的方案中明确了考核与人事的升迁、工资的升降等方面挂钩，但最后的结果总是不了了之，没有任何下文。对于一般员工的考核则由各部门的领导掌握。公司在第一年进行考核时，获得了比较大的成功。考核进行到第二年时，大家已经丧失了第一次考核时的热情。第三年、第四年进行考核时，被考核者认为年年都是那套考核方式，没有新意，失去了积极性，仅仅当作领导布置的任务来应付。

问题分析：结合A公司存在的问题讨论，什么是一个成功有效的绩效管理体系？

第一节 绩效管理体系概述

一、绩效管理体系的概念

绩效管理体系是以实现企业最终目标为驱动力，以关键绩效指标和工作目标设定为载体，对企业各层各类人员工作绩效的客观衡量、及时监督、有效指导、科学奖惩，目的是调动全员积极性，并发挥各岗位优势以提高企业绩效，实现企业的整体目标的管理体系。

对于企业来说，成功的绩效管理能够帮助企业实现战略目标，并且由于建立的公平、公正的绩效管理体系实际上就是在企业内部搭建了公平、公正的竞争环境和奖惩标准，这样能够强化企业内部的凝聚力和企业文化，并且有利于稳定组织的人才队伍，吸引更高级的人才加入，同时，有效的绩效管理体系还能够及时发现阻碍组织目标有效达成的问题并加以解决。对于管理者来说，成功的绩效管理有助于有效授权，使管理者有时间进行整体考虑，谋求长远发展，为进行员工激励提供有效依据，避免“拍脑袋、凭感觉”的评估，这样才能减少管理阻力，提高管理效率。对于员工来说，成功的绩效管理能够通过公平竞争，获得合理回报，并且使得个人能力获得更充分的表现机会，精神需求满足程度大大提高，同时可以根据自身优势和不足制定个人职业生涯规划，获得更多发展机会。所以，建立一个成功的、有效的绩效管理体系，是一个三赢的局面，企业、管理者、员工个人都能够从中受益。

二、绩效管理体系的构成

从系统的角度来看，绩效管理涉及两个层次。上层是组织绩效，也就是组织目标的完成情况；下层是员工绩效，是绩效管理体系的基础，也是该体系最重要的部分。企业目标能否实现是由企业员工的工作行为和工作结果是否有效决定的。绩效管理体系框架主要包括绩效目标体系、绩效管理过程、绩效管理制度设计、绩效管理组织与责任体系、绩效文化五个组成部分。

（一）绩效目标体系

绩效管理始于绩效目标体系的构建，它规定了组织与员工的绩效目标（做什么）以及实现目标的方案（如何做）。只有明确了绩效管理的目的所在，才能保证各个环节的顺利实施。“做什么”由组织战略目标、岗位绩效标准以及个人能力、经验等确定。“如何做”则需要组织和员工之间通过有效沟通，就双方需要怎样努力、可以采用哪些方式、员工需要哪些资源和技能等问题达成共识。只有建立绩效目标体系才能保证每个职位的员工都是按照企业要求的方向在努力。绩效目标体系主要有“战略目标”、“管理控制”及“人事考评”三种导向。企业的绩效目标体系具有以下特点：

1. 企业战略目标是确立企业绩效管理目标体系的依据

通过对企业战略目标的层层分解，找出战略实施的关键成功因素，在此基础上确定企业的关键绩效指标，再分解到业务单位、职能部门和个人岗位，最终形成企业的绩效管理目标体系。绩效管理目标体系的确立使组织中的上、下级一起协商，根据组织的使命确定一定时期内组织的总目标，管理者给下属制定工作目标的依据是部门的目标，部门目标来自企业目标，而企业目标来自企业战略目标，由此形成了上、下级的责任和分目标，这些目标又可以作为组织经营、评估和奖励的标准。

2. 员工的绩效目标与岗位职责密切联系

员工的绩效是员工的行为表现，这种行为表现受很多因素的影响。一方面，是人的内在动力、价值观等内在因素；另一方面，是职位描述等外在因素。因此，要想有效地进行绩效管理，首先必须有清晰的职位描述信息。职责是一个职位比较稳定的核心特征，表现的是任职者所要从事的核心活动。目标则经常随时间而变化，一个职位的工作职责可能会几年稳定不变或变化很小，而目标则可能每年都不同。对于那些较为稳定的基础性职位，它们的工作可能并不由目标直接控制，而主要是依据工作职责来完成的，对它们的绩效指标的设定就需要依据工作的核心职责。

3. 企业的绩效目标体系由年度经营目标、战略业务单元年度经营目标、职能部门管理目标和个人岗位目标组成

企业将经营目标按照经营规划和年度计划分解到各战略业务单元（事业部、子公司），由各战略业务单元分解到各相关业务部门，通过全面预算体系确定公司的经营指标。将管理目标分解到各职能部门以及各战略业务单元，各部门将指标与个人的工作目标、岗位职责联系起来，建立岗位目标，从而形成企业的绩效目标体系。董事会与公司经理层签订绩效目标合同，公司和各战略业务单元、职能部门签订绩效目标合同。事业部与各二级部门、二级职能部门签订绩效目标合同。各部门同各岗位签订个人绩效目标合同。目标的层层分解，以及目标绩效合同的逐级签订保证了企业战略通过目标体系的有效传导。

4. 设定绩效目标对员工的绩效进行管理是企业实施管理的需要

对于管理者和自我管理的专业人士或者团队来说，通过绩效目标，可以得知什么是所期待的目标，从而对目前的状况进行评估，以此为依据对员工反馈绩效评估结果。通过设定绩效目标，对现在的绩效表现与期望进行比较，判断绩效水平是否提高，以及预知能够提高到的程度。高绩效的个人或团队通常都有清晰的目标，他们清晰地知道自己将要做什么，以及将要做到什么程度。在设定绩效目标时，通常需要考虑两类标准：基本标准与卓越标准。基本标准是指对某个被考核对象而言期望达到的水平，是每个被考核对象经过努力都能够达到的水平，可以清楚地描述出来。基本标准适用于判断被考核者的绩效是否能够满足基本的要求，考核结果主要用于决定一些非激励性的人事待遇，如基本的绩效工资等。卓越标准是指对被考核对象未做要求和期望，但是可以达到的绩效水平，卓越标准的水平只有一小部分被考核对象可以达到。卓越标准主要是为了识别角色榜样，考核结果可以决定一些激励性的待遇，如额外的奖金、分红、职位晋升。

（二）绩效管理过程

绩效管理过程也可称为绩效管理动态循环，包括绩效计划、绩效辅导、绩效考核、绩效反馈与结果运用四个环节。绩效管理的过程体系保证了绩效管理体系的有效运行。

1. 绩效计划

绩效计划是指管理者和被管理者共同沟通，对被管理者的工作目标和标准达成一致意见、形成契约的过程。在绩效管理过程中，绩效计划是绩效管理活动的前提和基础。绩效计划发生在新的绩效期间的开始。制订绩效计划的主要依据是工作目标和工作职责。在绩效计划阶段，管理者和被管理者需要在对被管理者绩效的期望问题上达成共识。在达成共识的基础上，被管理者对自己的工作目标进行承诺。

当管理者和被管理者经过共同沟通完成绩效计划时，应看到如下结果：员工的工作目标与公司的总体目标紧密相联，并且员工清楚地知道自己的工作目标与组织的整体目标之间的关系；员工的工作职责和描述已经按照现有的组织环境进行了修改，可以反映本绩效期内主要的工作内容；管理者和被管理者对被管理者的主要工作任务、各项工作任务的重要程度、完成任务的标准、被管理者在完成任务过程中享有的权限都已达成了共识；管理者和被管理者都十分清楚在完成工作目标的过程中可能遇到的困难和障碍，并且明确管理者所提供的支持和帮助；形成了一个经过双方协商讨论的文档，该文档中包括被管理者的

工作目标、实现工作目标的主要工作结果、衡量工作结果的指标和标准、各项工作所占的权重，并且管理者和被管理者双方都在该文档上签字确认。

2. 绩效辅导

绩效辅导是指管理者与员工讨论有关工作进展情况，潜在的障碍和问题，解决问题的办法、措施，员工取得的成绩以及存在的问题，管理者如何帮助员工等信息的过程。制订了绩效计划之后，被考核者就开始按照计划开展工作。在工作过程中，管理者要对被考核者的工作进行指导和监督，对发现的问题及时予以解决，并对绩效计划进行调整。绩效计划并不是在制订了之后就一成不变的，而要随着工作的开展根据实际情况不断调整。在整个绩效辅导期间内，都需要管理者不断地对员工进行指导和反馈。绩效辅导的过程中需要做的事情主要有两个：一是持续的绩效沟通；二是对工作表现的记录。例如，华为公司的绩效辅导记录表用于记录直线经理和员工间进行的定期或不定期的绩效辅导，由直线经理进行记录、存档。绩效记录表包含工作进展回顾、工作行为反馈、下阶段的行动计划三部分内容：通过回顾工作进度，指明哪些方面的工作做得好，哪些方面需要进一步改善；在工作行为反馈中，直线经理通过真诚地嘉奖员工的积极行为、坦诚地沟通员工需要改善的行为，总结员工看法，对员工提出改进要求并给出相应建议；在下一阶段的行动计划中，记录了辅导双方达成的共识，主要包含下一阶段的主要工作事项、责任人、完成时间，以及直线经理承诺给予的资源支持。

企业在考虑整个绩效管理循环的时候，往往把比较多的注意力放在对绩效的考核上，力图做到客观、公正。但客观、公正的绩效考核不能凭感觉，而应是依据在绩效实施和管理过程中收集和记录的信息。所以，在绩效实施与管理的过程中就一定要对被考核者的绩效表现进行一些观察和记录，收集必要的信息。在绩效实施的过程中对员工的绩效信息进行记录和收集，是为了在绩效考核中有充足的客观依据，提供改进绩效的事实依据，发现绩效问题和达成优秀绩效目标的原因，在争议仲裁中保护当事员工的利益。

3. 绩效考核

绩效考核是一个周期性检查与评估员工工作表现的管理过程，是指主管或相关人员对员工的工作进行系统的评价。有效的绩效考核，不仅能确定每位员工对组织的贡献或不足，更可以在整体上对人力资源的管理提供决定性的评估资料，从而可以改善组织的反馈机能，提高员工的工作绩效，鼓舞士气，也可作为公平合理地酬赏员工的依据。在绩效考核期结束的时候，依据预先制订好的计划，管理者对下属的绩效目标完成情况进行考核。绩效考核的依据就是在绩效期间开始时双方达成一致意见的关键绩效指标，同时，在绩效实施与管理过程中，所收集到的能够说明被考核者绩效表现的数据和事实，可以作为判断被考核者是否达到关键绩效指标要求的依据。将绩效考核与日常工作结合起来，让企业所有工作都围绕提高整体绩效展开，部门的工作支撑和服务保证公司整体绩效的实现，个人的工作为公司的整体绩效的实现创造价值。同时，及时解决绩效目标实施中出现的问题，根据目标实施的情况及时进行监督和调整，能够保证目标顺利实现，从而使企业战略目标落到实处。

4. 绩效反馈与结果运用

主管对员工的绩效情况进行评价后，必须与员工进行绩效反馈面谈和沟通。通过绩效反馈面谈，可以达到以下目的：一是使员工参与到绩效评价中，提高了员工对绩效管理制度的满意度；二是使员工清楚其直接领导对自己工作绩效的看法，以便在以后的工作中不断提高绩效、技能，挖掘自己的潜能，拓展新的发展空间，直接领导能发现员工的问题并帮助员工解决问题；三是在双方对绩效考核的结果达成一致意见之后，可以充分沟通关于改进绩效计划的方法和制订具体的计划。在绩效反馈面谈的过程中一同制订绩效改进计划；四是使员工认识到自己的成就和优点，得到其他人的承认和肯定，从而对员工起到积极的激励作用；五是双方协商下一个绩效周期的目标与标准，在制定绩效目标的时候就可以参照上一个绩效周期中的结果和存在的待改进的问题，这样既能有的放矢地使员工的绩效得到提高，又可以使绩效管理活动连贯地进行。

绩效考核实施成功与否，关键的一点在于绩效考核的结果如何应用。很多绩效考核未能成功实施，其主要原因是没有处理好绩效考核结果应用的问题。绩效考核最主要的目的往往是帮助企业进行一些薪酬方面的决策，如奖金的分配和工资的提高等。很显然，这种做法是片面的。绩效考核结果有多种用途：用于报酬的分配和调整，用于职位的变动，用于员工培训和个人发展计划，作为员工选拔和培训的依据等。

绩效考核是一把双刃剑，考核结果运用不当不仅不会起到鼓励先进、鞭策落后的作用，反而会打击绩效优秀员工的积极性。例如，某生产制造企业加工车间采用了较为成熟的内部考核分配办法，有具体考核指标的人员实行计件制，个人收入与劳动成果直接挂钩，即月完成工时越多、废品率越低，月工资收入就越高；随着考核工资比例的增大，相同工种人员由于技能技巧等方面的差异，年收入高水平者会是收入低水平者的两倍。而对于无考核指标的人员，不论是技术部门还是职能科室，由于考核体系不完善、考核指标不具体、评价标准随机的多于固化的，衡量尺度弹性太大，考评结果的运用出现偏差，导致企业内部不同部门同类人员的收入差距较大，同一部门同类人员干好干坏收入差距不大；加上信息传递不对称，出现偏差而造成误会。

（三）绩效管理制度设计

1.绩效管理制度的内容

绩效管理制度是企业组织实施绩效管理活动的准则和行为的规范，是以企业单位规章、规则的形式，对绩效管理的目的、意义、性质和特点，以及组织实施绩效管理的程序、步骤、方法、原则和要求所做的统一规定。建立与绩效管理相配套的管理制度是保证绩效管理体系运行的保证和依据。通过建立统一、完备的绩效管理制度，能指导、规范企业的绩效管理工作，确保部门和企业目标的达成。绩效管理制度包括企业目标分解、分层分类考核制度、考核等级和考核关系的确定、考核方法选择、考核量表制定、员工个人绩效申诉制度、绩效反馈方法、绩效辅导制度、绩效考评结果应用制度等。只有保证了绩效管理的制度化、流程化，才能有利于保证绩效管理的顺利实施。绩效管理制度具有多种形式，不仅包含绩效评估、考核制度，还包括与考核相关的考勤制度、人员晋升制度、奖惩制度、教育培训评估考核办法、新进人员试用期考核办法、管理法则评估制度、中期述职考核管理办法等。

2.提高绩效管理制度执行力的注意事项

在建立绩效管理制度过程中，提高制度的执行力依靠公司管理水平和管理体系，因此有必要夯实公司的管理基础，建立有效的绩效管理环境。第一，完善公司治理结构，理顺权责关系，使公司内部各级组织结构清晰、员工职责分工明确、关键绩效指标真正落实到具体的人身上。第二，企业奖惩分配机制以绩效为导向。绩效管理要真正能在公司的绩效提升中发挥引导和激励作用，就要使考核评价成为企业组织内部成员价值分配的客观、合理依据。第三，建立以绩效为导向的业务工作流程。第四，建立预算评估机制，没有预算管理就不能对相关的财务指标制定目标，也就缺乏考核财务指标的参照体系。第五，建立与绩效考核相配套的其他环节，如信息平台等。

（四）绩效管理组织与责任体系

绩效管理是一项核心业务流程，有助于企业通过规划工作以及发展和激励绩效来有效地落实人力资源管理。绩效管理组织与责任体系可以明确绩效管理推进的程序和相关人员的责任，而强有力的组织保障体系，可以保证绩效管理的有效落实。

1. 建立以公司高层为负责人的公司战略决策委员会，对公司的战略制定和战略执行情况进行定期研讨

人力资源部门负责日常绩效管理体系的运行，定期召开绩效管理运行情况分析会以及绩效目标达成研讨会，保证绩效管理体系的有效运行。

2. 使部门经理寻求、提供和获取真实有效的绩效反馈，对绩效反馈和区分负有责任

有清晰的绩效管理目标，并且收到定期的绩效反馈能使任务完成得更好，因此提供和获取绩效反馈是经理的核心能力。为了使部门经理能够区分高绩效员工和低绩效员工，首先，应该基于绩效反馈能力的质量来选用、评价、奖励和培养部门经理；其次，人力资源部为各部门经理提供指导方法、资源和工具，使其具备相应的能力和手段来收集有效的绩效数据，能够区分业务板块或业务部门内的员工绩效水平，既可从绝对意义上来区分（如与制定的绩效标准相对照），也可从相对意义上来区分（如与其他员工相对贡献的比较）；最后，对各部门经理传授进行决策和流程运行所必需的技能，使其能够通过适当的措施和反馈来进行有效的绩效决策。例如，运用可靠有效的方法建立参照组群，比较员工的相对贡献，从而对员工进行绩效排名。在一家大型业务技术公司中，绩效管理系统设计了为经理提供反馈的流程，并以之作为其绩效评价流程的一部分。在部门经理对其员工进行评价之前，公司为其提供了一张“记分卡”，卡中的信息包括经理团队、部门或单位如何执行关键性指标以及根据这些指标而建议设置的评级分配。在对员工进行评价以后，部门经理将收到反馈，显示其评价与其他部门经理和更广泛意义的公司标准的对比情况。因此，绩效管理不仅制定评价规则，而且能够促进经理不断地改进绩效管理流程。

3. 使行政管理人员承担义务并积极参与

首先，行政管理人员言行的力量很重要，必须树立模范，大力宣扬契合绩效文化的事迹。其次，要确保行政管理人员理解优异的绩效管理实践所能产生的经济利益，给他们以充分的理由做好绩效管理工作。最后，要使行政管理人员不断地对绩效管理的设计和实施提供支持。

4. 建立互补式角色和职责

采取措施保证员工和经理共同对绩效管理负起责任。要求员工参与目标设定以及对绩效管理的跟踪和监控，鼓励员工定期评估其绩效流程。要使经理“负责”结果，人力资源

部门“负责”流程，不能让员工和经理的关系成为“受害者和施害者”的角色关系。例如，有一家公司要求经理在员工呈递的每一份报告上写一个备忘录，概括地指出其优点以及需要改进的地方，使员工清楚经理对他的期望，并促使经理对员工认真地进行绩效评价和履行指导培训职责。

（五）绩效文化

绩效文化（performance culture）是指企业基于长远发展方向和愿景，通过对公司战略、人力资源、财务、团队建设等方面一系列有效的整合，建立与完善绩效评价、考核体系，让员工逐步确立起企业所倡导的共同价值观，逐步形成以追求高绩效为核心的优秀企业文化。绩效文化具体表现为组织的简约，流程的畅通，工艺的改进，工作的熟练，员工的职业化等。

绩效管理是一种绩效导向的管理思想，其最终目标是建立企业的绩效文化，形成具有激励作用的工作气氛，以绩效文化的方式提高员工素质和企业的经营业绩。首先，通过制定公开的绩效评价制度，明确由谁、通过什么标准、按照什么样的目标顺序来对工作进行评价，使员工可以明晰企业的游戏规则，这种游戏规则会产生“企业奖励什么就获得什么”的效果。其次，通过明确的绩效标准对员工的业绩进行对照考核，可以形成企业透明的、公正评价的文化氛围，帮助企业形成公开、公正、公平的价值观。最后，绩效文化体现企业的价值观，如人对岗的匹配、薪资报酬、升迁、培养、奖惩和离职等，都必须在绩效管理的原则指导下进行，绩效管理是企业调整员工行为和价值取向的有效手段。

三、绩效管理体系的类型

根据绩效管理体系的发展阶段和侧重点的不同，绩效管理体系可以分为三种类型：

（一）以控制为导向的绩效管理体系

组织的短期目标或阶段性目标在绩效评价中加以体现，针对不同时期的管理重点，有着不同的绩效考评导向。在以控制为导向的绩效管理体系中，通常采用简单排序法、配对比较法等绩效考评方法。

（二）以发展为导向的绩效管理体系

绩效考评有利于员工满意度的提高、绩效的改善、职业生涯的发展、人格完善等组织发展和员工发展目标的实现。在以发展为导向的绩效管理体系中，通常采用目标管理、360度绩效考核体系等绩效管理方法。

（三）以经营为导向的绩效管理体系

员工的工作活动应与组织目标相联系。绩效管理体系的设计注重实现某种战略需要的结果、绩效行为、个人特征，如何设计、实施与反馈这些结果、行为与特征。当战略调整时，经营导向进一步得到强化。在以经营为导向的绩效管理体系中，主要有KPI、平衡计分卡、经济增加值等方法。

第二节　绩效管理体系的构建与实施

绩效管理体系的构建，是企业保持健康、快速发展的迫切需要。对此，企业必须在实践中不断创新思路，以务实、客观、公正的态度分析并解决问题，努力研究制定适用于各部门以及各个不同岗位的绩效管理体系，最大限度地发挥绩效管理体系的作用，不断提高员工工作积极性，以此来确保企业项目的顺利完成。企业构建绩效管理体系不是一蹴而就、一朝一夕的事情，需要夯实基础，循序渐进，不断完善，是一个持续循环、渐进提升的过程。

一、绩效管理体系设计的基本原则

美国的美世咨询公司曾对300家北美大型公司进行了一次调查，接受调查的对象当中有48%表示其绩效管理体系在达成企业预期目标方面有一定的效果，18%认为其绩效管理体系收效甚微或根本没有任何效果，只有33%的被调查对象称其绩效管理体系在达成其预期结果方面有非常大的效果，仅有1%的被调查对象认为其绩效管理体系完全有效果。对一个企业适用的绩效管理实践并不一定在另一个企业也能产生效果，即使它们属于同一行业也不一定适用。但是，企业可以通过遵循一些特殊原则以最大限度地提高其绩效管理体系实施的效果，改进绩效管理。

（一）战略导向原则

绩效管理体系最广泛和最根本的目的就是要实现企业的发展目标和战略，提升绩效管理的战略重要性，强化绩效管理与战略规划的关系。无论是业绩指标还是能力指标，都要与企业战略和战略能力挂钩，把人员的考核和企业战略发展思路紧密结合起来。通过绩效管理体系，要清楚地向员工传达组织战略以及战略导向的绩效文化和公司价值观，使之成为公司员工的指导方针，高层领导也要在日常活动中以身作则。确定内在的优先次序，这种优先次序应该指导与绩效相关的决策。想让每个人理解什么样的绩效管理原则，明确公司对于各个优先次序对立项所持的立场。比如，认可团队还是认可个人，注重成果的实现还是展示有价值的行为，寻找胜任某岗位的新员工还是激励保留现有员工，强调管理责任制还是鼓励员工自我管理，找出与公司战略、结构和文化相符的契合点。企业要向员工传达有关企业业务、人才、绩效、奖励、发展和事业的各种信息，而绩效管理流程就应当强调这些信息。

（二）公开、公正和公平原则

绩效评估必须得到员工的普遍理解和认同。考核者要向被考核组织、被考核者明确说明考核的标准、程序、方法、时间等事宜，使考核有透明度。绩效目标和计划要采用详细的书面形式，而不是口头传递的方式。防止绩效考核内容在传递过程中丢失，否则会造成工作上的失误并且难以界定工作责任，不利于对工作的监控。如果绩效管理工作中缺少计划，造成管理者在工作中个人的随意性大，容易挫伤员工的工作积极性。通过管理者和被管理者共同制订绩效计划可以使被管理者对自己工作和所要达到的绩效标准有比较清楚的认识，从而加强绩效管理体系的透明性和公平性。为了最大限度地提高绩效并鼓励各个层级员工的工作热情，要明确规定绩效与薪酬之间的联系，制定“游戏规则”，并将之清楚地传达到员工。应确保经理和员工们都理解绩效的哪些方面能决定薪酬，例如，激励性奖金仅与员工创造的经济效益挂钩，而加薪则要根据其总体绩效等级评定的情况而定。对于员工的相对贡献或者比照标准而言的绝对绩效是否可以决定其薪酬这个问题，须予以明确规定并向员工公开通告。

（三）开放沟通原则

绩效管理是一个持续沟通的过程，它的目的是提高员工的绩效，保证组织战略目标的实现。在整个考核过程中，考核者和被考核者要开诚布公地进行沟通与交流，考核结果要及时反馈给被考核者，肯定成绩，指出不足，并提出今后应努力和改进的方向。发现问题或有不同意见应在第一时间进行沟通。员工和管理者通过持续的绩效沟通对绩效计划进行调整。由于工作环境的不稳定以及竞争的加剧，在绩效实施过程开始制订的绩效计划很可能随着环境的变化变得不切实际或无法实现，绩效沟通的第一个目的便是适应环境变化的需要，适时地对计划进行调整。所有管理者都必须对自己的下属进行辅导，帮助他们提高绩效。动态的绩效管理，需要整个流程的跟踪，并提出反馈意见，建立考核者与被考核者之间的有效沟通，确保绩效考核制度取得预期效果，消除和化解绩效障碍。

（四）客观性原则

考核要做到以事实为依据，对被考核组织和被考核者的任何评价都应有事实根据，避免主观臆断和个人感情色彩。绩效标准应该由工作实绩来支持，这种工作实绩能够通过可获得的员工绩效信息来源进行收集。绩效标准要尽量客观统一，以确保在不同评价者之间有一致的标准，产生一致的结果。为确保绩效结果评价的客观性，要重视管理信息数据的收集，特别是过程和战略指标的数据要准确获得。各级管理者在管理上要尽量避免依靠个人权威或者在处理问题的方式上个人的随意性太大，应采取制度化的管理方式；否则，在制度执行上主观色彩浓厚，容易挫伤员工的工作积极性，使员工有抵触情绪，降低员工的工作绩效。

（五）指标细化、量化原则

绩效考核的重点是员工的工作业绩，所以应把绩效考核指标细化、量化作为绩效管理体系的关键点。首先，需要重视结果指标。为了降低制度的执行成本，减少管理者在进行绩效考核时的主观随意性所带来的负面影响，在设计绩效考核指标体系时要尽量做到重结果指标，轻行为指标。其次，绩效标准尽量量化，做到具体、可理解。让每位员工都能清楚地知道自己的工作完成得怎样，达没达到要求，从而增强绩效管理体系的透明度和公平性。最后，考核内容在全面的基础上要突出对任务绩效的考核。任务绩效与员工的工作职责、工作任务直接相联系，是工作活动的结果。

（六）参与性原则

具体员工的目标制定，一定需要与直接主管进行沟通，而不定期地对目标进行回顾、反馈和调整更是需要双方共同来完成的。管理者和员工不是考核和被考核的关系，而是一起设计未来，让员工参与进来，承诺把自己的工作做好。各级管理者必须承担绩效考核的责任，对员工进行正确的考核指标设定与评价，了解员工在完成工作过程中的工作进展情况，以便协调团队中的工作。员工需要在执行绩效计划的过程中了解到有关的信息。这是因为，一方面员工需要了解关于如何克服工作中的困难的信息，以便在处于困境的时候能够得到相应的资源和帮助；另一方面员工希望在工作过程中不断得到关于自己绩效的反馈信息，以便不断地改进自己的绩效和提高自己的能力。

（七）常规性原则

绩效管理是各级管理者的日常工作职责，对下属部门及下属员工进行正确评价，帮助下属改善工作业绩是管理者重要的管理工作内容，绩效考核工作必须贯穿于日常的管理工作中。充分利用可用的技术，实施自动化行政管理，这样才能减轻日常行政管理的负担，并获得员工的参与和支持。现在基于网络的软件使经理和员工很容易就能调整目标，获得在线绩效资料，并可收集多来源的评论和审批。通过一体化人才管理软件系统，公司能够将其人才选用、发展、绩效管理和奖励制度协调统一起来，寻找机会简化流程步骤和管理需求。

（八）发展性原则

绩效考核通过约束与竞争机制促进个人及团队的发展，因此，考核者和被考核者都应将通过绩效管理手段提高工作绩效作为首要的目标。任何利用考核手段打击、压制、报复他人和小团体主义的做法都应受到惩处。绩效管理系统的成功实施依赖于与之相关的绩效评估表的使用和个人发展计划。在每一次评估后，员工和经理都应该为技能的发展以及实现目标制订一个计划。

二、构建绩效管理体系的基本步骤

根据系统的本质含义和绩效管理的内容，绩效管理体系的构建必然是一个分步骤进行和逐步完善的过程。不同的企业由于所面临的外部环境和内部组织结构、管理方式和企业文化等方面的不同，所要构建的绩效管理体系在内容上会有差别，但是构建过程都遵循着基本相同的步骤。按照系统构建的一般思路，结合前面对绩效管理理论基础和企业战略与绩效管理体系关系的研究结果，企业绩效管理体系构建过程所包括的主要步骤可归纳成如图2-1所示的步骤。

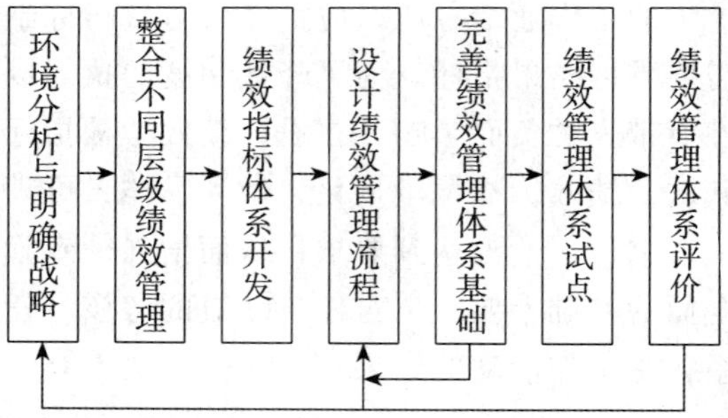

图2-1 绩效管理体系构建的主要步骤

（一）环境分析与明确战略

无论是处于发展期的企业还是成熟期的企业，绩效管理对于提升企业的市场竞争力都具有巨大的推动作用，可以最终保证组织战略目标的实现。战略性绩效管理，就是把企业整体的战略目标转化成每个人的日常行动，再通过绩效管理工具，使员工的工作更加优质、高效，最终实现企业的总体战略。因此绩效管理体系构建过程的首要环节就是要进行当前组织背景分析，通过分析了解组织的当前状况，制定企业战略目标，为构建绩效管理体系提供基本依据。

企业环境分析主要包括对企业的发展规模、组织结构、管理风格、企业文化和企业当前的绩效状况与竞争对手可比较的绩效标杆进行分析，这些方面的状况都在一定程度上决定企业的战略定位和绩效目标，必然要体现在企业所要构建的绩效管理体系中。常用的内外环境分析方法是SWOT分析法，即对企业进行优势、劣势、机会和威胁方面的分析，为企业确定发展目标和战略。

明确战略的主要工作就是战略问题确认、企业愿景与战略目标体系确立、外部环境分析与行业分析、内部资源能力分析、总体战略及业务战略确立、核心竞争力或关键成功因素分析、职能战略及战略实施计划设计。通过分析和确定企业的发展目标和实现目标的战略，就能够为企业制定绩效目标提供基本依据，从而把企业发展目标和战略与绩效管理体系联系起来，使企业发展目标和战略在绩效管理体系中得以体现，让绩效管理体系成为实现企业发展目标和战略的工具。

（二）整合不同层次绩效管理

由于绩效体现在组织中的不同层次上，绩效管理也体现在组织中的不同层次上，组织中不同层次绩效管理的整合或融合，从组织层次的角度来看，构成完整的绩效管理体系。因此，在构建绩效管理体系的过程中，整合不同层次的绩效管理则成为一个实质性的重要环节。基于用人力资源管理的内容定位绩效考核管理，其体系的构建应着重促使企业自身评价功能与发展功能的有效强化，而这两个功能的发挥需要通过员工、部门、企业三个层次绩效的重构来实现。在将不同层次绩效管理整合成统一的绩效管理的基础上，其所构建的绩效管理体系将更具有统一性。

第一，员工、部门、企业之间绩效考核关系的处理。对于不同企业而言，所具备的战略定位、生产方式、企业文化及组织结构等因素的差异是十分明显的，在促使绩效考核管理工作得以实施的过程中所侧重的层面也是存在较大区别的。而从总体来看，员工、部门、企业三个层次的绩效管理都应健全，这反映出员工绩效是部门绩效的基础，企业整体绩效则直接受部门绩效的影响。作为团队式组织结构的企业，员工、部门、企业三方面之间的关系更应进行统筹处理，通过步调共振、协调联动、科学合理的多层次绩效考核管理制度的构建，以促使绩效考核管理体系对企业战略的全面支持。

第二，绩效考核管理是企业发展战略指引下管理者与员工在责任、任务、目标方面一致动态的保持，同时企业绩效对部门绩效进行统领，部门绩效则是对个人绩效进行指导。只有在这种体系下，绩效考核管理的功能发挥才能与企业战略发展联系在一起，且不同层级之间的沟通协作也就更为全面、有效。

（三）绩效指标体系开发

为了持续改善个人和组织的绩效，最终实现企业目标，绩效管理以评价员工、部门、企业当前工作业绩为重点，兼顾未来绩效改进与战略目标的实现。因此，企业要根据发展的阶段和业务的特点等来设计开发绩效指标体系，确保公正、合理地评价员工的工作行为和工作成果是否与组织的整体战略目标和个人绩效目标相一致。绩效指标体系包括企业级、部门级和个人级不同层次的绩效指标。企业级指标主要用于衡量企业的整体经营状况，一般由企业经营者（总经理）来承担，来源于对企业战略目标的梳理，通过梳理企业战略目标，从不同维度（如财务、客户、内部运营、学习与成长等）确定企业在一定时期的战略主题；通过对战略主题的分析，找出实现战略主题的关键成功因素（KSF），然后通过指标开发方法开发出企业级指标。部门级指标主要来源于对企业级目标的分解、部门主要职责提炼和上级对部门工作的要求等。其中，企业级目标分解的指标主要是为了实现绩效管理对企业战略的支撑，通过部门目标的达成来支撑企业战略目标的实现；而部门主要职责提炼的指标则是为了考核部门主要职责是否得到充分履行，企业上级对部门的要求往往以重点工作任务或者临时性工作任务等形式出现；员工的绩效指标主要来源于部门指标的分解和基于岗位职责提炼的指标。但在绩效考核实践中，除了销售、客服等容易量化的部门，部门指标容易分解到部门内各岗位，而那些工作不容易量化的部门，如行政、后勤、法务等后勤保障部门，进行部门指标分解并不是一件容易的事情。因此，为了部门目标能够传递到每个岗位，对于这些部门，应该以定性指标为主。但是岗位指标必须和部门目标进行关联或者具有因果关系，每个岗位指标的完成能够支持部门相应工作的完成，形成企业绩效共担机制，让企业每个员工都来共同实现企业的战略目标，通过每个员工绩效目标的实现，最后支持企业战略目标的实现。

（四）设计绩效管理流程

绩效管理体系作为一个相对孤立的系统，其内部是由一系列环节构成的一个循环过程，通过这种不断的循环过程来达到构建和实行绩效管理体系的目的。因此，设计绩效管理流程是构建绩效管理体系过程中最具有实质性意义的重要环节。完善绩效管理流程的重点是强化双向反馈机制。建立“考核+反馈”的考核机制，对于增进相互了解，促进工作开展，确保目标任务的顺利完成具有重要作用。在实际操作过程中，要做到以下几点：一是畅通申诉渠道。倾听员工呼声，及时掌握员工思想动态，对确有偏差的考核进行补救，将可能出现的问题消灭在萌芽状态，彻底解决员工反响强烈的问题。二是建立合理的沟通环节。绩效管理的各个环节，从绩效指标和标准的制定，考核结果的反馈到绩效改进，都需要通过良好的沟通来实现。如果不给员工反映自己想法或意见的机会，很可能导致员工在考核结果不理想时产生不满情绪，使绩效管理收不到应有的效果。三是在绩效管理过程中，应当以制度化的形式将绩效考核的双向沟通规范下来，并通过不定期抽查、绩效改进对照等方式对沟通效果进行检查评价，确保绩效反馈与绩效改进落到实处，从而真正实现绩效管理的作用。四是针对绩效考核过程中存在的问题，建立纠偏机制，确保考核结果全面、准确、客观、公正。一个完整的企业绩效管理应该是绩效计划、绩效辅导、绩效评价与反馈和绩效结果应用四个步骤的循环。绩效管理流程设计的主要内容就是把绩效管理过程划分为几个环节，形成一个各个环节紧密衔接的循环过程。把绩效管理过程划分为哪几个环节在不同的研究者之间具有一定的差异，它实际上只是一个分类方法的问题，并没有本质的区别。而各个环节如何衔接，则在一定程度上取决于对各个环节的划分情况。通过绩效管理流程设计，把整个绩效管理过程划分成合理的环节，并把各个环节紧密地衔接起来，形成一个绩效管理循环过程，从而确保绩效管理体系的有效性和可靠性，能达到构建和实行绩效管理体系的目的。

（五）完善绩效管理体系基础

绩效管理体系是企业管理体系的有机组成部分之一，企业管理的规范性成为绩效管理体系的基础，要以这些内容为基础来构建绩效管理体系。在构建和实行绩效管理体系之前，需要完善和健全以下基础工作：首先，要在企业中建立合理的组织体系或系统，完善目标管理体制，并进行有效的工作分析，使绩效管理体系的构建拥有坚实的基础；否则，如果企业的组织体系或系统混乱，目标管理制度不健全，也没有进行科学的工作分析，则无法构建和实施有效的绩效管理体系。企业中所进行的目标管理和工作分析也是构建绩效管理体系的基础。其次，管理制度设计是绩效管理体系的基础工作，通过建立统一、完备的绩效管理制度，指导、规范企业的绩效管理工作，牵引和约束管理者和员工的行为，确保企业的绩效管理客观、公正地推进，使对员工的评价更具公正性和合理性，能确保部门和企业目标的达成。这些工作包括企业目标分解、分层分类考核制度、考核等级和考核关系的确定、考核方法的选择、考核量表的制定、考核申诉及考核反馈的办法等。

（六）绩效管理体系试点

绩效管理体系涉及企业各个层面的职责分工和利益分配，实施起来具有较大的难度；同时，绩效管理体系又与整个企业管理的许多方面相关，实施过程必然会对企业管理的其他方面产生重要影响。因此，在绩效管理体系正式实施以前，必须要在局部范围内进行试点性实施，以验证其是否科学、可行，对不恰当的内容进行调整、修改和完善后再正式实施。首先，要做好绩效管理新体系的宣传培训工作，使被考核人接受考核办法，确保绩效管理实施。利用各种渠道，包括培训、公告栏宣传、会议传达等，使考核人了解考核办法，同时让被考核人参与，广泛听取被考核人的意见，吸收合理的建议，在考核文件发布前修改。其次，加强绩效考核体系导入期的管理。政策宣传期和试行期被认为是导入期。在导入期，绩效考核办法和被考核人处在磨合阶段。因此，为完善制度，在试行期内对成绩不理想的，免于批评和处罚；有奖励的则全部发放。试行期一般为3个考核周期。在对初步构建的绩效管理体系进行试点性实施时，要选择企业中恰当的部门或部分来进行。试点的可以是企业中的某一个部门或几个部门，也可以是企业中的某一个层面。所选择的部门或部分要注意三点：一是部门大小要恰当，要适合用作试点样本；二是所选择的部门或部分要具有充分的代表性，这种代表性能得到其他部门的认可；三是要能够保障绩效管理体系在所选择的部门或部分所取得的效果可以延伸到其他部门或整个企业中。通过在所选定的部门或部分对绩效管理体系进行试点性实施，可以发现绩效管理体系中的不恰当部分，从而进行相应的调整与改进。这种调整与改进可能要针对绩效管理体系本身来进行，也可能是要通过对企业其他方面进行变革来实现。

（七）绩效管理体系评价

在对绩效管理体系进行试点性实施，并在此基础上进行相应的调整与改进之后，对最终所确立的绩效管理体系还要进行评价，以判断绩效管理体系的有效性。在进行评价时，可以采用问卷调查法、访谈法和观察法等简单的方法来进行，也可以利用综合的评价方法来进行。评价的内容主要有：绩效管理体系的目的是否恰当，不同层次的绩效管理整合是否有效，绩效管理的各环节是否形成一种合理的循环过程，以及绩效管理体系与企业其他相关方面的衔接情况，通过这些方面来对绩效管理体系从总体上进行评价。通过评价，如果发现绩效管理体系的有效性不令人满意或难以保证，就需要从绩效管理体系的目的开始，重新调整和构建绩效管理体系。

三、 绩效管理体系的实施

绩效管理体系实施试点和必要调整完成之后，就进入为绩效管理体系正式实施做准备的阶段。绩效管理体系实施准备包括实施的时间安排、实施的信息和资料准备以及实施的动员和培训等内容。每个企业在绩效管理体系实施前，都要根据自己的情况和需要，确定实施行动计划的具体时间安排，制定行动计划进度表，表中包括行动阶段划分以及对应的行动计划内容。同时，在绩效管理体系实施前，企业要建立一个良好的信息系统，对绩效管理提供信息支持，并且制作和向全体员工分发有关绩效管理的各种文字资料。绩效管理体系实施之前的另一项重要准备工作就是对相关人员进行动员和培训，让员工转变观念，理解和接受绩效管理体系，掌握和拥有绩效管理的技巧和能力。在做好以上相应准备工作之后，绩效管理体系就可以进入正式实施阶段。

（一）成立绩效管理组织

按照既定目标，组织绩效考核小组，并选定绩效管理负责人，如绩效经理。绩效管理负责人必须拥有充分的绩效管理知识，较强的沟通能力，在企业中还必须有管理威望，随时可解决绩效管理执行中的各种冲突。由绩效经理负责筹备成立绩效管理小组，选拔绩效专员，分配各成员职责。原则上，绩效专员需要有绩效管理专业知识，具备对数据收集处理的能力，包括对公司内部流程较熟悉，并能提供流程改善建议，以便发挥绩效辅导的职能。

（二）明确绩效管理体系实施中的关键参与者

为了使绩效管理体系有效地实施，首先要明确绩效管理体系中的关键参与者，以及他们在其中所扮演的角色和承担的职责。在绩效管理体系中，关键参与者主要涉及企业中的高层领导者、直线管理者、人力资源管理人员和员工，他们在企业绩效管理体系实施过程中发挥着各自不同的作用。高层领导者是绩效管理体系实施的领导者，以高层领导者为核心而形成的绩效管理机构，如绩效管理委员会，是绩效管理体系实施过程中的领导机构。直线管理者和员工是绩效管理体系的直接使用者或具体实施者，要由他们来直接使用和具体实施绩效管理体系，他们是绩效管理体系实施的主体。人力资源管理专业人员在绩效管理体系实施过程中要起到组织和协调的作用。他们要在直线管理者和员工实施绩效管理体系的过程中起到指导、咨询和支持的作用，组织和协调绩效管理体系的具体实施，并就绩效管理体系实施的有关情况与高层领导者、直线管理者和员工进行不断的沟通。

（三）加强绩效管理培训

企业绩效管理出现问题的一个主要原因就是各级人员的观念、技能跟不上。必须对上至高层领导、下至基层员工进行各有侧重的引导和培训，努力促成考核者、被考核者观念的转变、态度的端正、理解的正确和执行的有效。对企业管理者而言，需要更新绩效管理观念，提升绩效管理能力，充分理解绩效管理方案，组织员工实施绩效管理。对基层员工而言，通过绩效管理，能及时了解自己工作中存在的问题和不足，明确改进的方向和目标，从而让个人的能力随着绩效考核的推行而不断得到提升。为了有效地实施绩效管理体系，系统中的主要参与者特别是直线管理者和员工，必须能够理解和接受绩效管理体系，具有实现绩效管理体系目标的责任感，掌握进行绩效管理的方法和技巧。而直线管理者和员工并不是人力资源管理和绩效管理方面的专家，因此，对他们进行绩效管理培训是绩效管理体系实施过程中的重要环节，培训的内容和效果是成功实施绩效管理体系的关键性因素。

绩效管理培训是企业培训与开发系统中的一个部分，与一般的培训在程序与方法上相类似。从培训内容来看，首先，绩效管理培训要使直线管理者和员工理解和接受绩效管理体系。绩效管理体系是一个复杂的系统，涉及许多方面的内容和各个方面的利益，通过培训要使直线管理者和员工理解绩效管理体系的各个部分之间以及系统与企业其他方面的联系，认识到绩效管理体系的意义和价值，在观念和态度上真正接受绩效管理体系。其次，通过绩效管理培训来培养直线管理者和员工的责任感。直线管理者和员工是绩效管理体系的直接作用者和具体实施者，他们是否自觉地履行自己的职责是绩效管理体系能否顺利实施的关键，培养他们的责任感是绩效管理培训的重要内容。在绩效管理培训中，大量的内容是对管理者进行绩效管理理论、方法和技巧方面的培训。

为了使绩效管理培训取得好的效果，赢得高层管理者对绩效管理培训的支持至关重要，他们的支持会使受训者更加重视培训，并使培训所需资源得到保障。同时，直线管理者参与绩效管理培训计划的制订，就能够更准确地把握绩效管理培训的重点，使培训活动更加符合实际需要。此外，绩效管理培训有收益或产出，当然也有投入，包括时间和资金等方面的投入，因此要做好绩效管理培训的投入产出分析，以确保绩效管理培训取得实效。

（四）激励部门经理和员工努力实施绩效管理体系

绩效管理体系的有效实施在很大程度上取决于绩效管理实施者的积极性，因此，在绩效管理体系实施过程中必须对管理者和员工进行有效的激励。通过强调绩效管理体系的重要性，使绩效管理的主要参与者既充分重视绩效管理体系的设计，又把更多的投入放在绩效管理体系的实施上，从而真正实现绩效管理体系的目标。对于管理者，要把他们的管理工作绩效以及报酬与他们在实施绩效管理体系过程中所履行职责的状况联系起来，激励他们更好地履行自己的职责。对于员工，要不断地进行沟通，让他们了解绩效管理体系实施的状况及对企业整体的作用，这无疑会对员工努力实施绩效管理体系产生激励作用。

（五）努力降低绩效管理体系实施成本

构建绩效管理体系要有相应的投入，但是相比之下绩效管理体系实施过程的成本更高。这些成本不仅包括在人力、物力和财力上的投入，还表现在由于实施绩效管理体系而产生的机会成本上。实践中，许多企业在绩效管理上不作为，在一定程度上是由于这种机会成本的存在。因此，努力降低绩效管理体系实施过程中的成本，就能够使绩效管理体系的价值更充分地体现出来。要把绩效管理体系与整个企业系统中的其他方面，包括战略规划、预算和人力资源管理系统更好地整合起来，将在这些系统衔接过程中所产生的成本最小化。同时，要充分利用便利的技术手段，尽可能消除不必要的活动，以提高绩效管理体系实施的效率。

（六）绩效考核办法实施

1. 确定工作任务

工作任务的确定是部门领导对其下属员工进行绩效管理的前提和重点。在分配工作任务时，首先由部门领导根据部门季度业绩目标进行分工，再由个人根据本月度的工作计划及各自岗位职责计划各自月度工作目标。工作任务的内容分为两大类：一类是基于岗位职责的常规性的、重复性的、例行的任务项，一般情况下每个月的月度工作任务考核表都包括这类任务；另一类属于非常规的、非例行的、工作内容确定性不强的任务项，一般需要根据工作计划来灵活确定，因此这类工作任务项每月不同。在分配工作任务的过程中，有两大要点：一是被考核者的工作任务一般不超过6项；二是工作任务和相应的权重要匹配，即权重要反映各项工作任务的重要程度。部门领导将工作任务确定后，需要就每项工作任务的具体内容、关键成果、完成该项工作任务的关键时间节点要求、质量要求、过程中需要注意的问题、各项工作任务在考核中的权重等与下属进行沟通，双方需要就以上内容达成一致。实际上，通过给员工分配月度工作任务，就完成了对员工进行绩效管理的绩效计划阶段。这个阶段可以分三步完成：一是部门绩效管理员通过分配权限，将部门季度业绩合同按照部门领导分工分解给部门被考核员工；二是个人在分解后的考核目标基础上对月度绩效目标进行完善，比如填写除部门工作任务之外的其他临时工作任务等内容；三是部门领导对下属员工上报的绩效目标进行审核。

2. 实施绩效考核

在每月下属完成部门领导安排的工作任务过程中，部门领导需要随时跟进其完成情况，即对进度、质量等进行监控，进行必要的实时沟通，对可能出现的问题和风险随时提醒，必要时提供相关支持或者解决建议。

3. 对工作任务完成情况打分，即对员工进行月度工作的绩效考核

需要注意两点：第一，需要依据公司绩效考核制度中的相关规定，对员工的本月工作任务完成情况进行客观打分；第二，打分结果需要和下属进行沟通，肯定员工本月完成任务的成绩，指出不足和改进建议。这一阶段先由员工个人填写工作计划完成情况，并进行自评分和评价说明，但不参与计分；最后由部门领导参考自评分和评价说明并进行打分。

4. 对工作任务完成情况进行反馈

部门领导对员工本月工作任务完成情况打完分后，需要对员工进行反馈。反馈的主要形式是面谈。面谈有四个目的：上下级对工作任务的完成情况达成一致看法；使员工认识到自己的成绩和优点；指出员工有待改进的方面和改进建议；就下月的工作任务与员工进行沟通。至此，部门领导就完成了对员工进行绩效管理的一个循环，同时下一个循环也就开始了。通过对员工的月度工作任务进行绩效管理，有效地将部门的月度工作计划分解到员工，员工的工作任务完成又支撑了部门业绩的实现。按季度或年度工作目标进行绩效管理过程与此相似，为了协助各级人员快速实施日常绩效管理工作，可以开发构建绩效考核系统平台，包括工作目标计划、任务下达、执行情况汇报、上级审核评价、意见反馈等功能，形成完整的PDCA闭环管理流程，让企业各层经理人员及时掌控目标计划的执行状态和过程，发现执行中的偏差和问题，及时反馈修正，并通过统计分析，发现管理中存在的问题，并为岗位评价、薪酬标准以及定员定编提供可靠资料。通过一定阶段的绩效管理，不但能够实现上情下达、增强员工的主人翁意识，更能促进部门上下级之间的相互理解与支持，从而产生共同的责任感。

（七）对绩效管理的成功实施进行衡量和跟踪

1. 采用正确的标准对所实施的绩效管理实践进行跟踪

可以通过考虑以下问题来评估流程的实施是否成功：绩效管理流程是如设计的那样在

实际展开吗？利益相关人对流程运行的质量满意吗？绩效检查在按时进行吗？绩效评价实践是如预期的那样区分出了绩效水平吗？有关奖励和晋升发展的决策准确地体现了绩效吗？

2. 衡量绩效管理体系对企业业务工作和绩效的影响

对业务影响进行评估有助于区分绩效管理活动的优先次序。可以通过考虑以下问题来判定业务影响：采取什么绩效措施来优化业务绩效？如何通过调整绩效管理实践来最大限度地提高业务绩效？那些被确定为高绩效员工的能力和贡献是否符合未来业务需求？晋升发展计划对绩效有什么影响？不但要分析员工所说的话，还要分析他们所做的事。定性与定量相结合的分析方法可以确定绩效管理的最佳实践，这些最佳实践能使员工参与其中，创造经济价值。感性认识（员工所说的话）可以通过行政管理人员面试和员工感觉来判定；行为和企业实践（员工所做的事）可以通过建立劳动力动态统计学模型和绩效管理实践与业务成绩之间联系的统计学模型来体现。将实际措施（即实际的绩效管理实践及其影响）与这些措施的感性评估进行比较和对照，可以得出重要的结论。

3. 充分分析和利用绩效反馈信息

为保证绩效管理的有效性，必须重视绩效反馈面谈这个环节，否则不能达到让被考核者改进绩效的目的。只有通过绩效反馈面谈才能让被考核者了解自己的绩效状况，才能将管理者的期望传递给被管理者，最终达到有效改进绩效的目的。

四、 绩效管理体系有效性的评价

对企业的绩效管理体系进行有效性的评价，必须从以下八个方面进行：战略目标、角色分工、管理流程、工具表格、绩效沟通、绩效反馈、结果运用、诊断提高。[①]

（一）战略目标

考察一个企业的绩效管理体系是否有效的第一个标准是看该企业的战略目标是否清晰、明确，是否已经被企业管理层所熟知，是否已经得到分解。

（二）角色分工

员工在绩效管理中的角色分工如果没有做好，往往会导致绩效管理工作执行变形，流于形式。经验表明，许多企业的管理者和员工通常都不太清楚自己在绩效管理中的职责，不知道自己该做些什么、该怎么做，从而导致很多管理者和员工在绩效管理中往往表现得比较被动，经常需要人力资源部门催促，甚至需要高管人员出面协调。本书第一章第四节中已对高层管理人员、直线经理、人力资源部和员工在绩效管理过程中各自的角色与职责分工进行了详细阐述，此处不再赘述。

（三）管理流程

绩效管理流程可以采用PDCA循环来制定，对总结检查的结果进行处理，成功的经验加以肯定并适当推广、标准化，失败的教训加以总结，未解决的问题放到下一个PDCA循环里。

一个有效的绩效管理体系应具备以下四个大的流程：（1）制订绩效计划（P），确定

---

① 赵日磊. 手把手教你做绩效管理：模型、方法、案例和实践［M］. 北京：电子工业出版社，2016.

绩效目标和考核标准；（2）绩效沟通与辅导（D），保证绩效管理过程的有效性；（3）绩效考核与反馈（C），对前一绩效周期的成果进行检验和反馈；（4）绩效诊断与提高（A），总结提高并进入下一循环。

（四）工具表格

为了保证绩效管理流程的顺利执行，人力资源部门要为直线经理设计简单实用的工具表格，作为绩效管理过程的控制工具加以使用。通常，一个完善的员工绩效管理体系中应至少包括以下几个表格：

1. 员工关键绩效指标管理卡

员工关键绩效指标管理卡与工作岗位密切联系，用来帮助经理为员工确立关键绩效指标并在绩效实施过程中使用。员工关键绩效指标管理卡的内容包括工作的关键业绩指标和关键行为指标标准，并且员工和其直接上级在指标制定后和考核结果公示后在员工关键绩效指标管理卡上签字确认（见表2-1）。员工关键绩效指标管理卡需要在绩效沟通与辅导的过程中经常使用，员工通过员工关键绩效指标管理卡明白自己的工作目标，经理通过员工关键绩效指标管理卡便于准确地知道员工的绩效是否在预定的轨道上运行。所以，绩效管理过程中是否经常使用员工关键绩效指标管理卡，成为评价绩效管理体系是否有效的重要依据。

表2-1 **员工关键绩效指标管理卡（季/年度）**

姓名	职位	所在部门	直接主管	日期

考核维度	绩效指标	考核标准	考核权重	考核分数
关键绩效指标				
关键行为指标				

制定：

员工签字/日期： 直接主管签字/日期：

考核分数：（ ）；考核等级：（ ）

员工签字/日期： 直接主管签字/日期：

2. 员工业绩档案记录卡

员工业绩档案记录卡可比较全面地反映员工的工作概况，包括员工的考核记录、考勤记录、奖惩记录、职级变更、业务学习培训等信息，具有重要的查考作用，用来帮助直线经理记录员工的业绩表现并建立业绩档案。建立员工业绩档案，主要是为了保证经理对员工进行的绩效评价是基于事实而不是想象的，保证经理和员工进行绩效反馈的时候有客观具体的绩效资料，这对于保证绩效评价公平与公正是相当重要的。

3. 员工绩效反馈卡

员工绩效反馈卡用来帮助直线经理对员工进行绩效反馈，了解员工对绩效考核结果的看法。直线经理对员工绩效反馈的时候不是泛泛而谈，而是基于员工的关键绩效指标来谈，因此，直线经理要凭借绩效反馈卡来记录沟通的过程，形成绩效反馈记录，为下一步帮助员工制订绩效改进计划打下基础。

4. 员工绩效改进计划

员工绩效改进计划是根据员工有待改进的方面所制订的在一定时期内有关工作能力和工作绩效提高的系统计划，用来帮助直线经理为员工制订绩效改进计划。绩效面谈结束的时候，直线经理应针对员工在前一绩效周期内表现出来的不足，提出建设性的建议，就有待发展的项目、发展这些项目的原因、目前的发展水平、期望达到的水平、发展这些项目的方式、设定实现目标的期限等内容，与员工达成一致意见。

5. 员工绩效申诉表

员工绩效申诉表用来帮助员工对自己在考核评价中所遭遇的不公正待遇进行申诉，对考核者给予必要的约束和压力，避免个别管理者不公正对待员工，可大大减少内部矛盾和冲突，促进绩效考核合理推进，保证绩效管理制度的严肃性。

6. 绩效管理满意度调查表

绩效管理满意度调查表用来帮助企业对所实施的绩效管理制度以及直线经理在执行绩效制度时的表现进行调查，使企业与直线经理也能不断进行合适的调整，使绩效管理制度得到改进和提高。

（五）绩效沟通

绩效沟通是一个经理和员工就绩效问题进行充分沟通并达成一致理解的过程。对一个企业的绩效管理体系进行评价，不能仅仅看它的硬件是否具备，更要看软件，比如绩效沟通的环境是否良好，绩效沟通的渠道是否顺畅，绩效沟通的习惯是否已经建立等。

（六）绩效反馈

绩效反馈主要是指绩效评价结束后对评价结果的反馈。一个阶段的绩效评价结束后，直线经理一定要将评价结果通过面谈的方式告诉员工，与员工就评价结果达成一致理解，并真诚地指出员工存在的不足，提出建设性的改进意见。在绩效反馈的过程中管理者要有敏锐的洞察力和必要的准备工作，及时发现问题，及时解决问题，及时沟通，及时反馈，努力消除消极影响，然后在实践的基础上进一步完善绩效评估制度。如果企业没有做这项工作，绩效管理体系就不是有效的。

（七）结果运用

绩效管理实施成功与否，很关键的一点在于绩效考核结果如何运用；很多绩效管理的实施未能成功，其主要原因是没有处理好绩效考核结果在应用中的问题。通常绩效考核与员工的奖惩是紧密相联的，如果考核结束后，企业没有兑现当初的承诺，没有对表现优秀的员工进行激励，那么优秀员工的积极性将受到打击，同样，如果考核结束后没有对表现不好的员工进行惩罚，那么也将对企业的管理环境造成不好的影响。所以，在绩效考核结束后，企业一定要按照绩效制度的规定，对绩效评价的结果进行运用，使绩效制度朝良性循环方向发展。

考核结果得出后，还要及时与激励制度和能力发展计划挂钩才能发挥作用。绩效管理是其他人力资源工作的基础，绩效加薪、浮动薪酬都以此为依据，增加了企业决策的透明度；培训部门能够获得比较准确的信息，分析出员工绩效不理想的原因所在，总结优先的培训需求。在后备干部队伍选拔方面，也可以从绩效纪录中获得有效的支持，因为过去几年的绩效表现通常预示着潜力的发展方向。员工在帮助企业达成战略目标的同时，个人当然也会获益，这样员工就有动力来实现企业的目标。

（八）诊断提高

企业要定期对整个绩效管理体系进行诊断（一般每隔一年进行一次），从中发现存在的问题和不足，然后加以改进，使之不断得到改进和提高，呈螺旋式上升的态势。绩效诊断包括直接绩效诊断与间接绩效诊断。直接绩效诊断是指对绩效管理活动中的各个环节以及相关因素进行全面分析判断的过程。间接绩效诊断是在绩效诊断活动中，找出绩效管理存在问题的同时，及时发现企业组织中存在的各种各样的问题。企业各个部门应养成主动进行绩效诊断、绩效改进的习惯，人力资源部门应该引导企业进行整体绩效诊断，牵引、组织各部门进行改进，让绩效诊断成为企业自上而下、环环相扣的绩效改进链。

课后练习题

1.选择题

（1）绩效管理体系包括（　　）、绩效管理过程、绩效管理制度、绩效管理组织与职责体系和绩效文化五个主要部分。

A.绩效管理内容体系　　B.绩效管理程序设计

C.绩效管理方法体系　　D.绩效管理目标体系

（2）企业构建适合的绩效管理体系的首要环节是（　　）。

A.环境分析和明确战略　　B.绩效目标建立

C.绩效管理系统设计　　D.绩效标杆确立

（3）（　　）是企业组织实施绩效管理活动的准则和行为规范。

A.绩效管理制度　　B.绩效管理目标

C.绩效管理方法　　D.绩效管理内容

（4）在绩效管理过程中，（　　）是绩效管理活动的前提和基础。

A.绩效辅导　　B.绩效计划

C.绩效考核　　D.绩效反馈与结果运用

（5）关于绩效面谈，以下解释中不正确的是（　　）。

A.关注员工对考核过程的想法

B.注重挖掘员工的潜能、拓展新的发展空间

C.强调让上级发现员工的问题并帮助员工解决问题

D.绩效面谈不应紧随考核后进行，至少要相隔三个月

（6）通常，我们可以把绩效管理体系的发展分为三个阶段，依次是以（　　）为导向的绩效管理体系、以发展为导向的绩效管理体系和以经营为导向的绩效管理体系。

A.控制　　B.行为　　C.结果　　D.战略

2.判断题

(1) 绩效评估应建立在客观事实的基础上，避免主观性和感情色彩，这一原则主要体现了绩效评估的公平性原则要求。（　）

(2) 在绩效评估中建立申诉程序具有保证公正感的必要性，但不是充分条件。（　）

(3) “学识和业务知识”属于个人绩效考核中对工作能力的考核。（　）

(4) 进行绩效管理的培训，可以增进员工和主管人员对绩效管理的了解和理解，消除误解和抵触情绪。（　）

3.问答题

(1) 绩效管理体系包括哪些内容?

(2) 如何建立高效的企业绩效文化?

(3) 根据发展阶段和侧重点的不同，绩效管理体系可分为哪些类型?

(4) 绩效管理体系设计的基本原则有哪些?

(5) 构建绩效管理体系的基本步骤有哪些?

(6) 如何进行绩效管理培训?

(7) 如何评估企业绩效管理体系的有效性?

4.实务题

某高校为了能给教师一个很好的工作激励，计划通过绩效管理改革提高教师对工作的热情，假如你是该高校人事处的工作人员，请制订一份专门对教师工作进行绩效管理的方案。

要求：思路明确，层次清晰，结构合理。

案例分析

海尔集团的绩效管理体系

以卓越运营的全球化企业为战略目标，海尔集团建立的以个人事业承诺（PBC）为核心的绩效管理体系，体现了以下四个特点：一是战略导向，以全球化和卓越运营战略为指针，设计和建设支持战略的绩效管理体系。二是持续改进，通过计划、反馈辅导、评估、制订改进方案，形成持续改进、不断循环的绩效管理体系。三是全员参与，通过绩效指标和工作目标自上而下的层层分解，落实到每一位员工，实现绩效管理的全员参与。四是均衡发展，平衡考虑短期业绩和长期发展之间的关系，构建基于能力的绩效管理体系。

海尔集团绩效管理体系实施主要从以下几个方面着手：

1.绩效管理的组织及人员保障

海尔集团作为“最受赞赏的中国公司”之一，在进行绩效管理设计、实施等一系列操作时，首先需要的是坚强的组织及人员保障。海尔集团的绩效管理涉及集团办公会、集团HR、BU/FU、各级经理。集团办公会是海尔实行绩效管理的最高领导机构，它负责推动集团绩效管理体系的实施，处理绩效管理体系实施过程中的重大问题；制定年度考绩分布原则；决定考绩评估与薪资/红利/绩效奖金的关系；执行绩效申诉最后仲裁；召开集团和BU/FU月度经营总结会议，进行绩效回顾与辅导。集团HR是绩效管理的政策制定机构，主要职责包括：制定全集团绩效管理政策、标准和指导原则；为各BU/FU、HR推行绩效管理提供培训、指导、政策解释等支持；汇总、整理有关问题，对集团绩效管理体系进行分析、研究，制定改进措施，不断优化集团绩效管理体系；分析与其他制度配合。BU/FU是绩效管理支持机构，它主要的职责是跟踪BU/FU绩效管理政策执行情况；负责对经理提供必要的培训与指导；汇总统计考核结果。各级经理是执行绩效管理与考核的主体，主要职责包括：执行集团制定的各项绩效管理政策；负责本部门绩效管理的组织工作；指导、帮助员工确定绩效指标和目标、制订工作计划，并为员工制定考核权重；负责所属员工绩效结果的评价；按照流程处理员工申述；与员工共同进行月度的工作回顾并辅导员工制订培育或改进计划。

2.员工绩效评价的内容

每个海尔员工都以PBC的形式做出个人对海尔集团的业绩承诺。在整个海尔集团，各级经理和下属员工通过自上而下地层层签订PBC，将海尔的战略目标逐步分解落实到每个员工，将组织绩效和个人绩效有机联系在一起，实现集团发展和个人发展的一致性。

在一般员工的PBC中由两种目标组成：业务目标和个人发展目标，而经理级别的员工PBC中多了一种目标，即员工管理目标。

业务目标：每位员工根据所从事岗位工作性质、职责和企业年度工作计划的要求，在经理的指导和帮助下制定个人的业务目标。

个人发展目标：每位员工在经理的指导帮助下设置个人的发展目标并制订个人发展计划（IDP），不断提高自己的工作能力，支持业务目标的达成。

员工管理目标：经理需设置员工管理目标，从而引导其关注团队建设、下属培育，培养领导能力，支持业务目标的达成。

3.员工绩效评价指标

海尔员工绩效评价指标分成两种类型：定量指标和定性指标。

定量指标：该类指标的评价可将绩效结果同事先设定的目标值进行比较，通常是达成结果的比率。

定性指标：该类指标的评价可将绩效结果同事先设定的工作标准（定性描述）进行比较，通常是结果与预期描述标准的比较。

定量指标得分计算：以实现目标值的完成率为基础，按照百分制计算每项指标的绩效得分。其计算方式如图2-2所示。

其中，C=B-A，D=C/A，E=1+D。当实际绩效值与业绩评价结果正相关时，D=C/A；当实际绩效值与业绩评价结果负相关时，D=C/A×（-1）。

定性指标得分计算：通过与定义的绩效等级的标准进行比较（绩效水平）。绩效水平分为五个等级，等级描述分别为：（1）远远超出绩效期望；（2）明显超出绩效期望；（3）基本达到绩效期望；（4）与绩效期望有一些差距；（5）与绩效期望有明显差距。

4.绩效评价周期

海尔集团对员工的绩效评价周期分为以下几类：

（1）定期回顾辅导。定期回顾辅导分为两种，第一种是月度业绩回顾辅导，各级经理每月针对本部门月度经营计划完成情况进行回顾总结，并对下属员工工作中存在的问题以

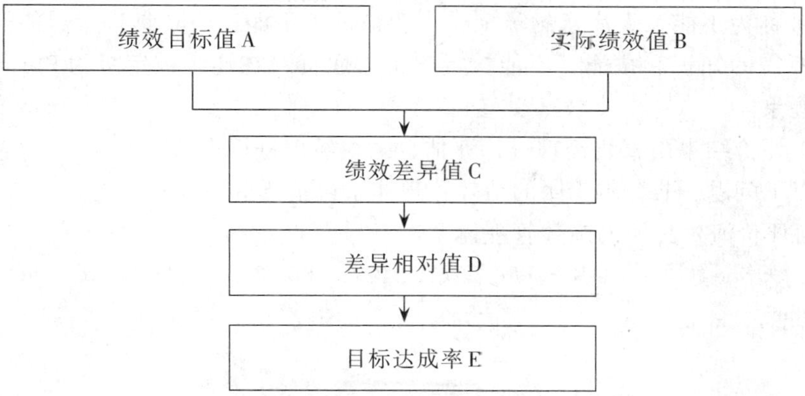

图2-2 定量指标得分计算

非正式的方式进行辅导，制订工作改进计划，提高工作绩效。第二种就是年度中期绩效回顾辅导，通常在半年左右，经理与下属员工将个人的业务目标、员工管理目标和个人发展目标进行综合、全面的正式沟通与辅导，为下属员工提出绩效改进意见和建议，必要时进行目标调整。值得说明的是，不论是哪一种回顾辅导，都不与员工工资的发放挂钩。

（2）季度业绩评价。业绩评价是指针对所有员工季度业务目标完成情况进行的评价。在每季度结束后的第一个月自上而下地逐级进行业绩评价。季度业绩评价结果与员工的季度绩效工资挂钩。

（3）年度绩效考核。对经理的业务目标、员工管理目标、个人发展目标进行年度综合绩效考核；对一般员工的业务目标、个人发展目标进行年度综合绩效考核。在每年度结束后的第一个月度内自上而下地逐级进行年度绩效考核。年度绩效考核结果与员工的年度绩效工资等挂钩。

5.绩效评价结果

海尔集团的PBC绩效评价结果分为五个等级，分别是PBC=A，PBC=B+，PBC=B，PBC=C以及PBC=D。

PBC=A被称为非常出色的年度顶级贡献者，表明该员工取得杰出的成果，业绩明显高于其他（同级别/工作性质）人。超出或有时远远超出绩效目标，为他人提供极大的支持和帮助，并表现出其职能岗位所需的各项能力素质。

PBC=B+被称为出色的，高于平均的贡献者，表明该员工工作范围和影响力超过其工作职责；绩效表现超过大多数同事，有发展的眼光及影响力。总是能达到或有时超出绩效目标，为他人提供有力的支持和帮助，并表现出其职能岗位所需的各项典型能力素质。

PBC=B被称为胜任的、扎实的贡献者，表明该员工始终如一地实现工作职责；具有适当的知识、技能、有效性和积极性水平。基本能达到或有时超出绩效目标；为他人提供相应的支持和帮助，并表现出其职能岗位所需的各项技能。

PBC=C被称为需要改进提高的最低贡献者，表明该员工与他人相比，不能充分实现所有的工作职责，或者执行了职责，但水平较低或成果较差；并且/或者不能证明其具有一定水平的知识、技能、有效性和积极性。连续的PBC=C绩效等级是不可接受的，需要提高。

PBC=D被称为不能令人满意的员工，表明该员工不能证明其具备所需的知识和技能，或不能利用所需的知识和技能，不能执行其工作职责，在连续被定级为PBC=C之后仍未出现提高的迹象。

这些员工评价结果由直线经理进行评估，二线经理进行审核。

请分析以下问题：1.海尔集团的绩效管理体系包括哪些内容？

2.你如何评价海尔集团的绩效管理体系？

资料来源：佚名．解读海尔集团的PBC绩效管理体系［EB/OL］．［2018-05-16］．http：//www.hroot.com/d-9373568.hr.

第二章课后练习题答案

第三章 绩效计划

学习目标

通过本章的学习，应该掌握以下几个方面的内容：

1.绩效计划的概念、特征、作用；
2.制订绩效计划的步骤；
3.绩效目标的来源、类型、衡量标准；
4.绩效目标的设定方法和程序；
5.绩效计划的意义及案例分析。

引导案例

某家电公司是华南地区的一家国营企业，家电制造和销售是其主营业务，2018年，该公司的销售额为5亿元人民币。当时这家公司正在改制，改制之后必须自负盈亏。如果销售额达不到预定目标5.5亿元的90%，即4.95亿元人民币，公司将陷入严重的财务困境。

为了在改制后增强竞争力，提高利润和销售额，并且塑造一种以业绩为导向的企业文化，公司总经理希望在改制之前投资一条新的空调生产线，力争通过销售夏季新产品为公司增加25%的收入，同时他还决定采用一套新的绩效考核和管理体系。2019年年初，该公司的改制基本完成，新的生产线引进到位，调试成功后即可生产新产品，而新的绩效考核和管理体系也将启动。

眼看年中考核将至，该公司的销售副总裁开始着急起来，因为他刚刚得知销售部有可能完不成前半年的主要考核指标。在此之前，他已经花了很多精力拿到了大批新型空调的订单。但是，这批订单必须在炎热天气到来之前送到客户手中。如果不能在5月15日前发货，客户就有权取消订单。然而，几个月来新生产线一直处于调试阶段，很可能不能如期交货。

相比之下，主管生产的副总裁却显得踌躇满志，他的两项主要考核指标——质量和产量——都完成得非常出色，比如次品率比原来降低了近50%，远远超过了设定的目标。对于新产品他不是不关心，可是如果现在就生产新产品，那么根据经验，机器的停工时间肯定会增加，从而导致产量下降。此外，新产品质量达标也是一个费时费力的过程，做不好会顾此失彼，导致次品率上升。年中考核马上就开始了，他决定等年中考核后再着手完成新产品的生产任务。

不难看出，该家电公司的销售部门和生产部门矛盾突出，由于生产部门要把新产品的投产时间推迟到年中绩效考评之后，销售部门有可能无法按时交货。最终的结果可能是：新产品无法使公司的销售额增加25%，公司无法实现预定的销售目标。

问题：造成该公司销售目标完不成的原因是什么？

第一节 绩效计划概述

一、 绩效计划的概念

绩效计划是评估和被评估双方对员工应该实现的工作绩效进行沟通，并将沟通的结果落实为正式书面协议即绩效计划和评估表的过程，它是双方在明晰责、权、利的基础上签订的一个内部协议。

作为绩效管理的起点，绩效计划是绩效管理系统中最为重要的环节。从静态的角度看，绩效计划就是一个关于工作目标和标准的契约；从动态的角度看，绩效计划就是管理者和员工共同讨论以及确定员工评估期内应该完成什么工作和达到什么样的绩效的过程。在绩效计划阶段，管理者和员工应该经过充分的沟通，明确组织的经营计划与管理目标，员工在评估期内应该做什么工作以及必须将工作做到什么程度，也就是说，确定员工的绩效目标，约定员工的工作标准。

古人云“凡事预则立，不预则废”。没有具体的行动计划，目标只能反映一个美好的愿望。绩效计划是实现高水平工作绩效的必要条件。从具体的表现形式看，绩效计划是用于指导员工行为的计划书。通过制订这样一份计划，员工可以了解本绩效周期的工作安排和目标，以及将会遇到的障碍和可能的解决方法。

绩效计划的制订是一个自上而下的目标确定过程，从公司最高层开始，将绩效目标层层分解到各个部门，最终落实到个人。由于所处层级的不同，绩效计划可分为组织计划、团队计划、员工个人计划。在不同层级上计划的表现形式各异，有宗旨、目标、战略和策略、政策、程序、规划、预算等。

绩效计划制订的前提是员工参与承诺。绩效计划作为绩效管理的第一个环节，它体现了上下级之间承诺的绩效指标的严肃性，使得决策层能够把精力集中在对公司价值最关键的经营决策上，确保公司总体战略的逐步实施和年度工作目标的实现，有利于在公司内部创造一种突出绩效的企业文化。

二、 绩效计划的特征

与传统的计划过程以及管理活动的其他计划类型相比，绩效计划具有以下特征：

（一）绩效计划是管理者与员工之间的双向沟通过程

传统的计划和目标制定过程一般是由最高管理者制定总的目标，之后依据组织结构层层分解，是一个自上而下的单向过程。而绩效计划的制订则强调通过互动式的沟通，使管理者和员工对绩效目标的制定及实现途径达成共识。这种沟通是双向沟通，管理者与员工之间的信息交流既有自上向下的传递，同时也有自下向上的传递。在这个过程中管理者和员工双方都负有责任。在制定各级目标时，要保证每个员工都有发言权，同时鼓励下级员工在上级目标的制定过程中积极参与。组织的预定目标从上而下层层分解，同时又从下而上层层承诺，各层次的目标从而得到相互支撑并最终实现。

为了实现预期的绩效目标，绩效计划的内容除了包含最终的个人绩效目标之外，还应该包含以下内容：管理者与员工双方应该做出什么样的努力？进行怎样的技能开发？采用什么样的方式？

在双向沟通过程中，管理者应该向员工说明下列主要事项：①组织的整体目标是什么？②为完成组织的整体目标，员工所在部门的目标是什么？③为达到组织整体目标及各个部门的目标，对员工的期望是什么？④对员工的工作应该制定怎样的标准？⑤应如何制定完成工作的期限？

员工应该向管理者说明的是：①自己对工作目标及如何完成工作的认识；②自己对工作不理解的地方及困惑之处；③自己对工作的打算和计划；④在完成工作过程中可能遇到的各种问题及需要提供何种帮助。

（二）绩效计划是关于工作目标和标准的合约

在绩效周期开始的时候，管理者和员工应该对员工的工作目标和标准达成一致的契约。在员工的绩效契约中，至少应该包含下述内容：①本次绩效期间内员工所要实现的工作目标是什么？②达成目标的结果是怎样的？③这些结果可以从哪些方面去衡量，采用什么样的评判标准？④员工工作结果的信息从何处获得？⑤员工的各项工作目标的权重是多少？

（三）绩效计划的制订是全员参与的过程

全员参与的绩效计划是指组织中的所有人都参与到绩效计划的制订过程之中，每个人都对绩效计划的最终形成做出贡献。

关于人们对某件事情的态度形成与改变问题，社会心理学家进行了大量的研究，结果表明，人们坚持某种态度的程度和改变这种态度的可能性主要取决于两个因素：一是他在形成这种态度时卷入的程度，即他是否参与态度形成的过程；二是他是否为此进行了公开表态，即是否进行了正式的承诺。

在绩效计划阶段，让员工参与绩效计划的制订，并且签订正规的个人绩效合同，实际上就是让员工对绩效计划中的内容进行公开承诺。这样，员工就会更加倾向于遵守这些承诺，履行自己认可的绩效计划。

三、　绩效计划的作用

（一）绩效计划是绩效管理系统中最重要的环节，具有指向作用

绩效计划是绩效管理的起点，是进行绩效管理的基础和依据，同时也是对绩效管理系统全面的设计。绩效计划不但为管理者的管理活动提供了依据，更重要的是，绩效计划确定了绩效管理的活动方向，能帮助员工找准路线，认清目标。

（二）绩效计划可保证员工和组织目标的顺利实现，具有操作性

通过绩效计划，组织目标被层层分解，落实到每个部门和每个岗位，确保了员工的工作目标和组织目标协调一致，从而使整个绩效管理过程目标明确。通过绩效计划，管理者和员工进行双向沟通，员工绩效实施过程中可能存在的问题及碰到的困难已较为清晰，双方就员工的绩效目标，实现目标的行为、方式、过程和手段以及需要组织提供的资源和支持也达成一致。整个绩效计划具有可操作性。

（三）绩效计划具有弥补作用

绩效计划通过科学的预测，可以帮助管理者在需要的时候对计划进行必要的修正，采取一些补救的措施。

四、绩效计划的内容

绩效计划包含两方面内容：做什么和如何做。做什么，是指员工个人的绩效目标；而如何做，是指实现目标的手段。

首先，绩效计划制订之后，管理者和员工通常应该就下列问题取得共识：①员工在本绩效周期的职责和主要工作内容是什么？②应该取得哪些工作结果？③这些结果可以从哪些方面来衡量，评判标准是什么？④应该如何设定员工的各项工作目标的权重？⑤关于员工工作结果的信息如何获得？⑥为完成工作任务，员工拥有哪些决策权限？可以支配哪些资源？⑦在绩效周期内，员工应如何分阶段地实现各项目标，从而达成整个绩效周期的工作目标？⑧在实现目标的过程中，员工可能遇到哪些障碍和困难？应该怎样应对？⑨管理者和员工对工作的进展情况怎样进行沟通？如何防止出现偏差？⑩管理者能为员工提供哪些帮助和支持？怎样与员工保持沟通？⑪为确保完成工作任务，员工是否需要学习新技能？

其次，在绩效计划制订过程中，管理者和员工之间要保持双向沟通与互动。在这个过程中，管理者应该向员工说明下列主要事项：①组织的整体目标是什么？②为完成组织的整体目标，员工所在部门的目标是什么？③为实现组织整体目标及各个部门的目标，对员工的期望是什么？④对员工的工作应该制定怎样的标准？⑤应如何确定完成工作的期限？

最后，员工应该向管理者说明的是：①自己对工作目标及如何完成工作的认识；②自己对工作不理解的地方及困惑之处；③自己对工作的打算和计划；④在完成工作过程中可能遇到的各种问题及需要何种帮助。

五、绩效计划的主体

由于绩效计划是通过实现个人的绩效期望促成组织目标实现的一种手段，因此，绩效计划必须在组织目标的大框架下进行。组织中必须有一个相关的团队对这项工作进行统筹安排。另外，由于绩效计划涉及如何控制实现预期绩效的整个过程方面的问题，员工的直接上级和员工本人都必须参与到绩效计划的过程中。因此，绩效计划的制订需要人力资源管理专业人员、员工的直接上级以及员工本人三方面共同参与。

（一）人力资源管理专业人员

在许多组织中，人力资源管理专业人员与直线管理者一起设计一个符合各个部门情况的有关绩效结果和绩效标准的框架，以指导直线管理者与员工针对每个岗位的情况制订具体的绩效计划。另外，人力资源管理专业人员还会整理出相关的培训资料，指导直线管理者和员工进行绩效计划的工作。在这个过程中，人力资源管理专业人员有责任向管理者（有时包括普通员工）提供必要的指导和帮助，以确保整个组织内绩效计划中确定的绩效结果和绩效标准具有相对的稳定性，从而保证整个绩效管理系统的战略一致性。总的来说，人力资源管理专业人员的责任就是帮助相关人员确保绩效计划工作围绕如何更好地实现组织的目标顺利进行。

（二）员工的直接上级

绩效计划的制订过程要求掌握许多有关的职位信息，直线管理者在整个过程中承担了十分重要的工作，并且是整个绩效计划工作的最终负责人。由于他们是最了解每个职位的工作职责和每个绩效周期应完成各项工作的人，由他们来制订下个绩效周期的员工绩效计划会使整个计划更加符合现实的情况，更加具有灵活性，更有利于部门内部人员之间的合作。例如，他们能够根据每个绩效周期的特定工作安排修订各个职位的工作职责和绩效标准，以确保本绩效周期的工作任务得以顺利完成。

（三）员工本人

员工参与是提高绩效计划有效性的重要方式。目标设定理论认为，员工参与到制订计划的过程中有助于提高员工的工作绩效。通过参与制订绩效计划，员工能够对所制订的计划产生更高的认同感，从而更加投入。另外，绩效计划不仅能够确定员工的绩效目标，更重要的是能够帮助员工了解如何才能更好地实现绩效目标。员工可以通过绩效计划的互动过程，了解组织内绩效信息的沟通渠道，了解如何才能得到来自管理者或相关人员的帮助等。从这个意义上讲，制订绩效计划的过程更离不开员工的参与。

第二节　绩效计划的制订

一、　绩效计划制订的原则

（一）价值驱动原则

绩效计划要与提升公司价值和追求股东回报最大化的宗旨相一致，突出以价值创造为核心的企业文化。

（二）流程系统化原则

绩效计划应该与战略规划、资本计划、经营预算计划、人力资源管理等管理程序紧密相联，配套使用。

（三）一致原则

设定绩效计划的最终目的，是保证公司总体发展战略和年度生产经营目标的实现，所以在考核内容的选择和指标值的确定上，一定要紧紧围绕公司的发展目标，自上而下逐层进行分解、设计和选择。

（四）突出重点原则

员工担负的工作职责越多，所对应的工作成果也越多。但是在设定关键绩效指标和工作目标时，切忌面面俱到，而是要突出关键，突出重点，选择那些与公司价值关联度较大、与职位职责结合更紧密的绩效指标和工作目标，而不是整个工作过程的具体化。

通常，员工绩效计划的关键指标最多不能超过6个，工作目标不能超过5个，否则就会分散员工的注意力，影响其将精力集中在最关键的绩效指标和工作目标的实现上。

（五）可行性原则

关键绩效指标与工作目标，一定是员工能够控制的，要界定在员工职责和权利控制的范围之内，也就是说，要与员工的工作职责和权利相一致，否则就难以完成绩效计划所要求的目标任务。同时，确定的目标要有挑战性，有一定难度，但又可实现。目标过高，无法实现，不具激励性；目标过低，则不利于企业的绩效提高。另外，在整个绩效计划制订过程中，要认真学习先进的管理经验，结合企业的实际情况，预见到实施中可能遇到的障碍，使关键绩效指标与工作目标贴近实际，切实可行。

（六）全员参与原则

在绩效计划的制订过程中，一定要积极争取并坚持员工、各级管理者的多方参与。这种参与可以使各方的潜在利益冲突暴露出来，便于通过一些政策性程序来解决这些冲突，从而确保绩效计划制订得更加科学合理。

（七）足够激励原则

在绩效计划的制订过程中，应该使考核结果与薪酬及其他非物质奖惩等激励机制紧密相联，拉大绩效突出者与其他人的薪酬差距，打破分配上的平均主义，做到奖优罚劣、奖勤罚懒、激励先进、鞭策后进，营造一种突出绩效的企业文化。

（八）客观公正原则

在绩效计划的制订过程中，要保持绩效透明性，实施坦率的、公平的、跨越组织等级的绩效审核和沟通，做到系统地、客观地评估绩效。对工作性质和难度基本一致的员工的绩效标准设定，应该保持大体相同，确保考核过程公正，考核结论准确无误，奖惩兑现公平合理。

（九）综合平衡原则

绩效计划是对职位整体工作职责的唯一考核手段，因此必须通过合理分配关键绩效指标与工作目标完成效果评价的内容和权重，实现对职位全部重要职责的合理衡量。

（十）职位特色原则

与薪酬系统不同，绩效计划是针对每个职位而设定，而薪酬体系的首要设计思想之一便是将不同职位划入有限的职级体系。因此，相似但不同的职位，其特色完全由绩效管理体系来反映。这要求绩效计划内容、形式的选择和目标的设定要充分考虑到不同业务、不同部门中类似职位各自的特点和共性。

二、绩效计划的组织准备

绩效计划准备工作主要是信息准备和决定要选择何种沟通方式。信息包括组织、团队和个人三方面内容，一般分为组织的战略发展目标和计划、组织经营计划、团队的经营或工作计划、员工所处团队的目标和计划、员工个人的职责描述、员工上一个绩效期间的绩效评价结果。沟通方式主要有召开员工大会、小组会议、单独面谈等方式。

（一）信息准备

绩效计划通常是通过管理者与员工双向沟通的绩效计划会议得到的，为了使绩效计划会议取得预期的效果，事先必须准备好相应的信息，否则就难以取得理想的效果。应该准备的信息主要可以分为两类：

1.组织信息

员工的绩效计划必须与组织的目标紧密结合，因此，管理者与员工应该在绩效计划会议上就组织的战略目标和发展计划、组织的经营计划进行沟通，并确保双方对此没有歧见。因此，在召开绩效计划会议之前，管理者和员工都需要重新回顾组织的目标，保证在绩效计划会议之前双方都已经熟悉了组织的目标。

2.部门信息

每个部门的目标都是根据组织的整体目标分解而来的。部门目标与组织整体目标紧密相联。部门信息的主要内容是部门计划和团队计划。

部门计划的制订依据的是组织的年度计划。部门计划直接和各职能部门关联，从而也和各职能部门员工的绩效标准密切关联。因此，部门计划也是员工制订绩效计划之前需要了解的重要信息。

组织各职能部门中越来越多以团队为单位来从事各项活动，团队这种形式的采用使得小单元内的目标责任更加具体明确，员工更容易因此设定个人绩效计划。

（二）沟通方式选择

决定采用何种方式进行绩效计划的沟通是非常重要的，需要结合组织的文化氛围、员工特点以及所要达到的工作目标等因素进行选择。

1.员工大会

员工大会是在整个组织范围内进行的一种沟通方式。由于参加人数多、时间长，员工大会不可能经常召开，一般是遇到非常重大的事项时才召开。在绩效计划阶段，召开员工大会还是有必要的，要让全体员工意识到绩效管理和每一个员工息息相关，进而意识到绩效计划在整个绩效管理体系中的重要地位。这样，才能调动起全体员工的积极性，使其成为绩效计划的主体。

2.小组会议

小组会议通常是在员工大会的主旨下，在各个职能部门或者各个职能部门下的团队中召开的。小组会议相对于员工大会来说，参加的人数少，讨论的事项比较集中，其讨论结果基本上就是绩效计划阶段的预定成果——绩效契约的雏形。另外，小组会议除了能够明确个人在目标过程中的分工外，还有助于不同成员之间的协调配合，通过讨论还可以发现工作中可能存在的各种问题。

3.单独面谈

如果员工感觉自己的绩效契约仍然存在问题，那么员工就可以和职能部门主管进行面谈，就绩效目标达成过程中的困难、达成目标所需要得到的帮助、所需的资源支持等进行商讨，部门主管应尽可能满足员工的需求，帮助员工制订合理的、切实可行的绩效计划。

三、　绩效计划的个人准备

（一）个人的信息准备

1.员工所在职位的工作分析

在员工所在职位的工作分析中，通常规定了员工的主要工作职责，以工作职责为出发点设定工作目标可以保证员工的工作目标与职位的要求联系起来。工作描述需要不断进行修订，在制订绩效计划之前，对工作描述进行回顾，重新思考职位存在的目的，并根据变化了的环境调整工作描述。

2.上一个绩效周期的评估结果

如果员工在上一个绩效周期内完全按照绩效计划完成绩效指标，绩效评估合格的话，那么这一期的绩效计划就可以设定新的目标；如果上一个绩效周期的绩效指标并没有全部完成，那么在这期绩效计划里就需要考虑那些没有达成的绩效指标应该如何进一步完成，这也体现了绩效管理的最终目的是要实现所预定的绩效目标。

（二）员工绩效计划及评估

1.被评估者信息

通过填写职位、工号及级别，可将绩效计划及评估表格与薪酬职级直接挂钩，便于了解被评估者在公司中的相对职级及对应的薪酬结构，有利于建立一体化的人力资源管理体系。个人绩效计划表见表3-1。

表3-1　**个人绩效计划表**

<table>
<tr><td>员工姓名</td><td colspan="2"></td><td>职位名称</td><td></td><td colspan="2">所属单位</td><td></td></tr>
<tr><td>员工编号</td><td colspan="2"></td><td>级　别</td><td></td><td colspan="2">汇报对象</td><td></td></tr>
<tr><td>考核期间</td><td colspan="4">年　月　日至　年　月　日</td><td colspan="2">考核日</td><td></td></tr>
</table>

<table>
<tr><td>项目</td><td>工作指标</td><td>指标标准</td><td>调整标准※</td><td>权重※</td><td>完成日期</td><td>考核依据</td></tr>
<tr><td rowspan="5">业绩指标</td><td>业绩指标1</td><td></td><td></td><td></td><td></td><td></td></tr>
<tr><td>业绩指标2</td><td></td><td></td><td></td><td></td><td></td></tr>
<tr><td>业绩指标3</td><td></td><td></td><td></td><td></td><td></td></tr>
<tr><td>业绩指标4</td><td></td><td></td><td></td><td></td><td></td></tr>
<tr><td>业绩指标5</td><td></td><td></td><td></td><td></td><td></td></tr>
<tr><td rowspan="4">态度指标</td><td>纪律性</td><td></td><td></td><td></td><td></td><td></td></tr>
<tr><td>协作性</td><td></td><td></td><td></td><td></td><td></td></tr>
<tr><td>责任心</td><td></td><td></td><td></td><td></td><td></td></tr>
<tr><td>积极性</td><td></td><td></td><td></td><td></td><td></td></tr>
<tr><td rowspan="7">能力指标</td><td>专业知识</td><td></td><td></td><td></td><td></td><td></td></tr>
<tr><td>工作技能</td><td></td><td></td><td></td><td></td><td></td></tr>
<tr><td>执行力</td><td></td><td></td><td></td><td></td><td></td></tr>
<tr><td>创新能力</td><td></td><td></td><td></td><td></td><td></td></tr>
<tr><td>沟通能力</td><td></td><td></td><td></td><td></td><td></td></tr>
<tr><td>表达能力</td><td></td><td></td><td></td><td></td><td></td></tr>
<tr><td>协调能力</td><td></td><td></td><td></td><td></td><td></td></tr>
<tr><td colspan="3">员工签字：
年　月　日</td><td colspan="4">主管领导签字：
年　月　日</td></tr>
</table>

注：标有※号的栏目由主管领导填写。

2.评估者信息

评估者信息便于了解被评估者的直接负责人和管理部门。通常，评估者是按业务管理权限来确定的，常常为被评估者上一级正职（或正职授权的副职）。

3.关键职责

关键职责是设定绩效计划及评估内容的基本依据，提供查阅、调整绩效计划及评估内容的基本参照信息。

4.绩效计划及评估内容

绩效计划及评估内容包括关键绩效指标与工作目标实现效果评价两大部分。个人绩效评估表见表3-2，它用以全面衡量被评估者的重要工作成果，是绩效计划及评估内容的主体。

表3-2　**个人绩效评估表**

姓　名				所属部门			
汇报对象				上级主管			
年　月　日至　年　月　日							
项目	工作指标	衡量标准	计划完成日期	实际完成	个人自评结果	上级主管评估	权重
业绩指标	业绩指标1						
	业绩指标2						
	业绩指标3						
	业绩指标4						
	业绩指标5						
态度指标	纪律性						
	协作性						
	责任心						
	积极性						
能力指标	专业知识						
	工作技能						
	执行力						
	创新能力						
	沟通能力						
	表达能力						
	协调能力						
合　计							

被评估人签字： 年　月　日	部门主管签字： 年　月　日	隔级主管签字： 年　月　日	人力资源部签字： 年　月　日

注：评估结果标准：

（1）卓越：4.5~5分；

（2）优秀：3.5~4.5分；

（3）良好：2.5~3.5分；

（4）需改进：1.5~2.5分；

（5）不足：1.5分以下。

5.权重

列出按绩效计划及评估内容划分的大类权重，以体现工作的可衡量性及对企业整体绩效的影响程度，并便于查看不同职位类型在大类权重设置上的规律及一致性。

6.指标值的设定

对关键绩效指标设定目标值和挑战值两类，以界定指标实际完成情况与指标所得绩效分值的对应关系。对工作目标设定的完成效果评价则主要按照工作目标设定中设置的评估标准及时间进行判定。

7.绩效评估周期

绩效计划及评估表格原则上以年度为周期。针对某些特定职位，如销售人员、市场人员等，根据其职务和应完成的工作目标等具体工作特点，也可以月度或季度为评估周期，设定相应指标。

8.能力发展计划

制订能力发展计划，是以具体技能知识的方式，将企业对个人能力的要求落实到人，让员工明了为实现其绩效指标需要具有什么样的能力，如何发展个人能力，形成持续不断、协调一致的发展道路。

（三）个人绩效计划设计

1.职位工作职责界定

职位工作职责界定，主要是通过工作分析的方法，对目标职位的关键业务内容及应实现的主要工作成果，用简练而准确的语言进行书面描述。职位工作职责界定主要由人力资源部门协助公司高层管理者来完成。职位工作职责界定是设定关键绩效指标，做好绩效计划设计的前提和基础。职位工作职责界定完毕后，就可以开始着手为其设定关键绩效指标了。

2.确定关键绩效指标

这一步骤主要是根据公司的战略及业务计划、职位工作职责的描述，为被评估者制定可衡量的、能够量化的、具有代表性的关键绩效指标。这项工作由各级经理根据直接下级的关键职责，结合本部门（本人）的关键绩效指标，与被考核人沟通确定被考核人的关键绩效指标。总的来说，在关键绩效指标的选择上，一定要力争做到科学合理，以发挥绩效管理的激励约束作用，最大限度地提升员工绩效水平。

3.工作目标设定

企业内部不同职位的工作性质存在着很大的差异，并非所有职位都是可以用量化的关键绩效指标来衡量的，比如，职能部门，其工作内容不少属于宏观管理，定性的含量比较大。因此，各级经理需要与被考核人沟通，结合企业发展战略、业务发展计划，针对被评估者的职位工作职责描述和工作性质，把一些长期性、过程性、辅助性的关键工作纳入工作目标评价，作为对关键绩效指标的重要补充和完善。

4.权重分配

权重是绩效指标体系的重要组成部分，通过对每个被评估者职位性质、工作特点及绩效指标对经营业务的控制和影响等因素的分析，能确定每类指标及每项指标在整个指标体系中的重要程度，赋予其相应的权重，以保证考核的科学合理。

四、绩效计划的沟通阶段

绩效计划是双向沟通的过程，而绩效计划的沟通阶段是整个绩效计划的核心阶段。在这个阶段，管理者与员工经过充分的交流，对员工在本次绩效周期内的工作目标和计划达成共识。绩效计划的沟通阶段由营造良好的沟通环境和氛围、明确沟通的原则、设计沟通的过程、形成沟通的结果等部分构成。营造良好的沟通环境和氛围是指要有专门的时间、没有干扰的地点和宽松的氛围。沟通的原则指相对平等的关系、注重员工的能动性、适当的管理者影响力和共同决策等。沟通的过程是指对有关信息的回顾、传递和交流，并达成一致的过程。沟通的结果是指沟通达成的关于绩效的契约和协议。

（一）营造良好的沟通环境和氛围

营造良好的沟通环境和氛围非常重要，轻松愉悦的环境能够让沟通双方心理上得到放松、减轻抵触情绪。管理者和员工都应该确定一个专门的时间用于绩效计划的沟通。在这个时间，双方都应该放下手头的工作专心致志地做这件事情。在沟通的时候最好不要有其他人的干扰。绩效计划沟通一般在管理者的办公室中进行。这时，应尽量减少他人进入，避免频繁接听电话等意外干扰。

在条件具备的企业，可以选取休息的时间在办公室以外的场所（如咖啡厅、员工休息室等非正式场合）进行绩效计划的沟通。

（二）明确沟通的原则

1.沟通双方在沟通中是一种相对平等的关系

管理者应把自己放在一个和员工平等的地位上，切实从员工的角度考虑问题，员工毕竟是所从事职位的专家，应该多听取他们的意见。管理者切忌高高在上，以指挥、命令的口吻，将自己的意志强加在员工身上。

2.注重发挥员工的能动性、主动性

如果员工的目标是部门强加的，员工只能被动接受，那么效果一定是不理想的。如果员工个人设定的目标得到了部门及组织的认可，员工工作起来才有积极性。员工个人目标和组织目标的最佳结合是在实现组织目标的同时，也实现了员工个人目标。

3.管理者应该与员工共同决策，而不是代替员工进行决定

应该调动员工的积极性，从而确保目标明确，计划顺利实施。

（三）设计沟通的过程

1.回顾、传递和交流有关信息

在进行绩效计划沟通时，首先往往需要回顾一下已经准备好的各种信息。在讨论具体的工作职责之前，管理者和员工都应该知道企业的要求、发展方向以及其他相关信息。

2.明确个人绩效目标

绩效目标要具体化。管理者和员工在设定目标时，要将每个目标同工作或结果联系起来，明确规定出结果的时限要求和资源使用的限制，使每个目标简短、明确。要把注意力集中在结果上，注意使每个目标尽可能具体。

3.制定衡量的标准

绩效标准是衡量员工是否成功实现目标的标准。绩效标准应该具体、客观、方便度

量，在员工通过努力后可以达到。

4.讨论实施计划中可能出现的困难和需要提供的帮助

管理者和员工在制定绩效标准之后，管理者还需要了解员工在完成计划和达到标准过程中可能遇到的障碍、困难和问题，并及时提供可能的支持和帮助。

5.讨论重要性级别和授权问题

要明确计划目标或每项任务的重要性级别。管理者和员工必须就哪些目标重要、哪些次要达成一致，这样员工才能根据情况自主地分配时间；还要讨论授权问题，员工和管理者双方针对授权问题必须有共同的理解。员工应该清楚自己拥有的决策权力，知道何事自己可以做决定，何事必须请教上级。

（四）形成沟通结果

当所有议题都圆满解决后，应安排制作相关的文档，即保留沟通的结果。双方还要约定下一次沟通的时间安排；同时，管理者应该感谢员工的参与。

五、绩效计划的制订、审核及确认阶段

经过周密的准备并与员工充分沟通后，绩效计划即初步形成。管理者和员工要对双方协商达成的绩效计划进行系统审定，并签字确认，即签订绩效契约。所谓绩效契约，是指管理者和员工就员工工作的绩效标准和目标达成的一致性契约。

（一）绩效契约的内容

在员工的绩效契约中，应包含以下几方面的内容：员工在本次绩效期间内的主要职责是什么？员工在本次绩效期间内所要达成的工作目标是什么？员工应该在什么时候达成这些工作目标？达成目标的具体结果如何？从何处可以获得员工工作结果的信息？如何判断员工的工作目标完成得怎么样？这些结果怎么衡量？评价标准是什么？各项工作职责以及工作目标的权重如何？孰重孰轻？员工的工作绩效好坏对整个组织或者特定部门有无影响？员工在达成目标的过程中会遇到哪些困难和障碍？管理者会为员工提供哪些支持和帮助？

（二）绩效计划的审核与确认

当绩效计划结束时，应得到下面的结果：员工的工作目标与组织的总体目标紧密相联；员工的工作职责及描述可以反映本次绩效期间内的主要工作内容；管理者和员工对员工的主要任务、任务重要程度、完成标准、权限等都已达成共识；管理者和员工都很清楚可能遇到的困难和障碍，并明确管理者所能提供的支持和帮助；形成一个经过双方协商讨论的文档，并且管理者和员工双方都要在该文档上签字确认；绩效计划书一式两份，管理者和员工人手一份，作为被管理者在未来绩效周期内的工作指南，也是管理者对员工的工作进行检查、监督与评定的重要依据。

六、制订绩效计划需要注意的事项

（一）绩效计划的重要意义在于工作目标和标准的契约

在绩效考核期开始的时候，一般由控股公司或者公司董事会与公司经营层签署绩效契约，公司总经理与各个部门协商确定各个部门的绩效计划，各个部门负责人和本部门员工协商确定

各个岗位的绩效计划和工作标准。在上述几个绩效契约中，一般包括以下几个方面内容：

1.绩效指标及权重

公司、部门、员工在本期工作的重点是什么？哪些工作应该得到加强？为了完成组织的目标，公司、部门、员工应该完成哪些工作？为了表明各项工作的相互关系以及重要程度，要明确各个指标间的关系以及权重等。

2.绩效目标和标准

对于定量的指标，要明确绩效目标是多少；对于定性的指标，要明确绩效的考核标准。

3.绩效考核评分标准

应该有详细的绩效考核评分标准，明确哪些工作做到什么程度会得多少分数。绩效计划不仅仅是纸面上的契约，如何达成这个契约的过程也非常重要，因为建立绩效契约的过程是一个双向沟通的过程。双向沟通，是指在绩效契约制定过程中，直线领导和下属对绩效计划的制订都负有责任，任何一方都应主动、积极地将各自的真实想法与对方交流，一个完善的绩效计划的制订是多次沟通的结果。

（二）在制订绩效计划时，直线领导应该向下属解释和说明的事项

1.公司的远期和近期目标是什么？目前公司面临何种机遇与挑战？

2.为了完成公司的整体目标，所在部门的目标是什么？

3.为了达到这样的目标，被管理者的工作重点和公司对其的期望是什么？

4.对被管理者的考核指标是什么？

5.绩效目标和绩效标准是什么？

对于定量的考核指标，要确定绩效目标的具体数值；对于定性指标，应明确工作应该达到的标准。无论是定量指标还是定性指标，都应明确完成工作的期限。

6.各个考核指标的关系和权重是什么？

应明确告诉被管理者，哪些指标是必须达到的，这些指标是否决指标，如果这些指标没有达到目标或标准，其他的工作将没有意义。

（三）下属需要和直线上级沟通的事项

下属应将自己的真实想法同直线上级进行充分的沟通，以使绩效计划的制订更具有现实合理性。下属应该向直线上级表达的是：自己对公司目标以及本部门目标的认识，自己对公司目标以及部门目标的不理解之处；对自己工作目标的规划和打算；完成个人工作过程中可能遇到的难题以及需要申请的资源支持。

在下属和直线上级多次沟通后，在公司目标、部门目标、个人工作目标取得协调一致的基础上，分析完成这些目标时公司对部门、部门对个人需要给予哪些资源支持，各级管理者要密切关注下属的工作动向，及时提供业务上的指导，及时给予资源上的支持，只有这样才能促进个人完成绩效目标，从而部门、公司才能完成目标。

（四）参与和承诺是制订绩效计划的前提

人们坚持某种认知和行为的程度以及改变这种认知和行为的可能性主要取决于两个因素，一是他在形成这种认知和行为决定时卷入的程度，即是否参与或主导了认知形成和行为决定的过程；二是他是否为此进行了公开表态，即进行正式承诺。对参与或主导了认知形成和行为决定并已进行公开承诺的个体来说，他会更加坚信这种认知，会更加坚持这种行为。因此在制订绩效计划时，一定要让被管理者充分发表自己的建议，参与整个绩效计划的制订，使绩效计划更加符合实际，同时被管理者应该对自己参与制订的绩效计划进行表态，承诺完成当期的绩效计划。

（五）重视绩效计划沟通和绩效计划表格中的概念界定

在企业实际的绩效管理工作中，管理者和员工普遍混淆绩效目标、岗位职责、工作计划的差别，这往往是沟通不充分造成的。

有些任职者在“绩效目标”栏中填写的内容和岗位职责没什么差异，有些则将绩效目标写成了阶段性的工作计划。比如，对一个会计来说，“每月按时完成会计报表”应该是一项基本的岗位职责，而“控制或降低成本”可能是一项绩效目标。又如，对市场部经理来说，“年底以前把产品A的市场占有率提高5%”是一项绩效目标，而“一季度完成某项促销活动”则是支持其绩效目标的工作计划。由于混淆和重复，我们经常看到，组织和个人制订的绩效计划包含了太多的内容，毫无重点。

如何清晰地界定绩效目标、岗位职责和工作计划呢？我们认为，绩效目标是指公司、部门、员工在绩效周期内所要达成的工作目标和成果，岗位职责则是某个岗位的工作任务和活动的概况，而工作计划则是对某个阶段具体工作内容或流程的进一步详细定义。

第三节 绩效目标的制定

绩效计划是绩效管理流程的起点，而绩效目标的确定则是绩效计划的起点。绩效目标的确立是组织目标、期望和要求的传递过程，同时也是引领工作前进的关键。在绩效目标制定的过程中，将会遇到一些现实的问题。

量化的目标能够帮助员工更好地了解自己的工作情况并进行自我反馈。因为量化目标能够使员工自行发现自己的工作绩效与目标之间的差距。了解差距是种很好的自我反馈。通过这种反馈，员工能够有意识地努力工作，并不断追求工作进展。

绩效目标的确立有三个关键要素，即绩效目标来源、绩效目标类型和绩效目标设置原则，还有一个支撑要素，即管理者、员工与组织共同参与，如图3-1所示。

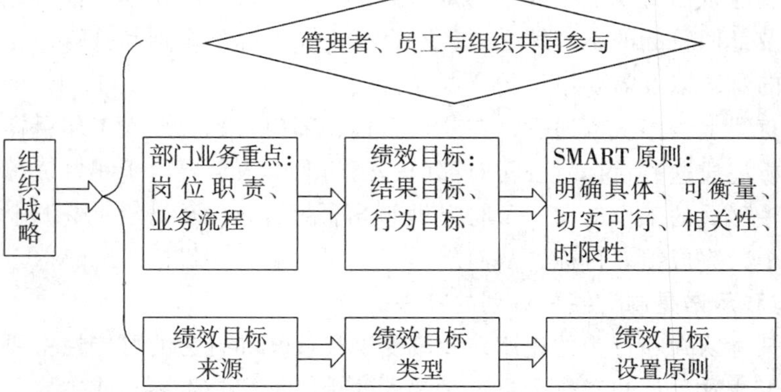

图3-1 绩效目标的确立

一、　制定绩效目标应注意的事项

（1）必须让员工能够有机会参与到绩效目标的确定过程之中。为了增加员工履行承诺的程度，应该让员工参与绩效目标的制定过程。

（2）绩效目标应该是动态的。绩效目标的确定需要考虑每个绩效周期的现状，而现实情况不断变化，因此，管理者应该及时地动态调整绩效目标。特别是在有分阶段目标的情况下，调整就更为频繁。如果目标明显难以实现，就应该在分析原因之后适当地进行调整。

（3）不能混淆需要的目标与切实可行的目标。部门的绩效目标需要落实到员工的绩效目标之中。另外，管理者可能受到来自上级或客户的压力。管理者在制定绩效目标时，可能将需要实现的目标与切实可行的目标相混淆。在这种情况下，管理者提出的绩效目标就可能超越员工的能力与资源的限制。因此，管理者要从现实出发，制定的绩效目标要切实可行。

二、　绩效目标的来源

管理者在设定绩效目标时，一般应根据组织战略以及上一级部门的目标，并围绕本部门的职责、业务重点和流程要求制定本部门的工作目标，以保证本部门及相应岗位的工作朝着组织要求的总体目标发展。之后，管理者应根据下属职位应负责任或关键绩效指标，将部门目标层层分解落实到具体责任人。因此绩效目标大致有以下三个主要来源：

（一）来源于组织的战略目标或部门目标

员工个人的绩效目标来源于对部门目标的分解，部门的绩效目标来源于组织的战略目标，这充分体现出目标体系的相互支撑。只有这样，才能保证每个员工都按照组织要求的方向去努力，组织的战略目标才能真正得以落实。

（二）来源于岗位职责

岗位职责是描述一个岗位在组织中所扮演的角色，即这个岗位对组织有什么样的贡献或产出。岗位职责依附于岗位，在岗位（职位）说明书中有详细的描述，相对比较稳定，除非该岗位本身从根本上发生变化。绩效目标是在一定条件下、一定时间范围内对人的职责应达到的工作结果和行为的描述，即绩效目标具有一定的实践性和阶段性。所以，岗位职责也是确定绩效目标的依据，而绩效目标是对岗位职责的具体化。

（三）来源于内、外部客户的需求及业务流程目标

组织的产出是通过业务流程实现的，而业务流程的目标和手段是由内、外部客户的需求驱动的。因此，在给部门或员工设定绩效目标时，一定要兼顾内、外部客户的需求，从而保证业务流程的上下衔接以及组织整体绩效目标的实现。

总之，组织在设立绩效目标时，应综合考虑上述这三方面的来源，避免遗漏，从系统的角度，对组织目标、岗位目标、流程目标或客户目标综合考虑，确保目标设置得合理、科学。

三、绩效目标的类型

在设定绩效目标之前，应弄清楚目标的类型。目标类型的划分有多种，可根据目标的性质、顺序、层次等几方面来划分。其中常见的绩效指标有以下类型：

（一）结果绩效与行为绩效

结果绩效指的是员工在特定的条件下必须达到的阶段性成果，往往指可以用数字或时间等量化衡量的结果产出。行为绩效是指在员工完成任务成果过程中的行为表现必须达到的标准要求，即在实现结果产出过程中的行为是否遵守了公司相关价值观与规范方面的要求。

（二）财务绩效与非财务绩效

财务绩效主要是从财务数据（定量）的角度来评价企业的绩效，一般以财务指标体系作为绩效目标的主要部分。非财务绩效指标，一般包括客户关系、员工发展、业务创新、内部控制等指标，往往是取得财务绩效的动力和来源。

（三）短期绩效与长期绩效

短期绩效主要以财务指标为主，体现企业目前的盈利能力，反映的是一种既定事实。但短期盈利能力不代表企业未来的竞争力，未来竞争力往往体现在对未来的投入，即长期绩效目标上。

（四）管理绩效与经营绩效

管理绩效指的是企业的内部效率，一般是指企业高层为推进改善企业管理、提高内部运营效率而采取的措施。为了推进这些措施，诸如资金集中管理、ERP使用情况等有必要列入绩效目标范围。经营绩效则是企业正常的经营目标，即外部业绩，基本用财务结果来衡量。

四、绩效目标的设置原则及衡量标准

设定了绩效目标以后，就要确定评价绩效目标达成的标准。

确定绩效目标是否有效，有很多种方式和原则，这些方式和原则反映的基本是一个思想，就是要求标准必须是可衡量的或是可计算的。

（一）绩效目标设置的SMART原则

在制定员工绩效目标时，管理者应遵循SMART原则。

1.绩效目标应该明确具体（specific）

明确具体，是指绩效目标应该尽可能地具体化、明晰化。由于员工的情况各不相同，绩效目标应该具体、明确地体现出管理者对每一名员工的绩效要求，只有将绩效目标尽可能表达得具体而明确，才能更好地激发员工为实现目标而努力，并引导员工全面实现管理者对他的绩效期望。例如，某客户经理的绩效目标为“三天内解决客户投诉”，而不应该是“尽快解决客户投诉”。

2.绩效目标应该可衡量（measurable）

设定绩效目标旨在能够按照计划控制员工的行为，所以，目标必须能够衡量，才能有效反馈员工的行为。绩效目标可衡量，是指能够将员工的实际绩效表现与绩效目标相比较，即绩效目标应该提供一种可供比较的标准。例如，客户经理的绩效目标不应该是“提高客户满意度”，而应该是“24小时内答复投诉问题”。如果目标不具有可衡量性，我们将无从得知目标是否完成。而绩效目标的可衡量性与绩效标准和绩效评价指标的可衡量性密切相关，这三者的可衡量性决定了绩效评价和反馈在绩效管理中的可行性。值得一提的是，可衡量并不意味着一定要绝对的量化，可观察的行为也是可衡量的一种形式。

3.绩效目标应该具有行为导向（action-oriented）

绩效目标应该具有行为导向是指绩效目标应该能够引导员工的行为，即绩效目标不仅仅应该是一个可以衡量的最终结果，而且应该包括在实现该绩效结果过程中对员工应有的行为约束。例如，不仅仅应该对营销经理提出“本月合同额实现……水平”这样的目标，还应该在目标中包含诸如“签订两项以上新客户合同”等对行为进行引导的内容。

4.绩效目标应该切实可行（realistic）

针对员工个人的实际情况制定绩效目标，其目的就是要向员工提出一个切实可行的工作目标和方向，以激发员工更好地工作，从而实现管理者对他们的期望。绩效目标切实可行，不仅仅意味着不应该制定不切实际的、过高的目标，还意味着应该根据员工的工作潜力制定出经过努力可以实现的、具有一定挑战性的目标。过高的目标容易使员工丧失信心，而目标过低又会导致员工难以发挥应有的水平，并且不利于员工发掘自身潜力。切实可行就是在这两者之间寻找一个最佳的平衡点，找到一个员工经过努力能够达到的、可行的绩效水平。

5.绩效目标应该受时间和资源限制（time and resource constrained）

绩效目标应带有时限要求和资源限制。例如，“在T时间内，投入不超过10 000元，使M指标增长20%”，而不是“短期内在合理投入的情况下使M指标增长20%”。这种时间和资源的限制实际上是对目标实现方式的某种引导。当然，不论是时间还是资源的限制，都有一个程度的问题，应该根据管理者的要求和员工的工作能力等加以制定。

（二）基本标准与卓越标准

制定绩效衡量标准时，通常要区分两类标准：基本标准与卓越标准。

1.基本标准

基本标准就是合格标准，是指对某个被评价对象而言期望达到的一般水平，这种标准是每个被评价对象经过努力都能够达到的水平。对某些职位来说，可以有限度地将基本标准描述出来。

基本标准的作用主要是判断被评价者的绩效是否能够满足基本要求。评价的结果主要用于一些非激励性的报酬决策，如基本工资、基本绩效工资等。

2.卓越标准

卓越标准是指对被评价对象未进行强制要求和期望，但是经过努力可以达到的绩效水平。卓越标准的水平并不是每个被评价对象都可以达到的，只有一小部分被评价对象经过努力才可以达到。卓越标准通常没有上限，它不像基本标准那样可以有限度地被描述出来。

由于卓越标准不是人人都能达到的，因此卓越标准主要是为了角色榜样识别，对卓越标准评价的结果可以决定一些激励性的待遇，比如额外的奖金、分红、职位晋升等。

通过设定卓越标准，可以让员工树立更高的努力方向和目标。卓越目标本身就代表着组织所鼓励的行为。组织对做出这些所鼓励行为的人，应给予相应的奖励。此外，在制定绩效目标的时候，务必注意与员工的充分沟通。传统的自上而下下达任务的方式，更多地体现出对员工的控制作用；而在绩效循环中，绩效目标一定要由管理者和员工经过充分沟通，双方共同确定完成才行。

五、绩效目标的设定方法和程序

了解了绩效目标来源以及衡量标准后，下一步就是掌握设定绩效目标的方法和程序。

（一）绩效目标的设定方法

绩效目标的设定方法一般分为传统的目标设定和参与式的目标设定。

1.传统的绩效目标设定方法

传统的绩效目标设定方法是指：目标由组织的最高管理者设定，然后分解成子目标落实到组织的各个层级上。这种方法更多地体现在自上而下向员工下达任务上，体现出对员工的控制作用，因而在很大程度上不具有可操作性。

2.参与式的目标设定方法

这种方法是由下级与上级经过沟通共同制定具体的绩效目标，并且定期检查完成任务的进展情况，是自上而下和由下而上的反复过程。

（二）绩效目标的设定程序

绩效目标的设定程序为：

（1）企业制定经营重点，并以KPI或经营计划的形式发布。

（2）部门制定部门目标并将任务分解到员工。

（3）员工依据部门目标分解的个人任务，制订工作计划。

（4）员工与主管人员就工作计划进行沟通并达成一致，形成绩效目标。

总之，员工的绩效目标来源于工作计划，但是无论员工个人的工作计划还是部门的工作计划，都应该根据组织内部的经营状况、市场竞争状况、组织内部的财务状况进行不断调整，员工绩效目标也要根据计划的调整进行相应的调整。试图用固定的指标去评价员工的绩效是无法全面和公正地反映员工的真实绩效水平的。

课后练习题

1.选择题

（1）（　　）是被评估者和评估者双方对员工应该实现的工作绩效进行沟通，并将沟通的结果落实为正式书面协议即绩效计划和评估表的过程，它是双方在明晰责、权、利的基础上签订的一个内部协议。

A.绩效制度　　B.绩效计划　　C.绩效标准　　D.绩效指标

（2）绩效计划的制订是一个（　　）的目标确定过程。

A.自内而外　　B.自下而上　　C.自上而下　　D.自外而内

（3）下列关于绩效计划的主体的描述中，不正确的是（　　）。

A.绩效计划涉及如何控制实现预期绩效的整个过程方面的问题，员工的直接上级和员工本人都必须参与到绩效计划的过程中

B.绩效计划需要人力资源管理专业人员、员工的直接上级以及员工本人三方面共同承担

C.绩效计划是通过实现组织的绩效期望促进组织目标实现的一种手段

D.绩效计划是通过实现个人的绩效期望促进组织目标实现的一种手段

（4）决定采用何种方式进行绩效计划的沟通是非常重要的，需要结合组织的文化氛围、员工特点以及所要实现的工作目标等因素进行选择。下列不属于可选择的沟通方式是（　　）。

A.组织会面　　B.员工大会　　C.小组会议　　D.单独面谈

（5）下列关于上一个绩效周期的评估结果内容描述中，正确的是（　　）。

A.如果员工在上一个绩效周期内全部按照绩效计划完成绩效指标，且绩效评估合格的话，那么这一期的绩效计划就可以设定新的目标

B.如果员工在上一个绩效周期内全部按照绩效计划完成绩效指标，且绩效评估合格的话，那么这一期的绩效计划就一定可以设定新的目标

C.如果上一个绩效周期的绩效指标并没有全部完成，那么在这一期绩效计划里就不需要考虑到那些没有达成的绩效指标应该如何进一步完成

D.如果上一个绩效周期的绩效指标全部完成，那么在这期绩效计划里也一定需要考虑到那些没有达成的绩效指标应该如何完成

（6）绩效计划是双向沟通的过程，绩效计划的沟通阶段是整个绩效计划的核心阶段。设计沟通的过程是很重要的，下列选项与设计沟通的过程无关的是（　　）。

A.制定衡量的标准　　B.回顾、传递和交流有关信息

C.讨论重要性级别和授权问题　　D.明确组织绩效目标

（7）（　　）不是绩效目标确立框架的关键要素。

A.绩效目标的来源　　B.绩效目标的类型

C.绩效目标的设置原则　　D.绩效目标的确定

（8）在设定绩效目标之前，应弄清楚目标的类型。目标类型的划分有多种，可根据目标的性质、顺序、层级等方面来划分。（　　）不是常见的绩效指标类型。

A.结果绩效与行为绩效　　B.中期绩效与长期绩效

C.财务绩效与非财务绩效　　D.管理绩效与经营绩效

2.判断题

（1）绩效计划作为绩效管理的第一个环节，它体现了上下级之间承诺的绩效指标的严肃性。（　　）

（2）绩效计划是管理者与员工之间的单向沟通过程。（　　）

（3）全员参与的绩效计划是指组织中的所有人都参与到绩效计划的制订过程之中，每个人都对绩效计划的最终形成做出贡献。（　　）

（4）绩效计划包含两方面内容：做什么和如何做。做什么，是指企业的绩效目标；如何做，是指实现目标的手段。（　　）

（5）由于绩效计划是通过实现企业的绩效期望促进组织目标实现的一种手段，因此，绩效计划必须在组织目标的大框架下进行。（ ）

（6）员工参与是提高绩效计划有效性的重要方式。目标设定理论认为，员工参与到制订计划的过程中有助于提高员工的工作绩效。（ ）

（7）制订绩效计划时要面面俱到，让整个工作过程具体化，才能具有说服力。（ ）

（8）绩效计划是对职位整体工作职责的考核手段之一，因此必须要通过合理分配关键绩效指标与工作目标完成效果评价的内容和权重，实现对职位全部重要职责的合理衡量。（ ）

3.问答题

（1）与传统计划方式相比，绩效计划的制订有什么特点？

（2）绩效计划制订的主要步骤及注意事项有哪些？

（3）绩效目标设置的基本原则是什么？

（4）绩效目标的来源、类型有哪些？

（5）组织战略、岗位职责和业务流程是如何影响绩效目标的确定的？

4.实务题

请分析以下四句话，哪些是目标，哪些不是目标，为什么？

（1）今天是5月30日，6月3日是市场策划书交与客户的最后时间，策划人员必须到时提交报告。

（2）小王，你这个月的目标就是要把公司的车辆管好。

（3）质检员一定要定期检查生产情况。

（4）为了适应公司互联网业务的发展，人事部经理助理的目标是：6月10日之前，协助人事经理召开一次招聘会；面试应聘人员；制定出新部门的工作规范，并提交公司行政会讨论。

案例分析

A公司绩效经理的烦恼

作为家电行业的领导厂家之一，A公司长期依靠对产品质量、销售（包括广告）和生产的投入取得成功，随着竞争的加剧，近年来，在新产品研发上的投入也不断加大，构建了一定规模的研发队伍，并引入经过不同行业验证的IPD研发模式。但是，在绩效管理上，A公司还是继续采用以前的模式。

每年的年底和次年的年初，都是公司绩效经理石先生最紧张和头疼的时期，总经理将绩效管理工作完全授权给人力资源部下属的绩效管理科。在2~3个月的时间内，石先生要根据总经理对下年度总体目标的指示，经过自己的理解和加工，将公司目标分解为市场体系、研发体系、生产体系、财经体系等的分目标，并要和这些体系的主管副总、各个职能部门经理进行一对一沟通，达成一致，最后总经理拍板。在各大主要体系的绩效目标制定中，市场、生产和财经体系相对容易，研发体系是最难的。

公司目标没有书面文件，有时候也不是太明确，哪些指标是重要的，哪些指标是次要的，各占多少权重？指标值设定多少才合适？跨部门的目标如何处理？研发体系的很多东西很难量化，设定绩效目标比较困难。很多部门对石先生提出的指标有异议，甚至以人力资源部门不懂业务为由拒绝接受。

这些都是整天萦绕在石先生脑子中的问题。虽然这几年石先生花了不少时间来了解各个部门的业务，掌握了产品和技术、IPD研发管理体系、市场营销、供应链等业务知识，但还是被各个部门主管认为是外行。绩效目标的达成率影响部门的考评，并直接和各个部门的工资、奖金挂钩，所以各个副总和部门经理对选取什么指标以及目标值如何设定都非常重视，都从自己部门的角度出发对指标的合理性进行“可行性研究”，尽量避免设定过高的绩效目标导致本部门最终的绩效考核分数不高。

但是，这些指标最终要石先生来综合衡量，以便和公司最终目标一致，虽然总经理有一些指示，但都是零散和不系统的，指标全靠石先生和各部门的“诸侯”经讨价还价确定。石先生有时候明明知道研发部门避重就轻地选择一些好量化、容易达到的指标，比如“出勤率”“客户问题解决率”“新产品开发周期”等，而将另一些指标以不好衡量、难以量化、不确定性程度太高为由推掉，比如“关键技术掌握程度”“员工能力培养”“产品领先度”“新产品竞争力”等，但苦于自己专业知识不足，拿不出足够的理由来反驳。

还好，绩效目标终于定下来了。对于这份自己都不太满意的计划，各个副总、部门经理总算没有意见。总经理公务缠身，没有太多时间参与绩效计划的制订，在各副总和各部门都达成一致的情况下，大笔一挥签字同意，由人力资源部门下达给各部门执行。各个部门再根据同样的方法往下传递。各大部门都有自己的行政管理办，会用各自的方法实现绩效目标，和公司绩效管理部门的关系不大。

季度考核和年度考核时，石先生的工作是采集各种绩效数据，计算出各大系统和部门的绩效考核结果，和目标对比打分。通常情况下，各个部门都能达到目标，相应地每年的工资和奖金都稳步增长。一切都表明，绩效管理制度似乎运行得不错，指标完成率为90%~100%，并且每年的计划准确率都在提高。但是公司总体目标总是达不到，总经理非常不满意。一些目标，比如技术积累、新产品竞争力、竞争地位等“软性目标”，石先生反倒感觉和竞争对手的差距越来越大。

问题分析：A公司为什么会出现各个部门绩效不错，都达到或超额完成绩效目标，而公司却没有达到目标的情况呢？请你分析A公司在哪些环节出了问题。

第三章课后练习题答案

第四章　绩效考核指标与标准的设计

学习目标

通过本章的学习，应该掌握以下几个方面的内容：

1.绩效指标与考核标准的定义；

2.考核标准的分类及基本要求；

3.指标设计应注意的细节；

4.对绩效考核指标与标准设计的几个典型范例的理解。

引导案例

C公司在年初的时候给销售部制定了“年度绩效考核目标责任书”，其中有几项内容是这样的：（1）销售回款率95%，超过规定标准以上，每超过1%，加1分，低于规定标准的，为0分；（2）新客户开发75%，每新增一个客户，加2分；（3）在规定的时间内完成市场信息的收集；（4）制订活动计划，并按计划完成促销推广工作。

销售部的王经理觉得公司的考核指标不合理，但迫于领导的压力，还是在责任书上签字了。令王经理犯愁的事情是，本部门员工销售回款率很差，尽管采取了多项措施，员工的回款率都难以达到95%。王经理为此事专门去找了总经理，想要寻求帮助，来提高绩效考核的成绩，但总经理觉得这个是王经理自己的事情，年终绩效如果完成不了，奖金就不用谈。就这样，王经理每个月的部门绩效考核都没有达到公司的要求。

年终绩效考核总结会议上，轮到总经理听取销售部王经理汇报，没等王经理汇报完，总经理就对其大发雷霆。王经理也很气愤，觉得公司当初给定的指标高得离谱，是不现实的，而且公司财务部门在销售过程中投入的资源远远不够，研发部门研发的产品质量缺陷太多，客户不愿意验收和回款。王经理觉得本部门的工作已经完成了，公司绩效不好是其他部门的问题。

C公司销售部的绩效考核存在什么问题？给C公司的老总提供你的建议。

第一节　绩效指标的设计

一、　绩效指标与考核标准

制定绩效考核标准的前提是确立绩效指标。绩效指标是指从哪些方面对员工绩效进行衡量或评估，对绩效指标的解释，目的是让考核者和被考核者都能明确绩效考核指标的含义，便于他们理解绩效考核指标所包含的内容，主要包括一些说明和计算公式等。绩效指标包含五个要素：指标定义、考核标准、信息来源、绩效目标和绩效考核者。

考核标准是考评者通过测量或与被考评者约定所得到的衡量各项考评指标得分的基

准。依据组织的战略，就可制定个人或群体的工作行为和工作成果标准，标准尽管可有多项，每一项也有很明细的要求，但衡量绩效的总的原则只有两条：是否使工作成果最大化；是否有助于提高组织效率。考核标准是指各个考评指标在数值上应达到什么样的水平。例如，产品合格率达到98%，其中“产品合格率”是指绩效指标，而“达到98%”是指考核标准。

绩效指标的设定只是确立了企业所关注的各个关键绩效方面，或者说只是解决了“考核什么”的问题，而对于各个绩效指标，做到怎样的程度算好、怎样的程度算差，还需要设立相应的具体考核标准。标准制定得明确与否将直接影响员工的工作行为及企业的整体绩效。考核标准的设定不是一蹴而就的，它需要设计小组结合企业的目标、个人的目标、企业过去的绩效经验、实际的工作条件和环境等因素反复展开商讨，同时，这一过程还需要注意收集相应岗位员工的反应。最终的考核标准是企业各方达成共识的结果。当然，不同的企业和岗位，其考核标准的差异是很大的，即使同一个岗位，在企业发展的各个不同时期，其标准也是动态调整的。

二、　绩效指标的类型

考核指标体系包括三种类型，即工作绩效指标、工作能力指标和工作态度指标。三项指标是有机地联系在一起的，三者的关系如图4-1所示。

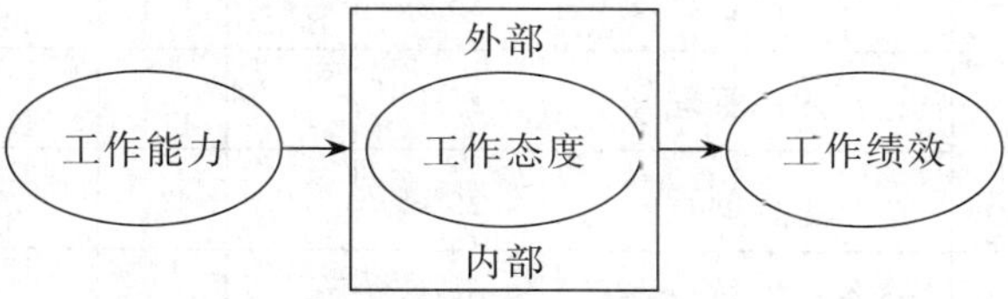

图4-1　绩效指标的类型及其关系

从图4-1中可以得出以下的结论：工作能力是个体工作绩效的基础和条件，没有良好的工作能力，就不可能获得良好的工作业绩；工作态度是影响工作能力发挥的个性因素。同时，工作能力的发挥还受到内部和外部条件的影响；工作绩效是个体完成工作的最终结果。综上所述，工作绩效、工作能力和工作态度作为绩效考核的指标体系是切合实际的。

（一）工作绩效指标

1.任务绩效

任务绩效是指与工作产出直接相关的，能够直接对其工作结果进行评价的绩效指标。任务绩效是与具体职务的工作内容密切相关的，同时也是和个体的能力、完成任务的熟练程度和业务知识密切相关的绩效。

管理人员任务绩效考核指标示例见表4-1。

2.管理绩效

管理绩效考核主要分析企业管理人员及各部门正、副职管理人员对岗位管理职能的发挥。管理人员管理绩效主要从制度体系建设、内部管理、工作创新、企业文化建设等方面进行考核。

表4-1 **管理人员任务绩效考核指标示例**

姓名：			所在部门：		
考评日期：					
考核指标	计划目标	完成情况	满分	得分	备注
任务完成					
成本节约					
员工流失率					
客户满意度					
总分					

管理人员管理绩效考核指标示例见表4-2。

表4-2 **管理人员管理绩效考核指标示例**

被考核人姓名		部门		岗位				
管理绩效	序号	指标	权重	A	B	C	D	备注
	1	制度体系建设	25%					
	2	内部管理	25%					
	3	工作创新	25%					
	4	企业文化建设	25%					
考核人	签字：　年　月　日							

3.周边绩效

周边绩效考核主要分析各部门对其他相关部门提供服务的工作结果。它具体说来可以分为主动性、响应时间、服务质量、信息反馈的及时性、解决问题的时间五个方面。

（1）主动性：是否主动与相关部门沟通，配合相关部门工作。

（2）响应时间：其他部门提出合理工作协助要求时，是否安排本部门人员积极配合。

（3）服务质量：其他部门对协助工作结果的满意度。

（4）信息反馈的及时性：协助工作完成后，是否能及时将完成情况反馈到要求协助的部门。

（5）解决问题的时间：是否调动本部门资源，尽快协助解决问题。

（二）工作能力指标

工作能力指标是对员工知识、智能、技能、体能状况的评价指标，包括综合素质能力和专业知识能力。工作能力考核结果主要与员工的职位升迁有关。工作能力反映了员工的基本素质、发展潜能与适应性等方面。因此，工作能力多为年度考核，考核结果作为员工职位升迁的重要依据。

1.综合素质能力

（1）影响力：团队发展、说服和应变能力，对周围同事和下属具有较大的影响力。

（2）领导能力：准确评价他人的技能和绩效、合理分配工作与权力、有效传授工作知识、提高下属积极性以及积极和下属沟通，让下属有正确的期望和顺利实现目标任务的能力。

（3）人际交往能力：建立融洽的群体关系、善于合作和帮助别人以及感知他人情绪的能力。

（4）沟通能力：有效进行口头沟通、书面沟通以及倾听他人意见的能力。

（5）判断和决策能力：具有战略思维，能为高层对重大问题进行正确决策提供参谋意见和对工作中出现的情况进行分析、综合并进行正确判断的能力。

（6）计划和执行能力：对部门工作和下属目标及执行计划能很好地策划、部署和控制，从而及时有效地完成上级安排的任务的能力。

（7）工作作风：是否能够深入了解和掌握基层或下属工作和个人情况，并积极主动了解各种不同的观点和意见，做到公正公平，以身作则，廉洁自律，诚实守信。

（8）个人特征：身体健康状况、个人修养、敬业和进取精神、心理承受能力、探索欲望及在群众中的威信。

2.专业知识能力

（1）基础知识：知识面和对自然科学和社会科学知识了解、掌握的程度。

（2）专业知识：掌握本专业理论知识的程度。

（3）实务知识：掌握实务知识，能出色完成本职工作，在一定程度上指导同事的工作。

（4）技能技巧：对工作技能、工作流程和各类工作关系掌握的程度。

（三）工作态度指标

具体来说，工作态度指标可以分为积极性、考勤、责任心、遵守制度等指标。

（1）积极性：工作热情和业务知识学习积极性。

（2）考勤：遵守公司考勤制度情况。

（3）责任心：对上级交办任务完成的态度和质量。

（4）遵守制度：遵守公司各项规章制度和履行制度规定义务的情况。

第二节　考核标准的制定

一、　考核标准的含义

考核标准就是对员工所从事工作的基本要求，用来衡量员工在考核周期内工作绩效的好坏。确定考核标准对绩效考核来说具有非常重要的意义。考核标准必须科学、有效、适当。标准的内容必须准确、具体，并尽可能量化，应当为企业的发展前景和历史使命提供战略支持。在制定考核标准时应当注意：第一，考核标准必须与工作分析相结合，不能随意制定；第二，考核标准的制定必须与被考核者沟通，保证考核标准能够被认可。

员工考核标准，也是在对员工考核过程中，对各类员工的能力进行评价的准则和尺度。它由三个要素组成：标志、标号和标度，考核标准示例见表4-3。

表4-3 **考核标准示例**

考核要素	标志	标号与标度		
		A	B	C
逻辑思维能力	1.回答问题是否清楚 2.论述问题是否周密 3.论点论据是否连贯	清楚 周密 连贯	一般 一般 一般	混乱 不周密 不连贯

标志是指考核标准的内容，揭示考核要素的关键可辨的特征，它是考核标准的主要组成部分。标号是指不同程度的标记符号，通常用字母（如A、B、C、D等）、汉字（如甲、乙、丙、丁等）或数字来表示。标号没有独立的意义，只有我们赋予它某种意义时，它才具有意义。标度则是测量的标准，它可以是经典的测量尺度（即类别、顺序、等距和比例尺度），也可以是现代数学的模糊集合、尺度；可以是数量化的单位，也可以是非数量化的符号。概言之，标度可以是定量的，也可以是定性的。标度是考核标准的基础部分，同考核的计量与计量体系有密切关系。

在员工考核中，各考核标准之间存在着密切的内在联系，它们相互依存、相互补充、相互制约，组成一个有机的整体，这就是考评标准体系。考核标准体系具有完整性、协调性和比例性三个特征。完整性是指各标准相互补充、扬长避短，共同构成一个完整的整体。完整性反映了标准体系的配套性特征。协调性是指各种标准之间在相关的质的规定方面的衔接，相互一致、协调发展。它反映了标准体系的统一性与和谐性。协调性有两种形式：一种是相关性的协调，例如，定性标准、同类别尺度标准就是同一种类型，具有一致性；另一种是延伸性的协调，例如，模糊定量就是精确定量的发展和延伸，而且是协调的一种更为高级的形式。比例性是指各种标准之间存在一定的数量比例关系，它反映了标准体系的统一性和配比性。

二、 考核标准的分类

考核标准从不同的角度可以有不同的分类，通常的分类方法有以下四种：

（一）按考核手段分类

按考核的手段划分，可以把考核标准分为定量标准和定性标准。定量标准就是用数量作为标度的标准，如工作能力和工作成果一般用分数作为标度。定性标准就是用评语或字符作为标度的标准，如对员工性格的描述。

1.定量标准的设计

定量标准设计可以用加减分法或规定范围法等。

（1）加减分法。采用加减分法确定考核标准，通常适用于目标任务比较明确，任务完成比较稳定，同时鼓励员工在一定范围内做出更多贡献的情况。使用加减分法计算得分时，一般情况下最大值不能超过权重规定数值，最小值不应出现负数。加减分法是应用最为广泛的方法，根据指标是相对量还是绝对量以及其他因素，要灵活设计评价标准，不同情况下评价标准的设计应各有不同。定量标准的加减分法设计见表4-4。

表4-4　**定量标准的加减分法设计**

绩效指标	指标定义/公式	考核标准	信息来源
年度组货量计划完成率	当年考核月度之前完成的组货量/当年计划量×100%	该项指标满分为100分，起始值为90分。实际完成率等于公司目标值时为90分，每减1%扣1.2分，每增1%加0.5分	业务部

（2）规定范围法。规定范围法是设计考核标准的另外一种方法，经过数据分析和测算后，评估双方就标准达成的范围进行评估得分。在某些情况下，规定范围法是比较科学、合理的，因为用加减分法设计考核标准，一般都是线性函数，而在某些情况下，可能需要不同的激励效应函数，因此评价标准设计为指标在不同区间对应不同分数更具有合理性。表4-5采用的就是规定范围法。

表4-5　**某公司对销售部门“销售收入完成情况”的考核标准**

绩效指标	销售收入完成情况			
指标定义	考核销售收入完成情况，用实际销售收入除以年初销售收入绩效目标。销售数据用年初本考核期累计数据核算			
目标完成情况	90%≤完成率≤100%	80%≤完成率<90%	60%≤完成率<80%	完成率<60%
得分	10~9分	8~7分	6~5分	4~0分

（3）综合评分法。综合评分法是通过设计一定的规则来进行评分，而不是简单加减分数。表4-6是某烟草公司对县（区）分公司员工培训效果方面的考核。综合评分法的实质是通过一定的计分规则算出总分，根据排序确定最终分数。

表4-6　**某烟草公司对县（区）分公司员工培训效果方面的考核**

名称	指标说明	考核标准	信息来源
员工培训效果	用集团公司的考核成绩来衡量	该项指标满分为10分。每次集团公司统一组织考试，平均成绩排名第一名的记5分，第二名的记4分，依次类推，第五名记1分。同时，名次上升几位加几分；考核前5名所在部门各加3分，考核第4~10名所在部门各加1分；考核成绩末5名所在部门各减1分；季度末统计总分，总分第一名的部门为10分，第二名的部门为9分，依次类推，第五名的部门为6分	办公室 财务部 人力资源部

2.定性标准的设计

有些指标虽然可以明确定义，也是某些行为的结果，但这些指标不能精确衡量，也无法设定数量化的绩效目标，比如工作疏忽错误、工作完成及时性等。这时，就需要采用定性指标考核标准了，见表4-7。

表4-7 **定性指标考核标准示例**

绩效指标	考核标准			
主动性	A-超出目标	B-达到目标	C-接近目标	D-远低于目标
	经常主动去其他部门询问，是否有工作需要协作	有时去其他部门询问，是否有工作需要协作	几乎不去其他部门询问，是否有工作需要协作	从来不去其他部门询问，是否有工作需要协作

（二）按考核尺度分类

按考核尺度，可将考核标准分为类别标准、等级标准、等距标准、比值标准和隶属度标准。类别标准就是用类别尺度作为标度的标准，它实质上与定性标准中的数字符号为标度的标准相同。等级标准就是用等级尺度作为标度的标准。等距标准就是用等距尺度作为标度的标准，与等级标准不同的是，用等距标准测得的分数可以相加，而用等级标准测得的分数则不能相加。比值标准就是用比值作为标度的标准，这类标准所指的对象通常是工作的数量与质量、出勤率等。隶属度标准就是用模糊数学中隶属系数作为标度的标准。这类标准基本上适用于所有考核内容，能回答经典标度无法解决的问题，因而被广泛使用。

（三）按标准的属性分类

按标准的属性，可以把考核标准分为主观标准和客观标准，绝对标准和相对标准。

1.主观标准和客观标准

主观标准的评价以个人的认识为主；客观标准以客观描述和观察为标度。

2.绝对标准和相对标准

绝对标准就是不管什么对象、什么条件、什么评价目的，只用一个标准；相对标准就是根据不同的对象、不同条件、不同的评价目的，采用不同的评价标准。

（四）按标准的描述方式分类

按标准的描述方式，可以把考核标准分为设问提示式标准、评语式标准与方向指示式标准，分别举例如下：

1.设问提示式标准（见表4-8）

表4-8 **设问提示式标准示例**

考核要素	标　志	标　准			
协调性	1.合作意识怎么样 2.见解、想法是否不固执 3.自我本位感强不强	优	良	中	差

2.评语式标准

（1）积分评语式标准（见表4-9）

表4-9　**积分评语式标准示例**

考核要素	分值	考核标准
用人能力	4	1.掌握本部门人员的长处，合理安排得1分； 2.能够注意人才培养得1分； 3.能够识别人才，有选拔干部成功之例得1分； 4.正副职之间相互尊重，共事较好得1分 （4项得分累加）

（2）期望评语式标准（见表4-10）

表4-10　**期望评语式标准示例**

考核要素	考核标准			
	优	良	中	差
创造能力	善于创新	尚能创新	安于现状	因循守旧

3.方向指示式标准（见表4-11）

表4-11　**方向指示式标准示例**

考核要素	标志	标准			
		优	良	中	差
业务经验	主要应从应聘者所从事工作的业务年限、对工作的熟悉程度、有无工作成果等方面考核				

三、　制定考核标准的基本要求

制定考核标准的基本要求是：

（1）标准的设计要科学、合理、先进。

（2）标准的设计应当满足局部和全局的标准一致的要求，各个要素之间要协调配套。

（3）标准要具有适用性和通用性。适用性是指要针对各个环节的特点进行设计；而通用性则是指对人力资源管理的各个环节都要有所考虑。

课后练习题

1.选择题

（1）（　　）得明确与否将直接影响员工的工作行为及企业的整体绩效。

A.规则制定　　B.体系制定　　C.指标制定　　D.标准制定

（2）任务绩效是指与工作产出（　　）的，能够直接对其工作结果进行评价的绩效指标。

A.直接相关　　B.间接相关　　C.无关　　D.有关

（3）关于绩效指标设计应注意的细节的描述中错误的是（　　）。

A.单一价值取向的指标导向

B.明确绩效指标的成果导向

C.实现绩效指标与消费者价值需求的对接

D.理清企业的成果价值流

（4）属于消费者需求调查方法中调查测试法的缺点的是（　　）。

A.不易于设计前提和挖掘深层需求

B.容易实施

C.样本差异大、调查结果比较模糊

D.结果可靠、准确

（5）进行绩效指标设计时，指标导向、指标体系的效率性虽然重要，但是要想将绩效管理理念最终运用于实践，还需要一个很重要的前提，那就是（　　）。

A.将指标进行行为化　　B.完善指标体系，标定指标导向

C.引入绩效管理制度　　D.确保这些指标的可度量性

（6）绩效管理的对象是企业员工，（　　）是绩效管理、绩效指标设计的出发点。

A.企业目标　　B.企业制度　　C.企业宗旨　　D.企业业绩

（7）在年度、季度、月度内对员工所应完成的工作任务进行限定的一种管理方法，实际上是通过任务指令的方式鼓励员工在短期内获得企业希望的阶段性成果的是（　　）。

A.长期绩效指标　　B.短期绩效指标

C.中长期绩效指标　　D.中期绩效指标

（8）关于考核标准的描述中，不正确的是（　　）。

A.考核标准必须与工作分析相结合，不能随意制定

B.考核标准的制定必须与被考核者沟通，保证考核标准能够被认可

C.考核标准必须科学、有效、适当

D.标准的内容必须准确、具体，不必进行量化

2.判断题

（1）在制定绩效指标时，选择考核指标应该有所区别和侧重；对于不同的考核目的，选择的考核指标和侧重点也不同。（　　）

（2）绩效管理的目的是提高产品生产效率或质量。（　　）

（3）分析演绎法是根据一定的前提条件，通过演绎推理获得相关的结论。具体到消费者价值需求来说，则可以通过推理获得消费者的需求特征。（　　）

（4）工作分析是指对考核对象的岗位工作内容、性质以及完成这些工作所具备的条件进行研究和分析，从而了解被考核者应该达到的目标。（　　）

（5）考核标准就是对员工所从事工作的基本要求，用来衡量员工在考核周期内工作绩效的好坏。（　　）

（6）考核标准从不同的角度可以有不同的分类，按标准的属性可分为静态标准与动态标准。（　　）

（7）态度考核标准中积极性是指能够立足本职工作，并跨越本职工作的范围，求得上司、同事以及其他部门的通力协作。（　　）

（8）制定考核标准的基本要求之一是标准要具有针对性和通用性。针对性是指要针对各个环节的特点进行设计；通用性则是指对人力资源管理的各个环节都要有所考虑。（ ）

3. 问答题

（1）绩效考评指标体系设计的程序以及绩效考评标准的设计原则有哪些？

（2）提取关键绩效指标的程序和步骤是什么？

（3）在审核关键绩效指标和标准时应当关注哪些要点？

4. 实务题

假如设计针对学生的绩效考核指标体系，请针对学习主动性这一行为考核标准设计行为锚定量表（4个等级）。

案例分析

山东省某烟草专卖公司主要负责专卖执法、卷烟经营等工作，公司现有资产总量2.9亿元，占地8万平方米，建筑面积3.6万平方米，现有职工近2 000人。近年来，公司发展迅速，营业额逐年上升，逐渐由增长型企业转变为成长型企业。企业的快速发展给企业的管理水平带来了新的要求，而绩效管理作为构建企业核心竞争力、促进企业由增长型向成长型转变的有力管理工具，也得到了公司决策层的高度重视。在实际管理过程中，该公司对绩效管理体系的构建进行了积极的探索，经过数十年的努力，该公司的绩效管理体系取得了一定的成效，已经建立了较为完善的基层业务单位绩效管理体系。但是，对公司下属十几个职能部门（包括办公室、人事部、综合计划处、信息中心等）的绩效考核仍存在一定问题，各部门的考核成绩基本无差异，“大锅饭”现象严重，也有部分员工抱怨考核不公平。

公司领导层对绩效管理体系的构建非常重视，为了保障绩效考核的公平性，该公司成立了考核小组，考核小组成员主要由各部门员工兼任。该公司现行的绩效考核指标体系是由部门基于自身工作职责进行梳理的，其考核标准不明确，更多的是定性描述，其中，对于下属十几个职能部门的绩效考核主要以考核人员打分为主。

近年来，在领导的大力支持下，该公司的绩效考核开展得如火如荼，但是公司领导发现，虽然十几个部门的工作量、工作质量有明显差异，但各部门的绩效考核得分一直以来相差无几。这也难怪，由于是国有企业，考核者与被考核者常年在一起工作，碍于面子或人际关系，当然不会轻易给被考核者扣分。面对每次提交上来的几乎没有任何差异的绩效考核成绩单，公司领导大为恼火，于是明确要求严格执行绩效考核标准，各部门的考核成绩必须有差异，结果“上有政策，下有对策”，各职能部门的考核出现了“轮流坐庄”的现象，即考核小组与被考核部门商定每个考核期内各部门考核得分的排名情况，各部门轮流得分最高或最低。几个月过去了，各职能部门正暗自得意的时候，领导又发现了绩效考核得分的“马脚”。在领导的再次严格要求下，考核小组不得不严格按照绩效考核指标对各部门进行打分，结果反而更差强人意，工作任务繁重、经常加班的部门，往往是扣分最多的部门；工作清闲的部门，反而得分最高，真可谓“洗的碗越多、打的碗越多”，这引起了员工的强烈不满。

请分析该公司职能部门的绩效考核指标与标准设计的问题主要集中哪些方面？

第四章课后练习题答案

第五章　绩效考核的方法与实施

学习目标

通过本章的学习，应该掌握以下几个方面的内容：

1.绝对考核法的主要内容及特点；

2.相对考核法的主要内容及特点；

3.行为锚定考核法的使用；

4.强制正态分布法的实施条件；

5.绩效考核的考核主体选择；

6.绩效考核的实施步骤。

引导案例

华晨公司是一家拥有400多名员工的生产型企业。在日趋激烈的市场竞争中，企业越来越意识到，提升现有人员的素质使之与公司发展战略及目标相匹配，调动员工的积极性以更好地实现工作目标是非常重要的。绩效考核工作是企业重点投入的一项工作。企业的高层领导非常重视，已经由高层领导与相关的职能部门人员组成考核小组，人事部具体负责绩效考核制度的制定和实施。中层干部考核的方式和程序通常包括被考核者填写述职报告、在单位内召开全体职工大会进行述职、民意测评（范围涵盖全体职工）、向基层干部甚至全体职工征求意见（访谈）、考核小组进行汇总写出评价意见并征求主管副总的意见后报总经理。对于一般员工的考核则由各部门的领导掌握。对于员工的考核，分为业务人员和非业务人员。对于业务人员的考核通常是依据经营指标的完成情况（企业中所有业务员均有经营指标的任务）来进行的；对于非业务人员的考核，则由各部门的领导自由进行。有的部门考核方法采用的是排列法，每年对员工考核一次，具体做法是：根据员工的实际表现打分，每个员工最高分为100分，上级打分占30%，同事打分占70%。在考评中，20多个人互相打分，以此确定员工的得分，于是该部门人缘不好的员工很难得到较高的分数，积极性大受打击。有的部门采用强制分布式的末位淘汰法，具体做法是：根据员工的表现，划分为A、B、C、D、E5个等级，分别占10%、20%、40%、20%、10%。如果员工有一次被排在最后一级，工资降一级。如果有两次排在最后一级，则暂离岗位进行培训，培训期间只能领基本生活费。培训后根据考察结果决定是否上岗。如果上岗后再排在最后10%，则被淘汰。有的职能部门员工对这种考核方法很有意见，认为大家都没有什么错误，工作都完成得很好，把谁评为E级都不合适。

请问：该企业各部门的考核方法存在什么问题？应该怎么改进？

第一节 绝对考核法

绝对考核法是指按事先规定的考核标准，通常是职务职能标准、工作标准，或按工作要求制定的标准，进行考核评议的一种考核方法。绝对考核法主要包括量表考核法、评语法、等级择一法、减点评价法、正负评价法、综合评分法等。

一、量表考核法

量表考核法是绩效评定中最为古老而又最流行的方法。这种方法要求评定者对被评定人在一系列与工作相关的特征上进行程度评定（打分）。与工作相关的特征有很多，不可能全部都考核，企业所考核的这些特征是需要对员工重点加以考核的内容，如各种工作能力、上下级关系处理、客户关系等，而且对于不同的考核对象所考核的内容也不尽相同。

（一）考核量表的形式与优缺点

考核量表的形式有多种，见表5-1、表5-2、表5-3、表5-4和表5-5。这种方法很容易理解，而且评定者能很快地完成评定。其不足在于评定者的偏见会影响评定结果；同时，这种评定方法有趋中的倾向，评定者一般倾向于给出中间等级的评定，回避极端等级。另外，不同的评定者对各因素（如进行决策、与下属的关系）的解释会不同。

表5-1 **员工考核量表（一）**

评定项目	评定结果*				
	1	2	3	4	5
知识水平					
工作能力					
计划能力					
人际关系					
逻辑判断能力					
语言能力					
决策能力					
领悟能力					

注：*评定项目水平分5级，最高为5分，最低为1分。

（二）混合标准量表

美国学者伯兰兹开发出的一种被称为“混合标准量表”的考核工具，测评精确度更高。设计时先分解出若干考核要素，为每一要素的好、中、差三等拟定一条典型表现的语句，然后把它们打乱，混杂无序地排列在一起，使考核者不易觉察各陈述句是考核哪一要素或表示哪一等级的，从而使其主观成分难以掺入。考核者只需根据被考核者的实际表

表 5-2　**员工考核量表（二）**

考核要素	第一次考核	第二次考核	第三次考核	事实依据
知识技能	30 24 18 12 6 S A B C D	80——S 64——A 48——B 32——C 16——D	80——S 64——A 48——B 32——C 16——D	
策划能力	15 12 9 6 3 S A B C D			
判断能力	15 12 9 6 3 S A B C D			
协调能力	10 8 6 4 2 S A B C D			
领导能力	10 8 6 4 2 S A B C D			
各项考核得分	46	48	32	

评语	最终得分		档次划分	S：80分以上 A：65～79分 B：49～64分 C：33～48分 D：16～32分
	最终档次	S A B C D		

表 5-3　**员工考核量表（三）**

项目	评　分	项目	评　分
成绩	12 11 10 9 8 7	能力	20 18 16 14 12 10
	12 11 10 9 8 7		20 18 16 14 12 10
态度	8 7 6 5 4 3		20 18 16 14 12 10
	8 7 6 5 4 3		20 18 16 14 12 10
	8 7 6 5 4 3	尺度意义	
	8 7 6 5 4 3	大大超过标准　略高于标准　略低于标准 超过标准　标准　大大低于标准	

现，与这些考核标准陈述句逐条对照评判：凡陈述句所描述的与被考核者相符，则在此句后面画一个“○”；优于陈述句所描述的，则画一个“+”；不及所述，则画一个“-”。最后便可根据所给符号，较准确地判断该员工在各要素上所应获得的分数。

表5-4 **员工考核量表（四）**

考核项目	档次等级
	A B C D E
判断力	□ □ □ □ □
指导能力	□ □ □ □ □
态度	□ □ □ □ □
知识、技能	□ □ □ □ □
协调力	□ □ □ □ □
总评价	第一次　　第二次

表5-5 **混合标准量表**

序号	典型绩效表现	评判符号
1	有正常自信，通常对工作有把握，只偶尔踌躇一下	
2	工作效率欠佳，完成任务时间长，有时不能按期完成	
3	口头及书面汇报有条理，考虑周到，很少需要另作补充的	
4	工作中有些畏缩，往往不果断，偶尔甚至对事情回避表态	
5	有时汇报无条理、不完整，因而价值不大，或需返工修改补充	
6	效率还算符合要求，一般能在适当时间内完成所给任务	
7	敏捷利索，总能满足计划进度，并能很快地适应新任务	
8	言行举止都表现出颇有自信，对各种情况能迅速地进行果断反应	
9	汇报的内容多是有意义而有用的，结构也较有条理，但往往需进行补充报告	

例如，对某一办公室职员进行考核，假设考核要素只有3个，即工作效率、工作自信心、工作汇报质量。就此3个要素各拟出好、中、差3种表现的陈述句，混编见表5-5。

不难看出，所谓“好”与“差”的事例都是极端性的。仔细分析，第7、6、2句分别是考核工作效率的好、中、差标准；第3、9、5句是考核工作汇报质量的好、中、差标准；第8、1、4句则是考核工作自信心的好、中、差标准。操作时，考核者即持此9个陈述句，对被考核者实际表现进行逐条对照考核，对超过、符合或不及标准的，分别标以“+”“○”“-”。3种标准有7种可能的组合，如3个有关陈述句均获“-”，说明被考核者实际表现甚至不及“差”的典型表现，显然属于最差而应评以最低分（1分）；反之，3句都获“+”，则应获得最高分（7分）。此评分规则如图5-1所示。

可能的几种分数组合

好：	-	-	-	-	-	○	+
中：	-	-	-	○	+	+	+
差：	-	○	+	+	+	+	+
得分：	1	2	3	4	5	6	7

图5-1　考核要素的评分规则

假如，某员工在这9个陈述句的考核中获分依次为：1——○；2——+；3——+；4——+；5——+；6——+；7——○；8——-；9——+。

其3个要素获分情况则可据此推算出来：

	好	中	差	得分	
工作效率：	○	+	+	6	三要素考核总分为17
工作自信心：	-	○	+	4	
工作汇报质量：	+	+	+	7	

二、评语法

评语法是一种传统的考核方式。在评语法中，评定者可能需要对被评价者行为的长处和短处进行评判描述。一般来说，评定者可以对被评价者的绩效从各方面进行定性描述，通常没有固定的格式要求。

在我国，许多机关和企事业单位考核员工时经常使用评语法。评语法是对员工在一定时期内（通常为半年或一年）的工作绩效进行评述，评述形式有自我评价、上级评价和群众评议。由于这种评定方式比较灵活、方便，所以在应用中很受欢迎，也确实对干部职工改进工作绩效、加强民主监督起到了积极的作用。这种方法的一个显著特点是评定者可以对被评定者的绩效进行比较全面而深入的评价，并且可以对被评定者当前的工作行为和潜力给出富有实用价值的意见和建议。但是，由于评语没有固定的格式要求，使用这种方法评出的员工绩效也就很难进行横向比较，即使是同一个评定者所评定的不同人之间也很难去比较。

由于评语法的上述局限，有人在此基础上提出了一种可被称为“结构描述法”的绩效评定方法。这种方法继承了评语法的特点，但同时又针对其不足之处进行了修正，主要是在评定中加入一个个“小标题”，使评定时能按一定的绩效内容进行。这样的评定结果就具有了一定的可比性。

三、等级择一法

等级择一法就是赋予评价各档次以相应的等级内涵。例如可以将员工的工作成绩划分为5个不同的等级，分别赋予内涵：A级，工作成绩非常出色，从未出现过任何差错；B级，工作成绩优秀，几乎不出差错；C级，工作成绩没有达到标准，略有差错；D级，工作成绩较差，差错较多；E级，工作成绩特别差，经常出错。再如工作态度：A级，工作热情极高，责任心极强；B级，工作热情较高，责任心较强；C级，责任心一般，但很难说是认真负责的；D级，有时表现出不负责任；E级，缺乏工作热情，凡事不负责任。根据这些规定的“等级内涵”，进行单项选择（见表5-6）。

表 5-6 **等级择一法**

考核内容	考核要点	A 非常优秀	B 比较优秀	C 一般	D 欠佳	E 很差
工作能力	与实务有关的知识、技巧掌握如何					
	对事物、指示、命令、问题、意识的理解力如何					
	计算能力、数学观念是否很强					
	文章、图表、语言的表现能力如何					
工作态度	与他人协作、服从纪律和命令的态度如何					
	事务的处理是否井井有条					
	是否表里如一而不刻意表现自我					
工作绩效	工作成绩月度、年度、近期、以往如何					

四、减点评价法

减点评价法就是以减分方式进行考核评价的方法。其步骤是首先确定考核要素或考核项目，再确定该要素的标准得分，最后根据是否达到标准以及达到标准的程度进行减分。如果完全达到标准，则减0分；完全没有达到标准，则把标准分全部减去（见表5-7）。

表 5-7 **减点评价法**

考核要素	标准分	减　分
是否不断地、充分地进行新资料的整理工作		
计算是否准确无误		
选择图表是否适当		
与其他部门联系是否及时、紧密		
⋮		
合　计		

标准分的设计，必须根据工作难易度、重要性、责任以及所需要的熟练程度进行。减分办法也是这样，主要是依据事实，对达标程度进行判断后，适当减分。

五、正负评价法

正负评价法的原理与减点评价法一样，只是评分方式不同，即采用正、负值进行评价（见表5-8）。

表 5-8　**正负评价法**

考核要素	考核要点	特别优秀	良好	一般	较差	特别差
工作的质	工作的过程与结果是否有错误					
工作的量	研究的工作量有多少					
工作态度	对工作是否负责任，是否认真、诚实					
研究精神	对工作是否具备积极的研究精神					
合计分	+（　）分　　－（　）分					
综合评价						

六、　综合评分法

综合评分法是将考核因素综合分配一定的分值，使每个考核因素都有一个评价尺度，然后根据被考核者的实际情况和表现在各项考核因素上评分，最后汇总得出总分。这种考核方法将考核因素尽可能量化，减少人为因素引起的考核标准不统一的问题。量化后的考核可以借助计算机来进行统计、汇总和分析，这样可以大大提高考核的效率和质量。表 5-9 是一个综合考核表。

表 5-9　**综合考核表**

部门		姓名		职务		考核总分	
项目	权重	分数		考核情况说明			
出勤	20%	上	20				
		中	15				
		下	30				
能力	30%	上	30				
		中	25				
		下	20				
绩效	30%	上	30				
		中	25				
		下	20				
职业修养	20%	上	20				
		中	15				
		下	10				
小组意见							
部门意见							
公司意见							

第二节 相对考核法

相对考核法是一种传统的考核方法，也是人们最习惯运用的方法。这类方法的最大优点是简便，因此往往有主观随意的倾向。为了克服主观偏见，可将其进行一些技术上的处理，使之能够运用于企业员工考核中，并与绝对考核法相结合，使之相辅相成，使员工考核工作更为完备。相对考核法主要包括排序法、配对比较法、强制正态分布法、人物比较法、行为锚定等级评价法、事实记录法、民意测验法、行为观察评价法等。

一、排序法

排序法是指企业对部门内的员工进行排序。这是绝对考核法，即按工作标准进行考核的辅助性手段；或作为一种调整手段，即帮助考核者进行调整，作为调整部门内考核结果达到平衡的手段。

（一）排序法的类型

排序法有两种评定方式：一种是“要素排列”，即评定者把被评定者先按照各种要素从高到低排列出来，然后再汇总在一起，从而得出全体员工的整体排序（见表5-10）；另一种是“交替排列”，此法要求评定者首先将所有被评定者列在一张纸上，然后从这个名单中选择出最好的人和最差的人，接着再选出第二个最好的人和第二个最差的人，按此方法继续，直至把整个名单排选完毕。由于从一批人中区分出最好的和最差的相对比较容易，所以在应用中“交替排列”方式更受人们的欢迎。

表5-10 **排序法**

员工	要素							
	工作数量	工作质量	知识技能	协调性	积极性	信赖性	合计	综合等级
陈××	3	3	2	3	2	2	15	3
李××	1	2	1	2	3	3	12	2
黄××	7	6	7	7	7	6	40	7
林××	2	1	3	1	1	1	9	1
张××	5	4	6	4	6	5	30	5
刘××	6	7	5	5	4	7	34	6
许××	4	5	4	6	5	4	28	4
总评								
考评者				考评日期				

（二）排序法的优缺点

排序法是最为简单的绩效评定方法之一，经常被用来评定总体绩效。这种方法的明显优点表现为简单性以及它强求评定者区分不同水平的绩效；不足之处主要是当被评人数比较多的时候（超过20人），要准确地把他们按等级排列不仅费时费力，而且效果也不一定好。同时，当许多员工的绩效水平差距较小时，人为地把他们的绩效按等级排列反而会引起新的误差。另外，排序法不能反映不同等级人员之间的差距大小，跨部门、跨企业的绩效评定就更没有可比性。

二、 配对比较法

这种方法要求评定者把所有的被评价者两两进行比较，最后把被评价者按绩效高低排列起来。这种方法使得评定者更容易操作，特别是当被评价者数量较多的时候也能比较可靠地排出相对等级。具体做法是先将被评价者的姓名都写在事先准备的一张一张的卡片上，以便每个人与其他人进行一一比较，评定者每次只需比较出每对被评价者中绩效更高的那个即可。最后，只要把每个被评价者在每对比较中绩效更高的次数加起来，就可作为最终排序的基本参数依据。举个例子来说，在共有5个被评价员工的情况下，每个员工将与其他4个员工逐一成对比较。假定乙的绩效被评为高于其他4个员工，这样，根据两两比较的结果就可以得到乙的绩效指数为4÷4=1。如果乙的绩效被评为高于他的2个同事，而低于另外2个同事，那么我们说他的绩效指数为2÷4=0.5。指数为1是最高值，只有高于所有其他同事的人才能达到这个值，而指数为0则表明绩效水平低于其他所有人。最后，每个员工将根据其绩效指数排列顺序，指数越高，绩效水平也就越高。配对比较法见表5-11。

表5-11 **配对比较法**

项目	甲	乙	丙	丁	戊
甲		+	+	−	−
乙	−		−	−	−
丙	−	+		+	−
丁	+	+	−		+
戊	+	+	+	−	
对比结果	中	最好	中	差	差

两两比较法的一个很大不足在于，当有大量员工需要评价时，这种方法显得很复杂和浪费时间。我们知道，当有n个被评价者时，评定需要配对比较n×（n−1）÷2次。如当需要对5个员工进行评定时，评定者需要配对比较5×4÷2=10（次），而当员工仅仅增加至11人时，则配对比较就变为11×10÷2=55（次）。因此，这种方法一般适合于10人左右的部门进行绩效评价时使用。

三、 强制正态分布法

强制正态分布法也被称为强制分布法、硬性分配法，该方法是根据正态分布原理，即俗称的“中间大、两头小”的分布规律，预先确定评价等级以及各等级在总数中所占的百分比，然后按照被考核者绩效的优劣程度将其列入其中某一等级。强制正态分布法要求评价者按事先定好的比例把许多被评价者分成不同的等级。比如，你可能把被评价者的绩效分成：低绩效者占10%、低于平均者占20%、平均绩效者占40%、高于平均者占20%、高绩效者占10%。这种方法常用于绝对考核之后的调整，即调整出优、良、中、差的分布。

（一）强制正态分布法的理论基础

员工的绩效是呈正态分布的，这种方法的特点是两端的人少、中间的人多。实践证明，人的许多心理特点都基本符合正态分布规律。上述比例分布正是根据正态分布估算出来的。应用正态分布法的一种操作方法是，把每位被评价员工的姓名写在一张张独立的卡片上，然后针对每位被评价者的特质（如工作态度、工作质量、积极性和创造性等），把每位员工的卡片放入适合的类别中。这种评价方法需要有一定数量的被评价者，以保证在每类中都有一定数量的人，并占有相应的比例；否则，要是人数太少，这种方法就不适用了。

（二）强制正态分布法的步骤

为了克服强制正态分布法的缺陷，同时将员工的个人激励与集体激励很好地结合起来，可以使用团体考评制度以改进硬性分配的效果。实施这种考评方法的基本步骤如下：

第一步，确定A、B、C、D和E各个评定等级的奖金分配的点数，各个等级之间点数的差别应该具有充分的激励效果。

第二步，由每个部门的每个员工根据业绩考核的标准（见表5-12），对自己以外的其他员工进行百分制的评分。

表5-12 **强制正态分布法考核的参考标准**

等级	不满意	欠佳	佳	优	特优
比率	低于5%	5%～25% （15%）	25%～75% （60%）	75%～95% （15%）	高于5%
分数	64分以下	65～74分	75～85分	86～94分	95～100分
参考标准	经常远低于标准，有很多需要改进的地方	经常略低于标准，平时表现不太理想	几乎能符合标准，平时的表现称职	经常略高于标准，常常有好的表现	经常高于标准很多，有很特殊的表现

第三步，对称地去掉若干最高分和最低分，求出每个员工的平均分。

第四步，将部门中所有员工的平均分加总，再除以部门的员工人数，计算出部门所有员工的业绩考评平均分。

第五步，用每位员工的平均分除以部门的平均分，就可以得到一个标准化的考评得分。那些标准分为1（或接近1）的员工应得到中等的考评得分，那些标准分明显大于1的员工应得到良甚至优的考评得分，而那些标准分明显低于1的员工应得到及格甚至不及格的考评得分。在某些企业中，为了强化管理人员的权威，可以将员工团体考评结果与管理人员的考评结果的加权平均值作为员工最终的考评结果。但是需要注意的是，管理人员的权重不应该过大。各个考评等级之间的数值界限可以由管理人员根据过去员工业绩考核结果的离散程度来确定。这种计算标准分的方法可以合理地确定被考核员工的业绩考评结果的分布形式。

第六步，根据每位员工的考评等级所对应的奖金分配点数，计算部门的奖金总点数，然后结合可以分配的奖金总额，计算每个奖金点数对应的金额，并得出每位员工应该得到的奖金数额。其中，各个部门的奖金分配总额是根据各个部门的主要管理人员进行相互考评的结果来确定的。

为了鼓励每位员工客观、准确地考评自己的同事，对同事的考评排列次序与最终结果的排列次序最接近的若干员工应该得到提升考评等级等形式的奖励。另外，员工的考评结果不应在考评当期公开；同时，奖金发放应秘密进行，以稳定员工的情绪。但是各个部门的考评结果应该是公开的，以促进部门之间的良性竞争。

（三）强制正态分布法的优缺点

1.强制正态分布法的优点

（1）避免出现考核标准过分宽松的情况。

（2）避免出现考核标准过分严格的情况。

（3）避免出现考核结果全部趋中倾向的现象。

2.强制正态分布法的缺点

（1）如果员工的业绩水平事实上不遵从所设定的分布样式，那么按照考评者的设想对员工进行硬性区别容易引起员工不满。

（2）只能把员工分为有限的几种类别，难以具体比较员工的差别，也不能在诊断工作问题时提供准确可靠的信息。

（3）个别组织为了应对强制正态分布法，想出的办法就是“轮流坐庄”——老好人战略，这样不能体现强制正态分布法的真正用意。

四、　人物比较法

人物比较法就是根据考核要求，从员工中选择具体人物作为标准，再以该员工的工作表现和工作能力为基准，对其他员工进行考核评议。

人物比较法有两种形式：

一种是综合人物比较法。具体做法是从上一期考核结果中寻找一位考核者最为熟悉并且综合评价得分居中的被考核者，作为考核评价的基准人物，将这位基准人物与其他员工进行比较，如果被考核者与这位基准人物一样或近似，则评价等级为“C”；略好于和略差于基准人物则分别为“B”和“D”；大大好于和大大差于基准人物，则分别为“A”和“E”（见表5-13）。

表5-13　**人物比较法示例**

被考核者姓名	考核要素：业务知识		基准人物姓名：		
	A	B	C	D	E

另一种是分析人物比较法，即在对被考核者进行要素考核时，选出一位基准人物，以他的表现，如工作态度、工作能力、计划能力、协调能力和指导能力等作为标准，分别对其他被考核者进行逐项要素考核。评价等级的确定同上。

五、 行为锚定等级评价法

行为锚定等级评价法（behaviorally anchored rating scale，BARS）实质上是把量表评定法与关键事件法结合起来使用。其目的主要是通过建立与不同绩效水平相联系的行为锚定来对绩效维度加以具体的界定。比如，宾馆的客房服务员每天打扫客房都必须按一定程序和行为规范进行，被子怎么叠、桌子怎么擦、卫生间如何保洁都规定得清清楚楚，绩效评价的标准也是明确不变的。只要完成了这些工作内容和程序就算达到绩效标准，少一道程序或有一项工作达不到要求，就要扣分或受到相应处罚。在麦当劳、肯德基这样的连锁企业中，对员工行为绩效的评价也常常采取这种方法。

行为锚定等级评价法为每一职务的各考核要素都设计出一个评分量表，并有一些典型的行为描述性说明词与量表上的一定刻度（评分标准）相对应和联系（即所谓锚定），供操作中对被考核者实际表现评分时作为参考依据，如图5-2所示。这些典型说明词数量毕竟有限（一般不会多于10条），不可能包括千变万化的员工实际表现，一般很难做到被考核者的实际表现恰好与说明词所描述的完全吻合。但有了量表上的这些典型行为锚定点，考核者在评分时便有了分寸感。这些代表从最劣到最佳典型绩效、有具体行为描述的锚定说明词，不但使被考核者能较深刻而信服地了解自身的现状，还可找到具体的改进目标。

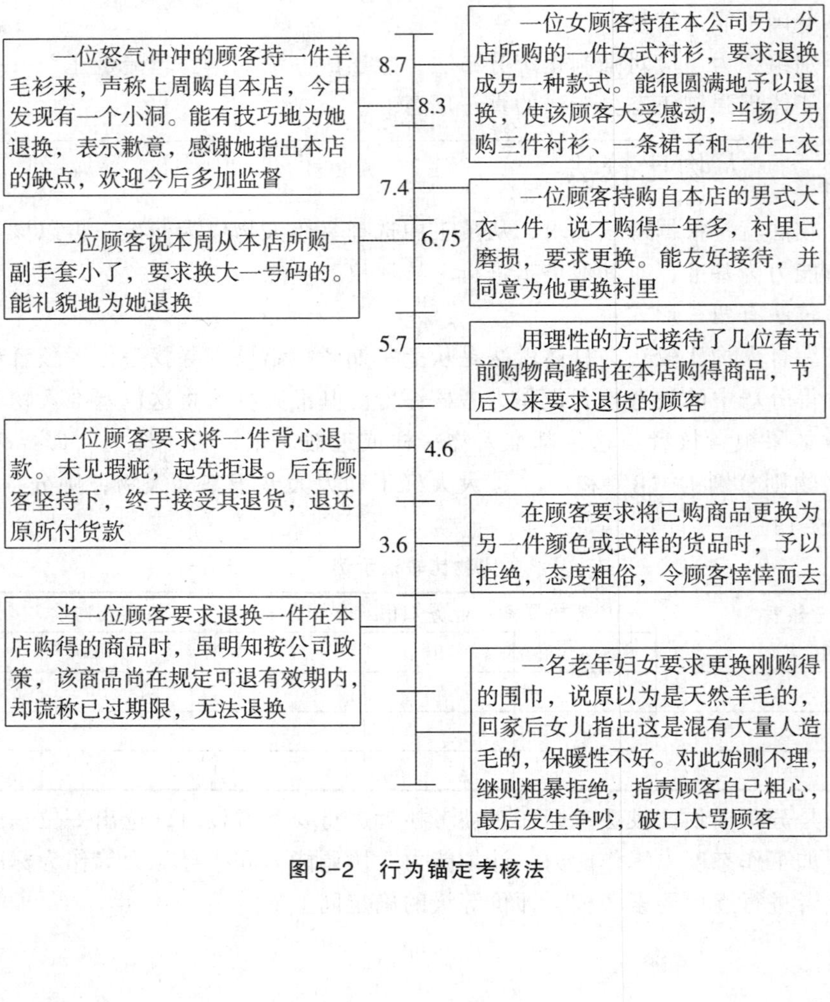

图5-2 行为锚定考核法

六、 事实记录法

事实记录法主要用于观察记录考核的事实依据。由于企业中考核观察期和考核实施期不同，所以在考核实施时，为避免单纯以近期发生的事实或凭主观推测为依据进行考核评价，管理者有必要把整个考核观察期中发生的有关事实依据及时记录下来。事实记录法具体又包括能力记录法、态度记录法、成绩记录法、指导记录法和关键事件记录法。

（一）能力记录法

能力记录法是指由考核者对被考核者在日常工作中表现出来的工作能力使用“工作能力记录卡”进行观察和记录。在记录过程中，把工作能力的优势和不足区分开来。

（二）态度记录法

态度记录法是指由考核者用“工作态度记录卡”记录被考核者在日常工作中所表现出来的有关工作态度的事实，借此作为工作态度考核的事实依据。考核者观察记录的事实必须是与职务工作有关的，并能反映考核要素和考核要点的要求。

（三）成绩记录法

成绩记录法是指由考核者用“工作成绩记录卡”观察并记录被考核者工作过程和工作结果的事实。工作成绩记录卡用来标明各项职务工作的“难易度”和被考核者完成的“熟练程度”。

（四）指导记录法

指导记录法是指考核者把在何时、何地对什么行为进行何种指导，用“指导记录卡”记录下来，用于开发员工的能力。

（五）关键事件记录法

1.关键事件记录法的概念

关键事件记录法，就是通过观察记录被考核者在工作中极为成功或极为失败的事件，来考察被考核者工作绩效的一种方法。关键事件记录法需要给每位待考核的员工做一本“关键事件记录卡”，由考核者（通常是被考核者直接上级）随时记录（见表5-14）。由此可见，用于考核员工的关键事件是在高的工作绩效和低的工作绩效之间造成差别的工作行为。由于考核者把每个被考核对象在完成这些事件时的行为记录在案，这些记录就作为绩效评定时的一个以工作行为为基础的出发点。当然，不同评价对象的关键事件可能不能直接比较，所以事先应由人力资源管理专家准备一些标准化的关键事件。

2.关键事件记录法的优缺点

关键事件记录法的优点：针对性强，不易受主观因素的影响。此考核方法是对事件的记录，只是对具体员工素材的积累。根据这些事实，经过归纳、整理和总结可以得出可信的考评结果；从中可以看到被考评员工的长处和不足，如将此信息反馈给员工，因为有事实支持而易使被考评员工接受，有利于其以后继续发扬优点，改掉缺点，从而得到提高。

关键事件记录法的缺点：基层管理者工作量大，在考评过程中不能带有主观意识，但在实际过程中往往难以做到，实际过程中可以通过员工自己的周报、月报等的记录来进行。这种方法国内外许多大公司，如海尔已普遍采用。

表 5-14 **关键事件记录卡**

员工姓名			职务	
工作单位				
考核期限	自　　年　　月至　　年　　月			
优良行为		不良行为		
日期	项目	日期	项目	
10月15日 10月21日	对工作方法提供具体建议 帮助同事完成交付任务	10月3日 10月25日	拒绝受训 与同事吵架	
总评				

3.关键事件记录法的STAR法

STAR法是由四个英文单词的第一个字母表示的一种方法；由于STAR英文翻译后是星星的意思，所以又叫“星星法”。星星就像一个十字形，分成四个角，记录的一个事件也要从四个方面来写：

（1）S是situation，情境。这件事情发生时的情境是怎么样的。

（2）T是target，目标。他为什么要做这件事。

（3）A是action，行动。他当时采取了什么行动。

（4）R是result，结果。他采取这个行动获得了什么结果。

连起这四个角就叫STAR。

4.运用关键事件记录法的步骤

首先要识别岗位关键事件。运用关键事件记录法进行工作分析，其重点是对岗位关键事件的识别，这对调查人员提出了非常高的要求，一般非本行业、对专业技术了解不深的调查人员很难在很短的时间内识别出某岗位的关键事件是什么，如果在识别关键事件时出现偏差，将对调查的整个结果带来巨大的影响。

识别关键事件后，调查人员应记录以下方面的相关信息和资料：导致关键事件发生的前提条件；导致关键事件发生的直接和间接原因；关键事件的发生过程和背景；员工在关键事件中的行为表现；关键事件发生后的结果；员工控制和把握关键事件的能力如何。

将上述各项信息资料详细记录后，可以对这些信息资料进行分类，并归纳总结出该岗位的主要特征、具体控制要求和员工的工作表现情况。

采用关键事件记录法，应注意关键事件要具有岗位代表性。关键事件的数量不能强求，识别清楚后是多少就是多少。关键事件的表述要言简意赅、清晰准确。对关键事件的调查次数不宜太少。

七、 民意测验法

民意测验法有些类似360度绩效考核法，曾经大量运用于各国的国家事业部门。该法是把考核的内容分为若干项，制成考核表，每项后面空出五格：优、良、中、及格、差，然后将考核表格发至相当范围，首先由被考核者汇报工作，进行自我考核，然后由参加考评的人填好考核表，最后算出每个被考核者的得分平均数，借以确定被考核者工作的档次。民意测验的参加范围，一般是被考核者的同事和直属下级，以及与其发生工作联系的其他人员。

此法的优点是群众性和民众性较好，缺点是主要从下而上考查管理人员，缺乏由上而下的考察，由于群众素质的局限，会在掌握考核标准上带来偏差或非科学因素。在企业，此法一般作为绩效考核的辅助参考手段。

八、 行为观察评价法

行为观察评价法与行为锚定等级评价法一样，也是从关键事件中发展而来的一种绩效评估方法。但是行为观察评价法与行为锚定等级评价法在两个基本方面有所不同：第一点不同是，行为观察评价法并不剔除那些不能代表有效绩效和无效绩效的大量非关键行为，相反，它采用了这些事件中的许多行为来更为具体地界定构成有效成绩（或者会被认为是无效绩效）的所有必要行为。比如说，行为观察评价法可能不仅仅利用4种行为来界定在某一特定绩效维度上所划分出来的四种不同绩效水平，而是利用15种行为。第二点不同是，行为观察评价法并不是评价哪种行为更好地反映了雇员的绩效，而是要求管理者对雇员在评价期内表现出的每种行为进行评价。最后再将所得的评价结果进行平均之后得出总体的绩效评价等级。

行为观察评价法的主要缺点在于：所需要的信息可能会超出大多数管理者所能够加工或记忆的信息量。一个行为观察评价体系可能会涉及80种以上的行为，而且管理者还必须记住每位雇员在6个月或12个月这样的评价期间内所表现出的每种行为发生的频率。对于一位雇员的绩效评价来说，这种工作已经够繁琐的了，更何况管理者通常要对10个或10个以上雇员进行评价。

一项对行为观察评价法、行为锚定等级评价法和民意测验法所进行的对比研究发现，管理者和雇员都认为行为观察评价法在以下几个方面的优点是非常突出的：能够将高绩效者和低绩效者区分开来，能够维持客观性，便于提供反馈，确定培训需求，在管理者及其下属雇员中容易被使用。

行为观察评价法一般适用于评估那些难以同工作结果直接挂钩或缺少度量标准的工作，如服务性工作或机关管理工作。它的优点是员工可以清晰地知道组织对他的期望和行为标准，并且可以与组织的战略和价值观体系联系在一起，具有明确的导向作用。它的主要缺点在于：一是选择的行为评价标准常常是有限的，但影响绩效的因素可能很多。因此，要做到选择的行为作为评价标准是有效的，并且构成评价标准的行为是可以确认出来的。在现实中，这种最好的行为可能并不存在或者有相当大的争议。二是行为观察评价法虽然可以与组织的战略重点联系在一起，但必须经常修正，绩效评估系统却要求保持稳定，以免员工无所适从。因此，行为观察评价法可能最为适合不太复杂的工作（对于这些工作来说，达到结果的最好方法是比较清楚的），而不太适合那些比较复杂的工作（对于这些工作而言，取得成功的途径和行为都是多种多样的）。

第三节　绩效考核的实施

一、　员工考核的一般程序

（一）制订员工考核计划以及相应的考核办法及考核标准

首先由人力资源部门根据企业不同部门的实际情况，制定一个科学合理的员工考核办法（包括考核量表的设计、标准的核定等）。考核标准以及考核办法制定得好坏将直接影响到员工考核的最终实施效果。

（二）考核者训练

员工考核应该公正地进行，因此必须对考核者加以训练。其直接目的是使考核者对员工考核计划和实施过程能正确理解并在企业采用统一的评价标准。

（三）员工自我考核

员工根据考核办法，按照考核表的要求，以本人的实绩与行为事实为依据对自己逐项进行“自我评估”。

（四）直接主管考核

直接主管收到员工的考核表后，以员工的实绩与行为事实为依据，按照考核表的要求，对员工逐项评分并写评语。

（五）综合考核

由业务部门或职能部门进行综合考核打分，考核结果由直接主管告知下属员工。

（六）考核面谈

由直接主管与员工面谈并提出改进意见。如员工本人不同意主管的考核意见，可向上一级主管提出申诉，并由上一级主管进行最终考核。员工应理解和服从考核结果。

（七）考核结果的归档

直接主管将下属的考核结果（员工考核表以及考核分数汇总表）送交人力资源部门存档，人力资源部门对考核结果进行分类统计分析，报主管总经理签核，以备以后做人事决策时使用。

员工考核过程可用图5-3所示的流程图形式表示。

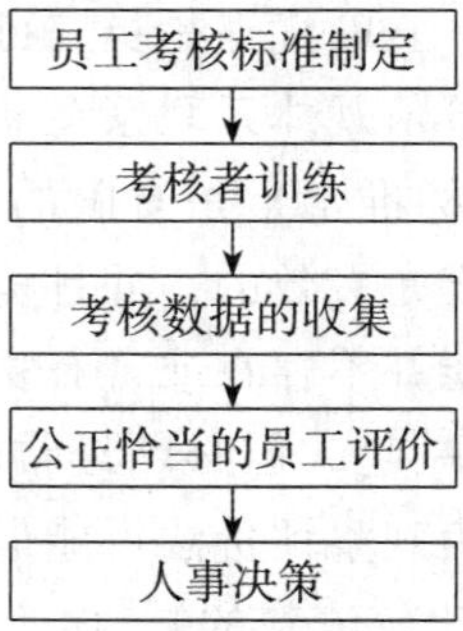

图5-3　员工考核流程图

二、 绩效考核主体的选择

在员工考核工作中，谁来考核绩效或者说谁是评价者是很重要的。这会直接影响到考核的结果以及员工对考核工作的认可程度。

绩效考核主体是指对员工的绩效进行考核的人员。企业常见的做法是采用“谁下达命令谁考核的原则”。具体来说，业务主管给员工下达指标，同时要考核员工的指标完成结果。但是，被考核者的考核内容是由一系列考核指标组成的，考核主体对不同考核指标并不能做到完全了解，如被考核者的沟通协调能力、协作性等，这些考核指标只有被考核者的司级知道得最清楚；如被考核者培育下级的能力等，这些考核指标只有被考核者的下级才最了解。所以，只让考核主体来对所有指标进行单独评价，那么评价的结果就很值得怀疑了。

为了保证绩效考核的客观公正，应当根据考核指标的性质来选择考核的分主体（分主体主要向考核主体反馈被考核者的绩效信息）。所选择的分主体应当是对考核指标最为了解的，如“协作性”由同事进行信息反馈，“培养下属的能力”由下级进行信息反馈，“服务的及时性”由客户进行信息反馈等。不同的指标又由不同的分主体来进行反馈，让考核主体对每个指标都比较了解，然后对这些指标进行综合考核，加上人力资源部门的监督，在很大程度上会消除考核的片面性。一般来说，企业在考核过程中可以选择五种评价者来对考核对象进行考核。

（一）直接上级主管

由被考核者的直接上级领导来对下属进行员工考核。目前企业在考核中多数员工考核是由直接上级来负责的。由于工作的关系，直接主管与下属接触的机会最多，因而最熟悉每个员工的工作绩效。作为上级领导，他会从企业的整体目标考察每个下属员工的绩效。由于上级负责工资、提升和处罚等方面的人事决策，因此也就最有可能将有效的工作绩效与所采取的人事行动联系起来。

需要指出的是，尽管在许多情况下直接上级是最好的考核人，但在上级很少直接观察下属绩效的情况下，这种方式并不一定好。比如在教学工作的考核中，即便是教研室主任也不可能对每位教师的教学工作做到全面掌握，因为他无法直接观察每位教师的教学工作。

（二）同事

同事之间的相互考核在三种场合下经常使用：提名优秀职员、考核工作等级以及工作业绩排序。许多研究和实践都表明，由于在同一工作环境条件下，同事之间能有较多机会相互了解，这种考核法有较高的可靠性和有效性。但这种考核法仍然存在一定的问题，因为同事之间的友好程度以及他们对员工考核工作和考核结果的看法对整个考核过程会产生消极的或积极的影响。当人们知道同事给自己做了很差的评价时，将会影响到整个群体内部的人际关系，进而会对群体内部的和谐性、群体的满意度、群体的凝聚力以及以后的工作绩效产生不良影响。当然，在实践中，一般都是将同事的考核和上级考核结合起来综合考虑。

（三）直接下级

当被评人（通常为管理者）有下级时，可以让直接下级对管理者进行考核。因为下级对上级管理者的授权、计划、组织和沟通等方面的能力都有切身体会。在一名管理者有许多下属的企业中，这种方法用得比较多。最为典型的是在学校中，让学生对教师的教学效果进行评价。需要注意的是，如果要使下级的评价真实、可靠，并有一定的作用，必须要有足够的信任和开放程度。国外的研究和实践表明，对于中层干部，下级对其工作绩效的考核与直接对其考核之间有较好的一致性。

（四）自我考核

让每个员工对自己的工作绩效进行考核有一定的积极意义。当人们有机会参加员工考核时，尤其是参加与个人切身利益密切相关的员工考核时，可以提高对个人的激励作用，也有利于个人在今后工作中的总结和提高。当然，自我考核也存在一些问题，诸如容易更多地宽容自己和夸大绩效、回避缺点或不足、不同人的自我考核差异较小等。要提高自我评价的客观性，考核之前应该对员工做动员，一方面要使员工端正态度，另一方面要使员工明白自我考核应侧重于将自己的工作行为和结果与规定的工作要求、标准相比较，不要过分强调个人的技能与能力。

（五）客户评价

在那些要求与公众有许多交往的工作中，评价可由工作者的服务对象来进行。虽然客户不能完全了解工作目标和标准，但是他们能提供非常有用的信息。有时客户能将一个企业作为一个整体进行评价。不同的客户从不同的方面进行的评价可使企业了解不少情况，知道自己在公众中的形象。客户也可以对与之交往甚多的个人进行评价。这样的信息可用于人事决策，也可以用于人事研究，还可以作为自我发展计划的基础。

在员工考核中，除了选择合适的方法外，考核者因素是个很重要的方面。实际上，每种员工考核方法都有其长处，也有其短处，主要的问题常常不在于方法本身，而在于怎么使用它们和谁来使用它们。没有经过训练的考核者或者素质较低的考核者会严重影响员工考核方法的效果，所以，从一定程度上来讲，要形成有效的员工考核系统，考核者比考核方法更为重要。

考核指标中的主观指标会受到考核者个人因素的影响，不同的考核者在进行员工考核时可能会产生不同性质的偏差。比如，客户的考核往往不够全面、准确；自我考核容易夸大优点；同事的考核可能又会受到同事之间人际关系的影响。因此，在实际考核中要注意两个问题：第一，要根据员工考核的目的来选择适宜的方法，假如考核的目的是提高企业服务对象的满意度，那么客户考核显然是必要的；假如考核的目的是选拔人员，那么上级考核显然是不可缺的。第二，尽可能采用不同的考核者，多角度对绩效进行考核，以减少由于某类考核者考核带来的偏差。

三、考核对象

（一）考核对象的分类

通常企业的绩效管理系统适用于全体员工，包括管理层和普通员工。

管理层的特点是对公司生产经营结果负有决策责任，并具有较为综合的影响力。对应这样的特点，对管理人员的考核，应采用量化成分较多、约束力较强、独立性较高、以最终结果为导向的绩效考核方式。

普通员工的特点是，工作基本由上级安排和设定，依赖性较强，工作内容简单，对生产经营结果只有单一的、小范围的影响。对应这样的特点，对普通员工的考核，应采用量化成分少、需要上下级随时充分沟通、主要以工作过程为导向的绩效考核方式。

管理层的工作职责又可分为生产经营直接管理职责和生产经营间接管理职责两大类。生产经营直接管理是指直接参与生产经营活动，进行的决策对企业效益与各项生产经营指标有直接影响。生产经营间接管理是指不直接参与生产经营活动，但从事诸如各项管理程序的政策制定、监督执行、协调管理及信息沟通等工作，其决策对企业效益与各项生产经营指标有间接影响。

（二）不属于考核对象的员工类型

被考核者原则上应是在考核期内在册的全体正式员工。从广义上说，考核对象是指企业所需考察的所有在职员工，但在具体考核过程中下列人员不属于被考核对象：劳动合同规定的试用期未满的员工；在本单位连续工作时间不到一个考核期的员工；由于各种原因（如长期病休）而长期缺勤的员工以及因特殊原因不能参加考核或无法进行考核的员工。

四、　绩效考核周期的确定

对员工进行考核的时间并没有统一的标准。典型的考核周期是季度、半年或一年，也可在一项特殊任务或项目完工之后进行。考核周期不宜太短，否则不但会白白浪费精力和时间，还会给员工带来过多的、不必要的干扰，造成其心理负担。但周期过长，反馈太迟，则不利于改进员工的绩效，并会使得大家感觉考核作用不大，可有可无，从而使考核流于形式。一般说来，半年考核一次较为适宜，可以把两个半年考核评分的平均值作为全年得分，并据此实行奖惩。当然，最好还是保持连续考察，注重记录关键事件，再结合定期考评。一般来讲，确定考核周期需要从以下四个方面考虑：

（一）所在行业的特征

产品生产周期长短不同，对考核周期也会产生影响。例如，生产和销售周期短的行业，一般一个月内就有好几批成品生产出来或销售出去，这样可以以月度为周期进行考核；而某些生产大型设备的行业，或者以提供项目服务为产品的企业，服务周期一般都比较长，其生产周期往往是跨月度、跨季度，甚至是跨年度的。因此，对于此类企业的考核周期，如果为月度显然是不合理的，其考核周期应该加长。

（二）职务职能类型

对中高层管理人员的考核周期，实际上就是对整个企业或部门经营与管理状况全面评估的过程。这种战略实施和改进计划的过程，不是可以通过短期就能取得成果的，其考核周期应适当放长，一般为半年或一年。

对于销售人员的考核最容易量化，因为其考核指标通常以销售额、回款率、市场占有率、客户满意度等硬指标衡量。因此，对销售人员的考核，应根据实际情况尽可能缩短，一般为月度或季度。

对于生产系统的基层员工，出于强调质量和交货期的重要性，强调的是短期的激励，因此一般应采用短的考核周期，同时加强薪酬管理，缩短发放的时间，以此来强化激励的效果；如果生产周期比较长，则可以延长考核周期，按照生产批次周期来进行考核。

对研发人员的考核指标，一般以任务完成率和项目效果评估，因此一般采用考核周期迁就研发指标周期的做法，即以研发的各个关键节点作为考核的周期，年底再根据各个关键节点和项目完成情况进行综合考评。另外，对研发人员的考核最忌讳急功近利，因为研发人员需要的是一个宽松、稳定的环境，而不应增加太多的管制。

行政与职能人员是考核工作的难点。针对行政人员工作的特点，重点应该考核其工作的过程行为，而非工作的结果。考核周期应该适当缩短，并采用随时监控的方式，记录业绩状况。该类人员的考核以月度考核为主。

（三）考核指标类型

对于业绩考核，一般采用关键业绩指标进行评估，能力和态度指标是支撑关键业绩指标得以实现的保证。工作业绩是工作产生的结果，如数量、质量、完成率、控制率等。因此，业绩类指标的考核周期应该适当缩短，以使其将注意力集中于短期业绩指标。工作能力评估着眼于未来，但这些指标的改变往往不是短期内可以提高的。因此，对于能力指标的评估周期应该加长，一般以年度或半年度作为考核的周期。态度指标的考核周期应该缩短，因为工作态度往往直接影响到工作的产出，也就是业绩指标。因此，将态度指标考核周期缩短，有利于引导员工关注工作的态度与作风问题，从而确保业绩指标的实现。

（四）绩效管理实施时间

考核周期设置不宜过长，也不宜过短。如果考核周期过长，一方面会带来严重的近因效应，从而给考核带来误差；另一方面会使员工失去对绩效考核的关注，最终影响考核的效果。如果考核周期太短，又会导致考核成本的加大，最直接的影响是各部门的工作量加大，同时由于工作内容可能跨越考核周期，导致许多工作表现无法进行评估。

五、绩效考核的实施步骤

（1）人力资源部负责编制绩效考核实施方案，设计考核工具，拟订考核计划，对各级考核者进行培训，并提出处理考核结果的应对措施，以供绩效考核委员会决策。

（2）各级主管组织员工撰写述职报告并进行自评。

（3）所有员工对本人在考核期间的工作业绩及行为表现（工作态度、工作能力）进行总结，核心是对照企业对自己的职责和目标要求进行自我评价。

（4）部门主管根据被考核者日常工作目标完成程度、管理日志记录、考勤记录、统计资料、个人述职等，在对被考核者各方面表现充分了解的基础上，负责进行客观、公正的考核评价，并指出对被考核者的期望或工作建议，交给部门上级主管审核。如果一个员工有双重直接主管，由其主要业务直接主管负责协调另一业务直接主管对其进行考核。各级主管负责抽查间接下属的考核过程和结果。

（5）主管负责与下属进行绩效面谈。当直接主管和员工就绩效考核初步结果谈话结束后，员工可以保留自己的意见，但必须在考核表上签字。员工若对自己的考核结果有疑问，有权向上级主管或考核委员会进行反映或申诉。对于派到外地工作的员工，反馈面谈由该员工所在地的直接主管代为进行。

（6）人力资源部负责收集、汇总所有考核结果，编制“考核结果一览表”，报公司考核委员会审核。

（7）考核委员会听取各部门的分别汇报，对重点结果进行讨论和平衡，纠正考核中的偏差，确定最后的评价结果。

（8）人力资源部负责整理最终考核结果，进行结果兑现，分类建立员工绩效考核档案。

（9）各部门主管就绩效考核的最终结果与下属面谈沟通，对被考核者的工作表现达成一致意见，肯定被考核者的优点所在，同时指出有待改进的问题和方向，双方共同制订可行的绩效改进计划和个人发展计划，提高个人及组织绩效。

（10）人力资源部对本次绩效考核成效进行总结分析，并对以后的绩效考核提出新的改进意见和方案，规划新的人力资源发展计划。

课后练习题

1. 选择题

（1）关于关键事件法的描述，正确的是（　　）。

A. 关键事件的记录和观察省时、省力

B. 能进行定量分析，但不能进行定性分析

C. 不区分工作行为的重要性程度

D. 利用本方法容易反映员工的差异

（2）在使用绩效考评的关键事件法时，（　　）。

A. 考评者要记录并观察员工工作中的关键事件

B. 关键事件只能作为衡量员工的辅助证据资料

C. 考评者不必考虑行为情景

D. 考评者要对人不对事

（3）混合标准量表的优点是（　　）。

A. 有趋中的倾向，评定者一般倾向于给出中间等级的评定，回避极端等级

B. 考核者不易觉察各陈述句是考核哪一要素或表示哪一等级，从而使其主观成分难以掺入

C. 评定者可以对被评价者的绩效进行比较全面而深入的评价

D. 使考核因素尽可能量化，减少人为因素引起的考核标准不统一的问题

（4）（　　）使考核因素尽可能量化，减少人为因素引起的考核标准不统一的问题。

A. 减点评价法　　B. 等级择一法　　C. 综合评分法　　D. 正负评价法

（5）排序法有两种评定方式，一种是评定者把被评定者先按照各种要素从高到低排列出来，然后再汇总在一起，从而得出全体员工的整体排序。该评定方式为（　　）。

A. 要素排列　　B. 交替排列　　C. 条件排列　　D. 顺序排列

（6）强制正态分布法也称为硬性分配法，这种方法的理论基础是（　　）。

A. 员工的绩效是呈偏正态分布的　　B. 员工的绩效是呈正态分布的

C. 员工的绩效是呈正偏态分布的　　D. 员工的绩效是呈偏态分布的

（7）行为锚定等级评价法的目的主要是（　　）。

A. 通过观察记录被考核者在工作中极为成功或极为失败的事件，锚定被评价者的工

作绩效

B.通过建立与不同绩效水平相联系的行为锚定来对绩效维度加以具体的界定

C.通过建立与相同绩效水平相联系的行为锚定来对绩效维度加以具体的界定

D.通过观察记录被考核者在工作中一次成功或一次失败的事件，锚定被评价者的工作绩效

2.判断题

（1）关键事件法要求管理者将每位员工在工作中所表现出来的代表有效绩效的具体事例记录下来。（ ）

（2）指导记录法是指考核者把在何时、何地，对什么行为进行何种指导用“指导记录卡”记录下来，用于开发员工的能力。（ ）

（3）态度记录法中要求考核者观察记录的事实必须是与职务工作有关的，并能反映考核要素和考核要点。（ ）

（4）BARS通常不由公司领导、考核者及被考核者的代表、人力资源管理人员共同制定，而由外聘专家制定。（ ）

（5）人物比较法有两种形式：一种是综合人物比较法；另一种是分析人物比较法。（ ）

（6）个别组织为了应对强制正态分布法，想出的办法就是“轮流坐庄”——老好人战略，这体现了强制正态分布法的真正用意。（ ）

（7）配对比较法要求评定者把所有的被评价者两两进行比较，最后把被评价者按绩效高低排列起来。（ ）

（8）配对比较法对评定者来说操作很烦琐。（ ）

（9）排序法是指企业对部门内的员工进行排序。这是绝对考核法，即按工作标准进行考核的决定性手段。（ ）

3.问答题

（1）关键事件法的特点是什么？

（2）强制正态分布法的假设前提是什么？

（3）什么是行为锚定等级评价法？行为锚定等级量表的设计步骤有哪些？

（4）绩效考核的实施步骤有哪些？

（5）如何选择绩效考核的主体？

（6）如何确定绩效考核的周期？

4.实训题

请深入一个具体的企业，了解该企业在考核员工的过程中采用了哪些具体的措施和方法，写明员工的工作性质、工作岗位、考评的方法、考评的组织与实施，分析考核单位运用了哪些理论知识，得出员工最满意的和不满意的方面，撰写企业的绩效考核分析报告。

案例分析

硬性分配法绩效考评的难题

某公司又到了年终绩效考核的时候了，从主管人员到员工每个人都忐忑不安。公司采用强迫分布式的末位淘汰法，到年底，根据员工的表现，将每个部门的员工划分为A、B、C、D、E5个等级，分别占10%、20%、40%、20%、10%。如果员工有一次被排在最后一级，工资降一级；如果有两次排在最后一级，则需要暂离岗位进行培训，培训后根据考察的结果再决定是否上岗；如果上岗后再被排在最后10%，则被淘汰。培训期间只能领到基本生活费。

主管人员与员工对这种绩效考核方法都很有意见。财务部主管老高每年都为此煞费苦心。该部门是职能部门，大家都没有什么错误，工作都完成得很好，把谁评为E级都不合适。去年，小田因家里有事，请了几天假，有几次迟到了，但是也没耽误工作。老高没办法只好把小田报上去了。为此，小田到现在还耿耿于怀。今年又该把谁报上去呢？

请回答下列问题：

（1）请问财务部是否适合采用硬性分配法进行绩效考评？为什么？

（2）如果重新设计该公司财务部门的绩效考评方案，你认为应该注意哪些问题？

第五章课后练习题答案

第六章 绩效沟通、绩效辅导与绩效反馈

学习目标

通过本章的学习，应该掌握以下几个方面的内容：

1.绩效沟通的含义和内容；

2.绩效辅导的概念与方法；

3.绩效反馈的含义、原则与方法。

引导案例

A公司是一家中等规模的广告公司，员工总数在50人左右，下设总经理办公室、业务部、设计部、工程部等部门。由于公司实行部门经理负责制，并且没有单设人力资源管理部门，公司普通员工的招聘、录用和解聘手续基本上都是由部门经理一手操办。总经理李明一般只需要在最终决议上签名就行了，他对基层员工的个人情况也不甚了解，有的甚至连名字都叫不出。一直以来李明都奉行"充分放权"的原则，对各部门的内部管理基本上很少过问，与普通员工之间也很少进行单独谈话。

两年前，李明任命原总经理助理郑宏为业务部经理。从那以后，他发觉这个部门的人员流动性比原来大了许多，很多业务员做了不到半年就离职了，一些资深主管甚至元老级主管也相继离开了公司。虽然两年来该公司开拓了不少新的市场，也增加了一些经营业务，整体的盈利情况也还可以，但细心的李明发现一些长期合作的老主顾的名字先后从订单上消失了。此问题引起了李明的注意和思考，但碍于制度他又不好多问。

3个月前，在一次招标会上他偶遇了不久前刚从业务部辞职的项目主管小唐，现在小唐已经是另一家大型广告公司的部门经理。在聊天中小唐告诉李明，郑宏当总经理助理时的确干得很出色，但是他来主持业务部门的工作不合适。他不善于处理与下级的关系，对业务员付出艰苦努力争取来的客户，他总要想办法据为己有，对犯错的下属也过于苛刻，许多员工都是因为忍受不了这样的上级而最终选择了跳槽。

请问：A公司绩效管理的问题出在哪里？

第一节 绩效沟通

一、绩效沟通的含义

沟通是沟通者为了某一目的，运用一定的策略和手段，将某一信息（或意思）传递给客体或对象，以期获得客体相应的反应和反馈的整个过程。沟通的本质是换位思考，其基本要素是目标、信息源、受众、环境、信息、媒体、反馈。而绩效沟通则是指管理者与员

工在绩效管理过程中持续不断地讨论有关工作进展情况、潜在的障碍和问题、解决问题的办法措施、管理者如何帮助员工以及必要时修订绩效计划等的管理过程。管理者与下属之间能否持续地做好绩效沟通，是决定绩效管理能否发挥作用的重要因素。只有管理者与员工之间就各种绩效问题进行了充分的沟通，才有可能达到绩效管理的目的。

绩效沟通主要包括三个方面：

其一，绩效沟通是一种有效的沟通。管理者和员工就工作进展情况、存在的障碍和问题、可能的解决办法和措施等与员工进行沟通和交流，以保证员工工作绩效水平和效果。在沟通过程中，管理者必须知道计划执行的情况，下属要及时将绩效计划执行情况向上级反映，并且传递的信息应能被双方充分、准确理解。发出的信息被接受者充分理解才是真正有效的沟通。

其二，绩效沟通是一种持续的沟通。绩效沟通贯穿于整个绩效管理过程，它是其他环节的桥梁和纽带。在绩效管理的四个环节中，绩效沟通持续时间最长，但容易受到忽视。有时候绩效沟通的中断会导致管理者与下属之间产生各种各样的冲突，使绩效管理成为下属与管理者之间不断争执的重要原因。

其三，绩效沟通是一种平等的沟通。沟通的目的是思想和信息的传递，信息顺利传递的基础就是沟通主体在心理上的平等地位。双方要坚持换位思考，才能理解对方的立场和观点，找到最佳的沟通方式。持续沟通应该鼓励员工参与，强调员工自我评估、自我管理的作用。管理者高高在上，信息传递就不会通畅，即使有信息传递，信息本身的准确性和及时性也可能大打折扣。

二、　绩效沟通的目的

绩效沟通的目的广泛，如应对外部环境变化、传递公司战略、培养组织使命感、开发员工潜能、改善绩效以及提升整个组织的核心竞争力等。具体来说，绩效沟通的目的主要有以下几个方面：

（一）应对环境变化，保持工作过程的适应性

当今时代，变化成为永恒的主题，顾客、竞争和变革都处于剧烈动态变化之中，适时调整绩效计划以应对环境变化和公司战略变革的挑战，是绩效沟通的首要目的。任何组织在绩效周期开始时制订的绩效计划都有可能随着环境因素的变化变得不切实际或根本无法实现。例如，由于意外的困难或障碍的出现而不得不将业绩标准的数量降低或时限放宽；由于顾客需求的变化或由于竞争对手产品的变化而不得不改变自身产品的性能要求；各项工作目标的权重可能也会随着环境因素的改变而发生变动等。因此，在绩效实施过程中，需要管理者与员工保持积极有效的持续沟通，及时改变工作目标和工作重点，形成新的或不同的任务重要性次序，以保持工作过程的动态性、柔性和敏感性。

（二）获取信息，保持管理者对员工工作行为的导向性

组织中每个人都需要信息，尤其是与绩效有关的特定信息。离开这些信息，无论员工还是管理者，工作都会失去基本的方向和动力，更不可能持续产生组织期望的优秀表现与行为；员工和管理者所需要的这些特定信息只有在充分的、持续的绩效沟通中才能被挖掘出来。因此，绩效沟通的基本目的就是要使员工和管理者都能获取关于员工绩效

改进和提高的有价值的信息，以便双方达成理解与合作，并确保各自行为的正确与有效。当然，由于员工和管理者在绩效管理中的角色不同，他们在沟通过程中所获取的信息也是不同的。

1.员工在沟通中主要获取的信息

（1）了解他们的工作与其他人的工作、本单位的任务、组织使命及目标之间的关系，以便产生自豪感和激励。

（2）工作计划的安排有什么变化，是否需要调整，如果需要应该怎样调整。

（3）与员工有关的绩效反馈，相关部门的员工、客户及其他同事之间对员工有什么样的看法，应该怎样应对？

（4）关于员工工作好坏的评价，及时通过正确的渠道和方式反馈给他们，以便于员工获得鼓励与动力或及时调整自己。

（5）提高和成长的机会。通过与经理人员的充分沟通，员工在需要学习新知识、掌握新技能的情况下可以及时获得培训和发展的机会，从而不断完善自己的职业生涯。

2.经理从沟通中主要获取的信息

（1）了解员工的工作状态，以便制订工作计划和绩效目标。

（2）了解员工工作的进展情况，以便及时进行协调和调整。

（3）了解员工工作时碰到的困难和障碍，以便发挥自己的作用，帮助员工解决困难，提高绩效。

（4）解决绩效问题的途径和渠道。如果管理者与员工不能保持正常的沟通与交流，就不能准确掌握绩效信息，难以承担帮助和指导员工进步的责任，同时无法在绩效评估时对员工进行客观、公正的评价。

（5）帮助员工协调工作关系，使员工更加有信心做好本职工作。

总之，积极、充分、持续的绩效沟通，对员工和管理者获取各种信息、确保各自行为的正确与有效具有重要意义。

（三）实施管理，维持绩效管理系统的有效性

由于绩效管理是一个持续的沟通交流过程，沟通的目的是执行经理与员工之间达成的绩效计划或绩效契约，确保个人和组织“双赢”，因此，该过程是绩效管理过程的关键环节，它能将组织、员工和管理者真正融入绩效管理系统，稳定而有效地达成组织绩效目标。实施绩效管理，实现计划—监控—评估—反馈—面谈各环节的管理功能，保持绩效系统的稳定与有效，就需要员工和管理者的相互理解与共同合作，即需要双方进行持续的绩效沟通；若无绩效沟通，就谈不上绩效管理。

三、绩效沟通的方式

绩效沟通有口头形式与书面形式、会议形式与谈话形式、面对面沟通与网络即时沟通等各种方式。随着现代通信技术的飞速发展，人们越来越多地采用电子邮件、微信以及其他形式的网络沟通方式。各种沟通形式各有优缺点，其适合的情境也不尽相同，因此要针对具体情况选择合适的沟通形式。

绩效沟通形式可以分为正式沟通方式与非正式沟通方式两大类。

（一）正式沟通方式

正式沟通方式是指事先经过计划和安排，按照一定规则和方式正式进行的沟通方式。在绩效管理中，正式沟通方式又可以分为书面报告、定期面谈、会议沟通。

1.书面报告

书面报告是绩效管理中比较常用的一种正式沟通方式。报告形式多样，既有文字性的书面报告，又有结构化表格，还有文字、图形与表格的综合。报告内容丰富。书面报告有的是员工向主管人员汇报自身工作的进展情况的，也有个人向组织、下属向上级反映问题、申请资源、请示解决方案的。报告时间灵活，可以是定期的，也可以是不定期的。前者如工作日志、周报、月报、季报、年报；后者如临时性的请示报告。

表6-1是一种简单的结构化书面报告。

表6-1 **简单的结构化书面报告**

目标/工作任务	现　状	困难和问题	解决建议	需要的支持

书面报告的沟通方式有很多优点，主要包括：比较严谨，便于保存与核查，信息真实度高；有利于培养员工全面、系统思考问题的能力，增强思维的系统性和逻辑性；信息搜集效率较高，适合短时间内搜集大量员工工作状况；对于不在一地办公的管理者与员工，这种方式也非常方便和适用。

当然，书面报告也有自身的缺点，主要表现为：书面报告的信息是从员工单向传递至管理者，不是双向信息交流；书面报告一般来说文字量较大，容易引起员工反感和抵触，易使沟通流于形式；书面报告仅仅是单个员工与管理者之间的信息交流，在以团队合作为基础的组织中，没有发挥信息共享的作用，从而无法达到有效沟通的目的。

2.定期面谈

管理者与员工一对一的定期面谈是绩效沟通的另一种常见方式。在面谈前管理者应该提前给下属讲清楚面谈的目的和重点内容。比如，“市场竞争形势的新变化让我们不得不修改一个月前制定的工作目标了”。面谈中，重点要放在具体的工作任务和目标值上。例如，“最近几周以来我们部门的业绩完成情况总是不够理想，你觉得问题主要出在哪里？我们讨论一下如何才能找到一个好的解决办法”。要给员工充分的时间来思考和讲述问题；必要时，管理者可以进行适当的引导和讨论。面谈的最终结果是在管理者和员工之间就某一问题达成一致并得出解决方案。

定期面谈的优点是：一对一进行，沟通较为深入；可以对某些较为敏感和不便公开讨论的问题进行沟通；员工不易产生紧张情绪，气氛融洽；管理者可以对员工所提问题进行解释和答复。

定期面谈的缺点是：面谈容易带有个人感情色彩；团队运作模式下沟通效率较低。

3.会议沟通

由于书面报告不能提供面对面交流和及时讨论解决问题的手段，一对一的面谈又局限于两人之间，难以对共性问题达成一致意见，因此，有管理者参与的会议沟通自然成为另一种主要的沟通方式。通过会议沟通，员工和管理者可以直接探讨问题及其解决方案；可以使团队成员共享相关信息；管理者还可以借此机会传递公司理念、企业文化、发展战略和核心价值观等重要信息；同时，会议沟通中的良好氛围也有助于管理者和员工之间形成亲近与信任的关系。

但是，会议沟通的缺陷也很明显，主要包括：会议组织耗时费力，对管理者的管理沟通技能要求较高；有些绩效问题不便于在公开场合进行讨论，管理者需要对会议内容慎重选择；与会者参加会议的不同目的会导致对会议提供信息的需求不同，信息的选择性过滤影响沟通效果；会议时间与频率的不合理安排，会影响到员工正常工作的完成。

因此，要克服会议沟通的缺点，使之发挥应有的功能，必须切实做好会前的准备与会中的组织工作。

对于会前的准备，应主要围绕这样几个方面进行：明确会议的目的、主题和重点；会议的程序应围绕主题展开；会议的时间应尽量考虑与会者的工作限制；会议的具体场所和设施，要以沟通效果最大化为原则；与会议主题以及重点内容相关的资料应尽可能充分，如书面报告、光盘等；提前考虑好会议中可能出现的问题及其相应的解决方案。

对于会议组织问题，要做到科学性与艺术性的有机统一。其中，科学性体现在会议是在既定的主题和程序下按照逻辑展开的；艺术性则体现在会议氛围轻松愉快、演进方式自然和谐、会议节奏控制有度。这就要求对会议的开始、进程和结束应有很好的把握。

（1）启动会议。对会议沟通的重点、目的、程序和相关要求进行简明扼要的陈述，强调时间限制等因素，尽快引入议题。

（2）推进会议。会议应围绕主题按既定程序展开。主持会议的管理者在控制好会场气氛、时间和进程的前提下，引导所有与会者积极参与，充分发表意见，使会议沟通真正成为员工和管理者深度投入的讨论过程。同时，应做好会议记录，在会后要及时分发给相关与会者，这对于大家能够完整、清晰并长时间地共享会议信息是非常有效的。

（3）结束会议。会议该结束时及时结束。主持者可以通过作简单小结，对所有与会人员及相关工作人员表示感谢，也可议定下次会议的时间等要通知的事项。

（二）非正式沟通方式

除正式沟通方式之外的所有沟通方式都可以被称为非正式沟通。管理者与员工之间的有关工作进展的绩效沟通并非都是事先计划安排好的，也并不必须采取正式会议或书面沟通形式。事实上，在企业中存在诸如非正式的会议、闲聊、喝咖啡的间歇进行的交谈等多种非正式沟通方式，各种非正式沟通方式都有独特之处，从而被广泛应用。

常见的非正式沟通方式有：

1.非正式会议

非正式会议形式多样，如重要纪念日等的庆祝会、节假日的各类联欢会、员工生日宴会以及其他形式的聚会等。非正式会议的气氛多是轻松、愉快、和谐的，有利于管理者观察和接近员工，沟通交流比较自由、顺畅，能够获取许多在正式场合无法获取的个人和团队相关信息。

2.开放式办公

开放式办公主要是指管理人员的办公室随时向员工开放，只要没有客人在办公室，且不在开会的时候，员工随时可以进入办公室与主管人员讨论问题。我们可以看到，许多企业中主管人员的办公室是不设门的，只是用比较高的隔板隔开，这样做的目的是便于员工随时与其进行沟通。

开放式办公的一个优点就是将员工置于比较主动的位置上。员工可以选择自己愿意与主管沟通的时间与主管人员进行沟通，可以比较主动地主导沟通的内容。绩效管理是主管人员和员工双方的责任，员工主动与主管人员进行沟通是他们认识到自己在绩效管理中的责任的表现，而且沟通的主动性增强也会使整个团队的氛围得到改善。

3.走动式管理

走动式管理是指主管人员在员工工作期间不时地到员工的座位附近走动，与员工进行交流，或者解决员工提出的问题。走动式管理是比较常用的也是比较容易奏效的一种沟通方式。有的员工说："我就特别喜欢老板不时地走到我的座位旁，拍一下我的肩膀，对我问上一句'怎么样？'"员工往往不喜欢老板整天坐在自己的办公室里，不与自己说一句话。主管人员对员工及时的问候和关心本身并不能解决工作中的难题，但足以使员工感到压力的减轻，感到鼓舞和激励。

主管人员在走动式管理的过程中应注意不要对员工具体的工作行为过多干涉，不要对他们指手画脚、品头论足，否则的话就会给员工一种突然检查工作的感觉，员工容易产生心理压力和逆反情绪。

4.工作闲暇时的沟通

管理者可以利用工作闲暇与员工进行沟通，如与员工共进晚餐、喝咖啡时聊聊天、休息日或旅游时打个电话或发个电子邮件等。这和交流方式不一定能解决重大的绩效问题，却对管理者建立和维护良好的人际关系非常有利，有利于把问题消除在萌芽状态，也为在以后的正式沟通中解决实质性的问题创造了良好的条件。尤其是年轻员工大多很喜欢这种方式，他们对有管理者参加的只有20分钟喝咖啡时的交谈比任何长时间的正式会议会感到更满意。

在实际交流沟通过程中，组织应根据实际情况选择一种或者多种正式沟通与非正式沟通方式。

四、 绩效沟通的原则和技巧

绩效沟通是技术要求较高的一种沟通，在具体的绩效沟通实践过程中，既要遵循一定的沟通原则，还要熟练掌握各种沟通技巧和方法，这样才能保证持续绩效沟通的效果。这方面的资料很多，这里只就基本的原则和技巧进行简要介绍，详细内容可参阅相关管理培训教材和沟通技巧培训教材之类的资料。

（一）绩效沟通的原则

1.对事不对人原则

对事不对人原则要求沟通双方应针对问题本身提出看法，充分维护他人的自尊，不轻易对人下结论，从解决问题的目的出发进行沟通。而人身导向的沟通则更多地关注人的因素，从而偏离了要解决的问题。人身导向的沟通往往会带来很多负面的影响。

2.责任导向原则

责任导向原则就是在沟通中引导对方承担责任。要确立责任导向，就要采用自我显性的沟通方式，避免采用自我隐性的沟通方式逃避责任，更好地与对方建立联系，表达合作与协作的意愿。

3.事实导向原则

事实导向原则是在沟通过程中表现为以描述事实为主要内容，尤其适用于管理者指出下级的缺点和错误之时。在沟通中，通过坚持事实导向，防止进行人身攻击，可以避免对双方的关系产生破坏作用。

（二）绩效沟通的技巧

（1）沟通时态度应该坦诚，给员工以信任感和安全感，不可使用带威胁性的词语，以询问的方式进行，通过询问获取员工的更多信息，以便帮助员工解决问题。

（2）沟通时应该具体，尽量获得与员工绩效有关的具体信息（表扬时应指出员工在哪一点上做得好，反映了员工的哪方面品质，其所带来的影响如何）。

（3）要让员工知道自己的想法和需要，以便于员工更好地配合工作，不能简单地认为员工应该知道自己的想法，想当然在这里有百害而无一利。

（4）不能仅仅看到问题，更要看到成绩，鼓励多于批评的沟通才更加有效，更具前瞻性，更符合绩效管理的原则。

（5）注意倾听，少说多听是沟通的又一个重要的技巧，因为多听才能获得更多需要的信息。

（6）沟通应及时，出现问题及时组织沟通，消极等待只能使事情更加恶化，后果更加不可想象。

（7）沟通应具有建设性，对于沟通的结果，管理者应提出建设性的意见，以帮助员工更好地调整自己，更好地实现绩效目标。

沟通作为一个重要的管理技巧，在管理活动中的运用非常广泛，其所带来的影响也非常大，管理者应该结合自己的管理实践不断探索和提高沟通技巧，以更高的效率获得更大收益。

第二节　绩效辅导

一、　绩效辅导的含义

辅导是一种行为意识、沟通方式、管理风格。它是问而非说，是倾听而非诉说，是授权而非命令。绩效辅导（performance coaching）就是指在绩效实施过程中，管理者根据绩效计划，采取恰当的领导风格，对下属进行持续的指导，确保员工工作不偏离组织战略目标，并提高其绩效周期内的绩效水平以及胜任素质的过程。

也有人把它定义为：绩效辅导是在绩效管理实施过程中，对员工进行的一种有计划、有目标、有步骤的帮助、训练、培育和提升的活动。绩效辅导是联结绩效计划和绩效考核的中间环节，这个环节贯穿整个绩效管理周期。特别是当员工的表现不尽如人意时，经理应采取必要的方法对员工进行单独辅导，以帮助员工顺利实现绩效计划目标。

在绩效辅导中，管理者应当是启发思路，判断正误，充当职业导师的教练；管理者也应当是解决难题，提供帮助，鼓舞士气的合作伙伴；管理者还应当是加强沟通，衔接工作关系，排解纠纷的协调人。绩效辅导，是体现管理者管理水平和领导艺术的主要环节，这个过程的好坏直接影响最终业绩的高低。

二、绩效辅导沟通的必要性

（一）管理者需要掌握员工工作进展状况，提高员工的工作绩效

管理者和员工多次沟通达成绩效契约后，不等于员工的绩效计划必定能顺利完成，作为管理者应及时掌握下属工作进展情况，了解员工在工作中的表现和遇到的困难，及时发现和纠正偏差，避免小错误、小偏差的累积酿成大错或造成无法挽回的损失，同时及时发现高绩效行为，总结推广先进工作经验，使部门甚至整个组织所有员工绩效都得到提高。另外，掌握员工的工作状况，有利于绩效考核期期末对员工进行公正、客观的考核评估。有效的绩效考核指标是结果性指标和过程控制指标的结合，管理者只有对下属工作过程清楚了解才能对其进行正确的考核评价。掌握、积累下属的绩效资料，可以使绩效考评更真实、可信，避免偏差；同时可节省绩效评估的时间，降低绩效考核的难度。

进行绩效辅导有助于员工及时发现自己或他人工作中的优点、问题与不足，帮助员工相互促进、互助提高，有利于加强团队内的相互沟通，避免工作中的误解或矛盾，创造良好的团队工作氛围，提高整体的工作效率。

（二）员工需要管理者对工作进行评价和辅导支持

员工希望在工作中不断得到自己绩效的反馈信息，希望及时得到管理者的评价，以便不断提高自己的绩效和发展自己的能力素质。肯定员工工作成绩并给予明确的赞赏，维护和进一步提高员工的工作积极性是非常重要的。如果员工干得比较好，得到肯定评价的员工必然会更加努力期望获得更大的成绩；如果工作中存在较多问题，及时指出工作中的缺陷有利于员工迅速调整工作方式、方法，逐步提高绩效。

管理者应及时协调各方面的资源，对下属工作进行辅导支持。由于工作环境和条件的变化，在工作过程中，员工可能会遇到在制订绩效计划时没有预期到的困难和障碍。这时员工应该及时得到帮助和资源支持，一个称职的管理者不能抱怨员工的工作能力差，对下属进行工作指导是管理者的重要职责之一，管理者应在职权范围内合理调动各方资源，对下属工作进行支持；如果某些事项超过自己的职责权限，管理者应将实际情况上报给有关决策者，尽快解决下属工作中的问题。

（三）必要时对绩效计划进行调整

绩效计划是基于对外部环境和内部条件的判断后，在管理者和员工取得共识的基础上制订的。外部环境是不断变化的，公司的内部资源是有限的，因此在绩效考核周期开始时制订的绩效计划很可能变得不切实际或无法实现。例如，由于市场竞争环境的变化，将使本公司的产品价格政策发生变化，从而导致公司产品销售量和销售额的目标发生变化；由

于一个技术障碍无法有效解决，可能导致公司产品不能及时上市，因此应及时调整产品开发计划；由于公司战略调整，原定的工作目标及重点都将失去意义，因此绩效目标中的相应内容应该及时进行调整。通过绩效实施过程中管理者和员工的沟通，可以对绩效计划进行调整，使之更加适合外部环境以及内部条件的变化。

绩效辅导能够前瞻性地发现问题并在问题扩大之前解决，能把管理者与员工紧密联系在一起，管理者与员工经常就存在和可能存在的问题进行讨论，共同解决问题，排除障碍，达到共同进步和共同提高的目的，从而提高员工满意度、建立信任感和建设高绩效组织或团队。

绩效辅导的根本目的就在于对员工实施绩效计划的过程进行有效的管理，只要过程都是在可控范围之内，结果就不会出太大的意外。没有意外的管理就是有效的管理。

三、绩效辅导的实施

（一）绩效辅导准备

1.了解企业人力资源相关制度

要了解企业人力资源相关制度，比如人力资源规划、岗位管理制度、绩效管理制度、培训管理体系、能力素质模型、薪酬福利制度、职业发展体系等。

2.选择合适的绩效辅导类型

（1）具体指示。对于那些对完成工作所需的知识及能力较缺乏的员工，常常需要给予具体指示型的指导，将做事的方式分步传授并跟踪完成情况。

（2）方向引导。对于那些具有完成工作的相关知识及技能，但偶尔遇到特定的情况不知所措的员工给予适当的点拨及大方向的指引。

（3）鼓励。对于那些具有较完善的知识及专业化技能的人员给予一些鼓励或建议，以得到更好的效果。

有效的辅导不仅在于采用的辅导类型，还在于辅导的形式。绩效辅导是绩效沟通的重要组成部分，因此在绩效管理中采用的正式沟通方式，比如书面报告、会议沟通和一对一面谈沟通等都可采用。比如，可以采用工作业绩回顾会的形式。工作绩效回顾会是由各部门形成绩效回顾总结材料，介绍部门总体目标完成情况及主要差距等，被考核者汇报业绩目标完成情况，介绍下一考核周期的工作计划，通过对各部门进行咨询，提出改进意见，并对提出的问题进行答复，对完成情况进行总结，提出对下一考核周期工作的期望与要求，最后形成工作业绩回顾情况表。

3.把握绩效辅导的时机

为了对员工进行有效的辅导，帮助员工发现和解决问题，更好地实现绩效目标，管理者必须掌握进行辅导的时机，确保及时、有效地对员工进行辅导。一般来说，在以下时机进行辅导会获得较好效果：

（1）正在学习新技能时。

（2）正在从事一项任务，而管理者认为如果员工采取其他方法能够更加有效地完成任务时。

（3）被安排参与一项大的或非同寻常的项目时。

（4）面临新的职业发展机会时。

（5）未能按照标准完成任务时。

（6）对工作的重要性程度区分不清时。

（7）刚结束培训学习时。

（二）绩效辅导的内容

绩效辅导是绩效管理过程中占用时间最长的一个环节，也是绩效管理最重要的环节。绩效辅导应由人力资源部总体协调，员工直属管理者执行，帮助员工成长是管理者义不容辞的责任。绩效辅导贯穿于绩效管理的全过程，在每次进行时，管理者都应该明确以下问题：

（1）所定的工作目标进展如何？

（2）哪些方面进行得好？

（3）哪些方面需要进一步改善和提高？

（4）员工是否在朝着既定的绩效目标前进？

（5）为使员工更好地完成绩效目标，需要做哪些改善？

（6）在提高员工的知识、技能和经验方面，管理者需要做哪些工作？

（7）是否需要对员工的绩效目标进行调整，如果需要，怎样调整？

（8）管理者与员工在哪些方面达成了一致？

（9）管理者与员工需要在哪些方面进行进一步的沟通、探讨？

企业中管理者可以说和教练是一样的，就是要把一群人纳入一个有效的团队来共同完成任务，同时也要辅助团队中的每个人实现他们的目标。为了改进员工的工作绩效，可以采用两种途径对员工进行辅导：一种是日常辅导；另一种是绩效改进辅导。

日常辅导主要是指在平时的工作和生活中，随时随地对员工进行指导。当员工犯了错误时，立即给予纠正；当员工表现出色时，给予及时的表扬和鼓励，使其继续发扬优点。通过这种日常的辅导，可以密切与下属的关系。

日常辅导是讨论员工工作表现的基础，而有关绩效改进的辅导则是有计划的行动，是根据详细的绩效改进计划书和时间进度安排，对员工进行必要的辅导和帮助。在绩效管理工作中，作为管理者，应该重视在日常工作中对下属的培养。要经常带头与下属讨论工作，并及时对下属的工作和绩效改进事宜予以忠告和辅导。作为管理者如果不能有效地辅导下属改进工作，就不是一个完全称职的管理者。

（三）绩效辅导的步骤

（1）强调辅导的目的和重要性。用一种积极的方式来开始辅导，强调员工的想法对此次讨论的意义。描述一下将要讨论的具体内容以及为什么要讨论此项问题。

（2）询问具体情况。利用此机会更多地收集真实的情况。收集的情况越具体真实，辅导也就越有效。可以用开放式问题来收集具体的信息，征求员工对此问题的认识及想法。最后总结一下以确认已对所有事实有清楚的了解。

（3）商议期望达成的结果。在确认事实的基础上开始商议期望达到的结果是什么。可能是下属需有更多的投入，改进沟通技能，或减少迟到等，确保这些理想的结果与完成的绩效指标或工作目标紧密相关。双方对最终想获得的结果，有一个共同的认识是至关重要的。如果双方对想达到的结果意见不一致就会对为达到结果所采取的有效工作方式产生分歧。

（4）讨论可采用的解决问题的方法。在对理想结果取得一致认可的基础上，开始讨论用什么样的方法来实现目标。这是辅导的关键因素，你可以询问：

那你将采用什么方法来处理……？

如果……你将怎么办？

如果……你将怎么说？

当有几种解决问题的方法时，开诚布公地讨论每种方法的利弊，尽量多地采用下属人员提出的方案，双方认可为实现理想的目标应采取的步骤和方法，确认双方都理解了将要采取的步骤及方法。

（5）设定下次讨论时间。在结束讨论之前指定一个下次讨论的时间，让下属人员感觉到你始终关注他/她这方面的改进情况。

总之，绩效辅导是绩效管理中的关键环节，管理者要想使绩效管理真正产生效果，就必须在绩效辅导上多花些时间。

（四）绩效辅导的后续事项、问题及建议

1.绩效辅导的后续事项

（1）有效的辅导包括对工作进展和结果的适时跟踪和检查。

（2）提供员工所需要的培训。

（3）对出色的表现进行认可或奖励；对不足之处及时给出改进意见。

（4）适当调整行动计划以满足绩效目标的要求。

（5）提供你的观察结果并积极地肯定工作进展。

（6）持续地寻找是否需要进一步的反馈和辅导工作。

2.绩效辅导中应该避免的问题

（1）等到考核时才和员工讨论业绩表现上的问题和需要提高的方面。

（2）没有对员工日常表现进行相应记录。

（3）在辅导中，不给员工讲话的机会。

（4）对员工的情绪表达予以不恰当的评论。

（5）以公司的政策为由对员工予以驳斥。

（6）在对员工辅导后没有后续措施。

3.对绩效辅导工作的建议

（1）应在日常工作中根据需要提供绩效辅导。

（2）对员工的表现进行记录或将相关资料存档。

（3）采取角色扮演的方式准备辅导沟通。

（4）与其他管理人员分享绩效辅导中的经验。

四、一种重要的绩效指导模式——中期回顾

（一）中期回顾的目的和意义

中期回顾的目的与日常工作中经常性辅导是相同的，可以理解为是一次较正式的跟踪

辅导，提供必要的辅导以确保员工能达到或超越既定的绩效指标及工作计划。绩效管理系统通常应该设置中期回顾，比如，在年初计划了绩效指标或工作目标180天后有一次回顾，最终年末进行综合绩效评估考核。

有效地进行中期回顾可表示上级帮助下级完成绩效指标或工作目标的诚意。上级人员并非担任一种裁判员的角色来判别下属是否完成目标，而是承担了教练员的角色来帮助下属成功。为了保证年度绩效考核指标的实现，经理要定期了解员工绩效计划完成情况，根据管理幅度、工作运行周期和不同指标的特点，对绩效计划指标的进展区别不同情况实行日报、月报、季报或年报，并采取工作进度汇报分析会、辅导会或书面通知等方式，使这项工作制度化、规范化。

（二）中期回顾的准备工作——收集绩效计划执行结果

1.数据收集的程序

人力资源部于每个月末或季度末给有关职能部门或下一级单位人力资源部下达书面通知，对数据收集提出具体要求，于每个月或季度末将员工绩效计划完成情况数据报有关业务管理部门审核，然后报人力资源部。

2.数据收集的角色分配

人力资源部负责收集数据并汇总；职能部门或相关业务部门负责业务指标的审计确认，保证数据的真实、可靠，最后将审定后的数据报人力资源部。

3.关键绩效指标的数据收集方式

人力资源部于每季度末下达一次收集通知，组织各级部门上报一次关键绩效指标的完成情况。

财务类和市场类的关键绩效指标数据，一般由本单位综合职能部门和业务部门负责提供。内部营运类和学习发展类的关键绩效指标数据，由相关部门提供，或采取问卷、测评等方法获取。对于那些需要采取问卷、测评等方法才能获取的指标，如客户服务满意度、职工队伍稳定度等采集难度比较大、成本比较高，可视其重要性或工作需要适当降低采集的频率。

4.工作目标完成效果的收集方式

人力资源部于每半年末下达一次收集通知，组织各级部门上报一次工作目标完成情况的材料，上下级双方都可以整理或收集一些下属人员绩效完成情况以及工作方式、行为、能力方面的信息，判断年终完成绩效计划的可能性。

5.数据收集过程中应注意的问题

为保证数据收集结果的真实性和可靠性，对上报的考核指标数据，必须经过严格审查、审计，也可采取个别谈话、征求客户意见、审查工作报告、调阅有关材料和数据、听取监督部门意见等方式，对所收集的数据进行核查，发现数据与事实不符或有舞弊行为的，要及时采取措施予以更正。需要平衡调整的，按程序报批。对出现的虚报浮夸、弄虚作假等问题要及时进行调查核实，凡情况属实的，要采取果断措施，及时予以纠正、处理。

（三）个人绩效反馈

绩效计划执行情况收集完成后，人力资源部要组织有关部门对绩效计划完成情况进行全面的综合分析，并对每个员工的绩效完成情况进行阶段性评估，并以书面形式向员工反馈。反馈的主要内容应包括经理审核后的考核结果，并根据其绩效完成情况，肯定成绩，指出问题和不足，提出改进工作的建议和要求，帮助员工制订绩效改进计划，并与绩效计划一并存入个人绩效档案，作为年度考核的依据。员工如对考核评价结果存有异议，可按管理权限逐级反映；如需要更改，按程序审批。

绩效考核结果可按管理权限逐级进行反馈。正职由其上一级正职（或正职授权的分管副职）反馈，副职由正职反馈。

最有效的绩效反馈形式是上下级人员间的中期回顾会议，这也是绩效管理系统中设置中期回顾的根本原因所在，即促使上级在百忙之中抽出时间与下属人员进行绩效沟通。会议中可讨论完成绩效指标或工作目标的进展情况，讨论个人行为方式或能力表现情况，讨论一个改进绩效或改进能力的行动计划。

（四）绩效计划的目标调整

一般情况下，员工个人的绩效计划目标每年核定一次；一经确定，一般不进行调整。如果在计划执行过程中或绩效辅导过程中发现，由于企业业务发展计划的变更、组织结构的调整、市场外部环境的重大变化，或遇到一些不可抗力等非个人主观因素，绩效目标确实难以完成，需要调整的，员工可以向经理提出书面申请，由人力资源部组织有关职能部门重新审定，并经高层管理者批准后，进行适当调整；未获批准的，仍以原目标和标准为准。

第三节　绩效反馈

一、绩效反馈的含义

绩效沟通是随时随地的，而绩效反馈是绩效沟通中最重要的形式，往往是随时性的或者在每一次绩效考核结束后进行。

绩效反馈是为了达成设定的目标、实现业绩成果而采取的改善不理想的行为表现、巩固加强优良行为表现的沟通过程。

很多人认为绩效考核之后，绩效管理就结束了，这种认识是非常片面和有害的。绩效考核后，管理者应重视绩效反馈与沟通。

绩效反馈主要就是告诉员工绩效考核的结果，哪些做得好，哪些出了问题，应该如何进行改善。

绩效反馈是绩效管理过程中的一个重要环节。它主要通过考核者与被考核者之间的沟通，就被考核者在考核周期内的绩效情况进行面谈，在肯定成绩的同时，找出工作中的不足并加以改进。绩效反馈的目的是让员工了解自己在本绩效周期内的业绩是否达到所定的目标，行为态度是否合格，让管理者和员工双方达成对评估结果的共识；双方共同探讨绩效未合格的原因所在并制订绩效改进计划；管理者向员工传达组织的期望，双方对绩效周期的目标进行探讨，最终形成一个绩效合约，如图6-1所示。由于绩效反馈在绩效考核结束后实施，而且是考核者和被考核者之间的直接对话，因此，有效的绩效反馈对绩效管理起着至关重要的作用。

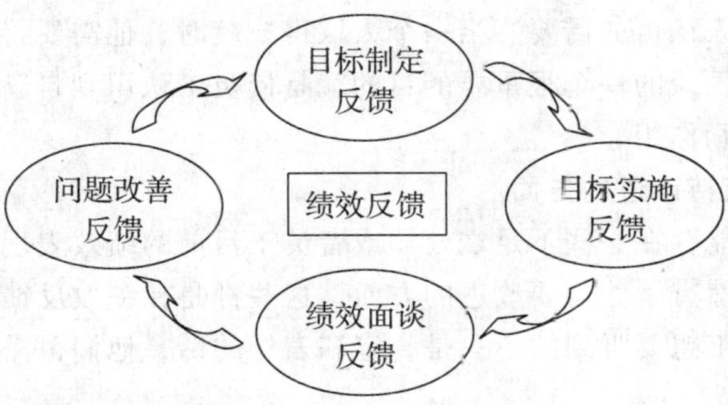

图6-1　绩效反馈的内容

二、绩效反馈的重要性

绩效反馈是绩效考核的最后一步，是由员工和管理人员一起回顾和讨论考核的结果。如果不将考核结果反馈给被考核者，考核将失去极为重要的激励、奖惩和培训的功能。因此，有效的绩效反馈对绩效管理起着至关重要的作用。

（一）绩效反馈是提高绩效的保证

绩效考核结束后，当被考核者接到考核结果通知单时，在很大程度上并不了解考核结果的来由，这时就需要考核者就考核的全过程，特别是被考核者的绩效情况进行详细介绍，指出被考核者的优缺点，并对被考核者的绩效提出改进建议。

（二）绩效反馈是增强竞争力的手段

任何一个团队都存在两个目标：团队目标和个体目标。个体目标与团队目标一致，能够促进团队的不断进步；反之，就会产生负面影响。在这两者之间，团队目标占主导地位，个体目标属于从属的地位。

（三）绩效反馈是考核公正的基础

绩效反馈让员工成为主动因素，使员工不但拥有知情权，更有了发言权。同时，通过绩效申诉，有效降低考核过程中不公正因素带来的负面效应，对完善绩效管理体系也有积极作用。

三、绩效反馈面谈的目的

有些企业不是很重视绩效反馈面谈这个环节，往往认为填写完评估表格、算出绩效评估的分数就算是绩效评估结束了。其实，仅仅作完评估还不够，还不能达到让被评估者改进绩效的目的。那么，怎样才能让被评估者了解自己的绩效状况呢？怎样才能将管理者的期望传递给被管理者呢？必须通过绩效反馈面谈进行沟通。绩效反馈面谈的主要目的是：

（一）对被评估者的表现达成双方一致的看法

对同样的行为表现，往往不同的人会有不同的看法。管理人员对员工的评估代表的是管理人员的看法，而员工可能会对自己的绩效有另外的看法，因此，必须进行沟通以达成一致的看法，这样才能制订下一步的绩效改进计划。

（二）使员工认识到自己的成就和优点

每个人都有被他人认可的需要。当一个人取得成就时，他需要得到其他人的承认或肯定。因此，绩效反馈面谈的一个很重要的目的就是使员工认识到自己的成就或优点，从而对员工起到积极的激励作用。

（三）指出员工有待改进的方面

员工的绩效中可能存在一些不足之处，或者员工目前的绩效表现比较优秀，但如果今后想要做得更好，仍然有一些需要改进的方面，这些都是在绩效反馈面谈的过程中应该指出的。通常来说，员工想要听到的不只是肯定和表扬的话，他们也需要有人中肯地指出其有待改进的方面。

（四）制订绩效改进计划

在双方对绩效评定的结果达成一致意见之后，员工和管理人员可以在绩效反馈面谈的过程中一同制订绩效改进计划。通过绩效反馈面谈，双方可以充分地沟通关于改进绩效的方法和具体的计划。员工可以提出自己的绩效改进计划，并且向经理人员提出自己需要他提供怎样的支持，以及如何让经理人员得到自己的绩效改进信息。经理人员则对员工如何改进绩效提供自己的建议。

（五）协商下一个绩效管理周期的目标与绩效标准

绩效管理是一个往复不断的循环。一个绩效管理周期的结束，同时也是下一个绩效管理周期的开始。因此，上一个绩效管理周期的绩效反馈面谈可以与下一个绩效管理周期的绩效计划面谈合并在一起进行。由于刚刚讨论完员工在本绩效管理周期中的绩效结果以及绩效的改进计划，因此，在制定绩效目标的时候就可以参照上一个绩效周期中的结果和存在的待改进的问题来制定，这样既能有的放矢地使员工的绩效得到改进，又可以使绩效管理活动连贯地进行。

四、绩效反馈的原则

由于组织内存在岗位分工的不同和专业化程度的差异，所以在主管与员工之间存在信息不对称的情形。为了不断提升员工关注的层级，努力实现组织内评估双方的信息均衡分布，在主管与员工之间进行反馈沟通应该是经常的、及时的，并应该把握和遵循以下几个原则：

（一）直接、具体原则

面谈交流要直接而具体，不能进行泛泛的、抽象的一般性评价。对于主管来说，无论是赞扬还是批评，都应有具体、客观的结果或事实来支持，使员工明白哪些地方做得好，差距与缺点在哪里，既有说服力又让员工明白主管对自己的关注。如果员工对绩效评估有不满或质疑的地方，向主管进行申辩或解释，也需要具体客观的事实作基础。只有信息传递双方交流的是具体、准确的事实，每一方所进行的选择对另一方才算是公平的，评估与反馈才是有效的。

（二）激励表达原则

面谈是一种双向的沟通，为了获得对方的真实想法，主管应当鼓励员工多说话，充分表达自己的观点。因为思维习惯的定向性，主管似乎常常处于发话、下指令的角色，员工是在被动地接受；有时主管得到的信息不一定就是真实情况，下属迫不及待地表达，主管不应打断与压制；对员工好的建议应充分肯定，也要承认自己有待改进的地方，一同制定双方发展、改进的目标。

（三）基于工作原则

绩效反馈面谈中涉及的是工作绩效，是工作的一些事实表现，员工是怎么做的，采取了哪些行动与措施，效果如何，而不应讨论员工个人的性格。员工的优点与不足都是在工作完成中体现出来的。性格特点本身没有优劣好坏之分，不应作为评估绩效的依据；对于关键性的、影响绩效的性格特征需要指出来，必须是出于真诚地关注员工与发展的考虑，且不应将它作为指责的焦点。

（四）分析原因原则

绩效反馈面谈需要指出员工的不足之处，但不需要批评，应立足于帮助员工改进不足之处，指出绩效未达成的原因。出于人的自卫心理，在绩效反馈面谈中面对批评，员工马上会进行抵抗，使得面谈无法深入下去。但主管如果从了解员工工作中的实际情形和困难入手，分析绩效未达成的种种原因，并试图给以辅助、建议，员工是能接受主管的意见甚至批评的，绩效反馈面谈也不会出现攻守相抗的困境。

（五）相互信任原则

没有信任，就没有交流，缺乏信任的面谈会使双方都感到紧张、烦躁，不敢放开说话，充满冷漠、敌意。绩效反馈面谈是主管与员工双方的沟通过程，要想顺利地进行，达到理解和达成共识，就必须有一种彼此信任的氛围。主管人员应多倾听员工的想法与观点，尊重对方；向员工沟通清楚原则和事实，多站在员工的角度，设身处地为员工着想，勇于当面向员工承认自己的错误与过失，努力赢得员工的理解与信任。

五、 绩效反馈的内容

（一）工作业绩

工作业绩的综合完成情况是主管进行绩效面谈时最为重要的内容，在面谈时应将评估结果及时反馈给下属。如果下属对绩效评估的结果有异议，主管则需要和下属一起回顾上一绩效周期的绩效计划和绩效标准，并详细地向下属介绍绩效评估的理由。通过对绩效结果的反馈，结合绩效达成的经验，找出绩效未能有效达成的原因，为以后更好地完成工作打下基础。

（二）行为表现

除了绩效结果以外，主管还应关注下属的行为表现，如工作态度、工作能力等。对工作态度和工作能力的关注可以帮助下属更好地完善自己，提高员工的技能，也有助于帮助员工进行职业生涯规划。

（三）改进措施

绩效考核的最终目的是改善绩效。在面谈过程中，针对下属未能有效完成的绩效计划，主管应该和下属一起分析绩效不佳的原因，并设法帮助下属提出具体的绩效改进措施。

（四）新的目标

绩效面谈作为绩效管理流程中的最后环节，主管应在这个环节中综合上一绩效周期的绩效计划完成情况，结合下属新的工作任务，和下属一起提出下一绩效周期中的新的工作目标和工作标准。这实际上是帮助下属一起制订新的绩效计划。面谈工作表格见表6-2。

表6-2 **面谈工作表格**

面谈主题	

当前绩效

项　目	内　容	原　因
主要强项		
主要弱项		

下一步行动方案

差　距	下阶段目标	行动方案	负责人	改进所需时间	所需支持

事业机会、职务安排、培训建议

六、绩效反馈面谈实施的步骤

（一）营造气氛和明确目的

在融洽的气氛和舒适的环境下进行绩效面谈，比较容易得到真实的结果。在会议之前，要再次强调一下会议目的以及会议进程，以便于大家集中精力于重点领域。

（二）利用绩效计划和评价表进行评价

绩效计划和评价表是管理者进行绩效评价的依据和标准，将员工的工作绩效与之比较，就能确定是否达到了绩效标准和绩效目标。在此过程中，管理者的绩效评价结果要与员工的自我评价结果进行比较，通过面谈消除分歧，达成共识。

（三）开始绩效诊断

绩效诊断一般来说是对不良的绩效结果寻找原因、弄清障碍和找出答案的过程。问题的关键在于弄清情况，而不在于责备和批评。同时，对于特别优秀的绩效结果也要分析原因、总结经验，以利于保持和带动其他员工提高绩效水平。

（四）制订行动计划

行动计划就是对于如何改进不良绩效所进行的设定目标、策略、进度以及达成目标所需资源的一系列安排。行动计划是绩效改进工作的必要准备。没有计划，绩效改进工作将会迷失方向和标准。管理者和员工应该就相关绩效问题达成一致。

（五）将面谈结果做成文档

现在已经完成了绩效面谈的大部分工作，然后就是将交谈和评价结果做成文档存档。许多公司将绩效面谈或评价会议的文档作为个人档案的一部分，因此管理者和员工在这个文档上签名是必要的。

（六）后续工作安排

有时一次会议或面谈不能完成全部工作。特别是存在重大分歧时，安排后续面谈会议是保证管理者和员工达成一致的有效方法。特别是在完成评价过程后，接下来就是安排新的考核周期的绩效计划会议的时间。一般而言，将上一绩效评价会议的时间与新的考核周期的绩效计划会议的时间安排得越近越好。

七、评估面谈的成功标准

衡量评估面谈是否成功的标准概括起来有以下两个方面：

（一）员工对评估面谈的满意度

一项研究显示，员工是否对绩效评估面谈表示满意，在很大程度上取决于以下三个方面的情况：

（1）在面谈过程中不会感到威胁。

（2）有机会表达自己的意见和感受，并对面谈的过程有所影响。

（3）有一位乐于助人和富有建设性的上级主管来主持面谈。

（二）员工未来工作绩效的改进程度

绩效评估面谈的目标并非仅仅让员工对面谈感到满意，主要目标应是使他们改进将来的工作绩效。从这方面来说，下列做法通常是有效的：

（1）与员工一起设法解决现有工作中的具体问题。

（2）与员工一起设立可以衡量的工作目标。

（3）与员工一起制订达到这些目标的行动计划。

（4）与员工一起落实新的行动计划。

八、面谈反馈技巧

不管面谈反馈在什么时间、场所，以何种方式进行，过去的行为已不能改变，而未来的业绩与发展则是努力的目标。面谈反馈应尽量传递给员工鼓励、振奋的信息，使员工摆脱信息劣势，与主管一道以平等、受尊重的心态制定下一个绩效周期的发展目标与可行方案，实现组织目标与员工个人发展，这才是绩效面谈反馈的最大成功。在实施绩效评估的过程中，尤其是在评估面谈中，评估者良好的具体沟通技巧也是有效反馈绩效评估结果的前提。沟通的技巧见表6-3。

表6-3 **沟通的技巧**

沟通技巧	益 处	具体表现	举例说明
非语言的关照	表示有兴趣，且在认真地倾听	评估者的坐姿要求上身自然微微前倾，与被评估者有目光接触，且说话的语速缓慢，具有抚慰作用	在被评估的员工说话时，评估者要正视被评估者，并不断轻轻地点头表示感兴趣
开放式和封闭式的问题	适时地采用开放式和封闭式的问题能够保证在面谈时沟通的顺畅	1.开放式的问题鼓励信息共享，且适合在面谈开始时或在复杂和不明确的情况下使用； 2.封闭式的问题的回答可以非常简短，且在集中说明问题的情况下非常有用	1.开放式的问题一般是“能……”“将……”“如何……”“什么……”“为什么……”等； 2.封闭式的问题为一般疑问句，即“是不是……”的问题
释义	释义表明评估者正在积极地倾听被评估者的阐述	释义是用自己的话重新准确地说明其他人已经说过的话，应该真实且没有偏见	评估者可以说：“如果我没有说错的话……”“您说的是……”最后加上：“是这样吗?”“这是您要说的吗?”
情绪反应	情绪反应表明评估者在努力理解工作场所的情绪方面的问题。情绪反应的移情作用和敏感性会打开沟通的大门，并且会使面谈更加有针对性	与释义相似，情绪反应实际上是评估者对被评估者的情绪的一种表述。这个技巧在使用时要谨慎	评估者可以开始就说：“听起来您感觉……”最后再说：“是这样吗?”
文化敏感性	当评估者对文化差异可能产生的影响敏感时，沟通会更有效	评估者要关注对被评估者的沟通以及对评估者自己的沟通产生影响的那些文化差异	如果被评估者来自一个拥有非常正式的文化的地区，评估者应避免在工作场所直呼其名，因为这样做可能会被理解为不尊重他人

课后练习题

1.选择题

（1）通过管理者与员工持续的沟通，观测、预防或解决绩效考核周期内可能存在的问题，更好地完成绩效计划的过程被称为（　　）。

A.绩效考核　　B.绩效监控　　C.绩效辅导　　D.绩效反馈

（2）（　　）贯穿于绩效实施的整个过程，是一种经常性的管理行为，它帮助员工解决当前绩效实施过程中出现的问题。

A.绩效辅导　　B.绩效监控　　C.绩效反馈　　D.绩效改进

（3）关于绩效辅导步骤的表述错误的是（　　）。

A.搜集资料为第一步　　B.给予信心属于最后一步

C.定好基调在达成一致之后　　D.制订计划在给予信心之前

（4）全国经济师考试期间，某巡视员到一些考点巡视各考场监考人员的工作情况，了解并处理相应的一些考务问题，这一过程被称作（　　）。

A.检查考核　B.绩效辅导　C.绩效改进　D.绩效监控

（5）在绩效实施的过程中，管理者与下属讨论工作中的问题，并对其进行帮助，确保下属完成工作目标的活动是（　　）。

A.绩效计划　B.绩效监控　C.绩效辅导　D.绩效反馈

（6）绩效面谈的质量和效果主要取决于（　　）。

A.考评双方的心理状态

B.是否成立了员工绩效评审委员会

C.考评双方对绩效管理制度的理解

D.考评双方的准备情况以及提供数据的详细和准确程度

（7）（　　）有利于改进员工行为和表现，尤其适用于那些参与意识不强的下属。

A.双向倾听式面谈　B.绩效辅导面谈

C.单向劝导式面谈　D.绩效计划面谈

2.判断题

（1）绩效沟通是指管理者与员工讨论有关工作进展情况、潜在的障碍和问题、解决问题的办法和措施的管理过程，体现在绩效反馈面谈阶段。（　　）

（2）由于一对一的面谈局限于两人之间，难以对共性问题达成一致意见，有管理者参与的会议沟通自然成为另一种主要的沟通方式。（　　）

（3）通过绩效实施过程中管理者和员工的沟通，可以对绩效计划进行调整，使之更加适合外部环境以及内部条件的变化。（　　）

（4）为保证绩效管理的严肃性，绩效沟通必须采用书面报告、定期面谈和会议沟通等正式沟通方式。（　　）

（5）绩效诊断就是对不良的绩效结果寻找原因、弄清障碍和找出答案的过程。（　　）

（6）绩效管理是一个往复不断的循环。一个绩效管理周期的结束，也是下一个绩效管理周期的开始。因此，上一个绩效管理周期的绩效反馈面谈可以与下一个绩效管理周期的绩效计划面谈合并在一起进行。（　　）

3.问答题

（1）绩效沟通的目的和意义是什么？

（2）口头沟通与其他沟通形式相比有何优缺点？如何提高口头沟通的有效性？

（3）评估面谈的基本方法有哪些？各有什么要求和技巧？

（4）如果你是某公司的一位部门经理，将如何实施同下属的评估面谈？

（5）沟通的要素是什么？如何克服面谈沟通中的障碍？

4.实务题

进行一次面谈，并对自己的面谈技能进行自我检查。

请你认真回想一下前几天参加过的单独面谈。面谈可以是你的上司叫你去他办公室讨论某个绩效问题，或约定一个具体时间与你见面；或许是你约一个客户去讨论某个问题或沟通感情；或许是与导师在学校单独讨论学术问题。在所有这些面谈中，你可以是“面谈者”，也可以是“被面谈者”，不论何种情况，用下面的问题对面谈进行评判，把评判结果写在问题后面的横线上；若你感觉有不对之处和妨碍有效性之处，也可以写在后面。通过对11个问题的判断，一一评判你的沟通技能水平。

问题：

(1) 为什么要进行面谈？

(2) 面谈的目的双方都明确吗？

(3) 我对面谈期望的结果是什么？

(4) 期望的结果实现了吗？为什么？

(5) 面谈对象的选择是否合适？

(6) 进行面谈的时间、地点选择是否合适？是促进了沟通还是阻碍了沟通？

(7) 我听得充分吗？是否所说的比该说的多？

(8) 我认真考虑了别人的观点吗？

(9) 对方认真考虑了我的观点吗？

(10) 面谈实际进行了多长时间？它应该进行多长时间？

(11) 时间安排好了吗？是否把大部分时间用于目的性问题上了？

总体评价：

你对这次面谈的总体评价是：优秀、良好、一般、基本不满意、很不满意。

最大的3个问题在于：

(1) ____；

(2) ____；

(3) ____。

案例分析

IBM绩效管理过程中的双向沟通

IBM的文化中特别强调双向沟通，不存在单向的命令和无处申述的情况。如果员工自我感觉非常良好，但次年年初反馈回来的绩效考核结果并不理想，IBM至少提供了四条制度化的通道给员工提供申述的机会。

第一条通道是与高层管理人员面谈（Executive Interview）。员工可以借助与高层管理人员面谈制度，与高层经理进行正式的谈话。这个高层经理的职位通常会比该员工的直属经理的职位高。面谈的内容可以包括自己所关心的问题及个人对问题的倾向性意见等。高层经理将所面谈的问题、反映的情况直接交有关部门分类、集中处理，且不暴露面谈者的身份。

第二条通道是员工意见调查（Employee Opinion Survey）。该路径不是直接面对员工的绩效问题，而是IBM通过对员工进行征询，了解员工对公司管理阶层、福利待遇、工资待遇等方面有价值的意见，使之协助公司营造一个更加完美的工作环境。

第三条通道是直言不讳（Speak up）。在IBM，一个普通员工的意见完全有可能送到总裁的信箱里。“Speak up”就是一条直通通道，可以使员工在毫不牵涉其直属经理的情况下获得高层管理人员对员工关心的问题的答复。没有经过员工同意，“Speak up”的员工的身份只有一个人知道，那就是负责整个“Speak up”的协调员，所以员工不会担心畅所欲言所带来的风险。

第四条通道是申诉（Open-door），IBM称其为“门户开放”政策。这是一个非常悠久的IBM民主制度，员工如果有关于工作或公司方面的意见，应该首先与自己的直属经理面谈。与自己的直属经理面谈是解决问题的捷径。如果有解决不了的问题，或者你认为你的绩效考评问题不便于和直属经理讨论，你可以通过“Open-door”向各事业单位主管、公司的人事经理、总经理或任何总部代表申述，你的申述会得到上级的调查和执行。

问题分析：请结合IBM相关背景，分析该公司绩效沟通机制的特色及借鉴意义。

第六章课后练习题答案

第七章　绩效考核结果的运用

学习目标

通过本章的学习，应该掌握以下几个方面的内容：

1.绩效改进的理念，熟悉其操作步骤与方法；

2.绩效考核结果如何在培训中应用；

3.绩效考核结果在招聘、职位调整中的应用；

4.绩效考核结果与员工职业发展的关联；

5.绩效薪酬体系的设计步骤和方法。

引导案例

S公司是一家以国际工程、海外投资为主营业务的股份有限公司，主营业务是国际工程承包，目前拥有外籍员工2 800余人。公司下设项目部、财务部、物资部等7个职能部门。中层员工主要指各部门经理、项目经理及商务经理等，共40人左右，公司中层员工年薪16万元左右。S公司对中层管理人员的考评相对简单，即由公司高层管理人员组成考核评价小组，对中层管理人员年度指标完成情况进行综合考核，采取月度检查、季度考核、年终综合评定的方法，结合考核结果，进行年终奖惩兑现。

实际上，该公司现行的绩效考核远远没有达到预期的目标，主要表现在以下几个方面：

一是对绩效考核认识不深刻；

二是现有绩效考核难以反映中层管理者的工作业绩；

三是中层管理者绩效考核制度执行不力；

四是中层管理者认为现有绩效考核结果不可靠。作为改善措施之一，S公司中层管理者的绩效考核结果主要反馈与应用于以下几个方面：

一是薪酬方案的分配和调整，即将绩效考核结果与员工工资、奖金发放直接挂钩。年度综合评价结果为优秀者，可每月增加300元的收入、优先享受住房补贴、追加特别福利等；评价结果为良好者可每月增加200元的收入，这样使得组织的薪酬体系更加公平化、客观化并具有良好的激励作用。

二是应用于人员调配和人力资源战略与规划，让绩效考核的结果成为人员职位变动的重要依据。

资料来源：刘菲菲.中层管理者绩效考核案例研究——以S公司为例［J］.淮海工学院学报：社会科学版，2011（9）.

学术界和企业界认为绩效管理是一种战略工具，服从并服务于企业战略，但我们也必须看到，现实中绩效管理也是实现企业经营目标、完善日常管理的重要工具，它必须要为企业和员工带来期望的结果和利益，否则绩效管理活动的开展将困难重重。大量数据表明，绩效考核流于形式的一个重要原因是考核结果没有被系统运用。显然，绩效管理是否成功，关键看绩效考核结果如何运用。很多企业绩效管理最终失败，主要原因就是考核结果与员工个人利益没有关系，导致员工根本不重视绩效考核。因此，绩效考核应该与员工的利益紧密相关，绩效考核的结果要运用到人力资源管理的其他职能中，从而真正发挥绩效管理的作用，保证绩效管理目标的实现。

绩效考核结果的运用包括两个层次的内容（如图7-1所示）：一是作为人事决策的依据，管理者可以直接根据绩效考核的结果对相关员工进行奖惩与人事调整决策；二是对绩效考核的结果进行分析，为员工的绩效改进、培训、职业生涯规划提供指引，为企业进行绩效分析提供依据。

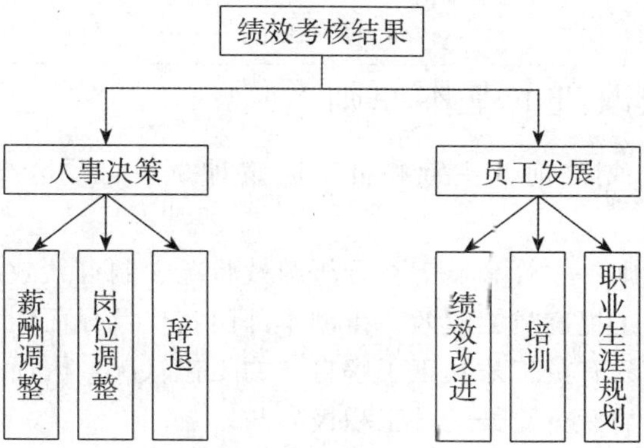

图7-1　绩效考核结果应用

第一节　绩效改进

绩效管理的直接目标是改善和提升员工的绩效。绩效改进是指确认工作绩效的不足和差距，查明问题的根源，并据此制订改进计划和策略，不断提高绩效水平的过程，即采取一系列行动提高员工的绩效水平。在管理实践中，一般认为绩效改进就是引导员工的绩效朝着管理者所期望的方向发展。对于符合组织目标的行为或结果，管理者应鼓励其继续保持并发扬光大；对于与组织目标不一致的行为或结果，管理者应当给予负强化，祛除不正确行为，促进所期望的行为和结果出现。

一、　绩效改进的指导思想

绩效改进是有目的、有方向的管理过程，主管人员应把握以下指导思想：

第一，绩效改进是绩效考核的延续，所以绩效改进的出发点应当是在考核的基础上帮助员工进一步改善工作绩效，不能将这两个环节的工作割裂开来考虑。由于绩效标准是客观的，只有找到标准绩效与个体实际绩效之间的差距，才能明确绩效改进的需求。

第二，绩效改进只有融入各部门的日常管理工作之中，才有其存在价值。绩效改进不是主管人员的附加工作，不是组织在特殊情况下追加给主管人员的特殊任务，它应该成为主管人员日常工作的一部分，主管人员不应该把它当成一种负担，而应该把它看作一项日常的管理任务。当然，这种自然融入的达成，一方面有赖于优秀的企业文化对主管人员和员工的理念灌输，使他们真正认可绩效改进的意义和价值；另一方面有赖于部门内双向沟通的制度化、规范化，这是做好绩效改进的制度基础。

第三，帮助下属改进绩效、提升能力与完成管理任务一样，都是主管人员义不容辞的责任。主管人员不应该以“没有时间和精力”“绩效改进效果不明显”等理由加以推脱。

主管人员对绩效管理有一个普遍的误解，常常认为它是“事后”讨论，其目的仅仅是抓住那些犯过的错误和绩效低下问题。这实际上不是绩效管理的核心。绩效管理并不是以反光镜的形式找员工的不足。它是为了防止问题发生，找出通向成功的障碍，从而提高下属的业绩和能力，以免日后付出更大的代价。所以，主管人员应该勇于承担绩效改进的责任。

二、 绩效改进的基本原则

在制订绩效改进计划之前，主管和员工应该对一些问题达成共识，把握四个基本原则：

第一，平等合作原则：主管和员工在分析绩效状况、制订绩效改进计划时是一种绩效伙伴关系，他们共同为了提高员工绩效、帮助本部门实现目标而制订计划。

第二，参与原则：只有员工才真正了解自己的工作状况，因而在制订绩效改进计划时主管应该更多听取员工的意见，鼓励员工积极参与。

第三，指导性原则：在绩效改进阶段，主管的主要职责是以组织和部门的目标为基础，结合员工个人的实际情况，给员工绩效的改进提出中肯的建议，指导员工改进工作态度、行为，并提供必要的资源和支持。

第四，面向未来原则：绩效改进的目标着眼于未来，所以在制订与实施计划时要有长远的、战略性的眼光，把员工个人的发展与企业的发展紧密结合起来。

三、 绩效改进的步骤

绩效改进并非一朝一夕可以完成，需要循序渐进，遵循一定的规律。虽然在实践中绩效改进的形式多种多样，但其过程大致上可以分为以下几个步骤：

（一）绩效诊断与分析

绩效诊断与分析是绩效改进的第一步，也是绩效改进最基本的环节，主要包括以下几个关键步骤：

1.分析考核结果，找出员工绩效不良的关键点

首先，管理者与员工平等沟通，深入探讨和分析员工的绩效考核结果，回顾员工在绩效周期内的表现，找出员工绩效中存在的问题，使员工认识到自己在工作中哪些方面做得好，哪些方面做得不够好，目前的差距有哪些。

其次，员工与主管人员双方共同分析员工绩效方面存在差距的原因，找出员工在工作能力、方法或工作习惯、态度等方面有待改进的地方。双方在充分沟通的基础上，针对存在的问题和有待改进的地方，选取员工目前最为迫切需要改进，且易改进的方面，制订合理的绩效改进计划，并确保其能够有效实施，如个性化的培训等。

最后，在下一阶段的绩效辅导过程中，管理者要落实已经制订的绩效改进计划，尽可能为员工的绩效改进计划的实施提供知识、技能等方面的帮助和政策、资源方面的支持。

在分析绩效差距的过程中可以采用以下几种方法：

一是目标比较法：管理者将考核周期内员工的实际工作表现与绩效计划的目标进行对比，从而通过对比寻求工作绩效的差距和不足的方法。这是一种常见的绩效改进方法，具有简单易行，说服力强的特点。但该方法对绩效计划和日常绩效监督与记录要求较高。

二是历史比较法：这是将考评期内员工的实际业绩与上一期的工作业绩进行比较，衡量和比较其进步或差距的方法。这种方法虽然能找出员工的绩效变化规律，但由于脱离具体绩效计划，无法说明员工是否达成既定目标。

三是横向比较法：在各部门、单位间，或各员工间进行横向比较。这种方法能够让员工清楚自己在组织中的位置，从而为树立标杆、改善绩效提供指引。但是需要注意的是：人与人的比较可能会恶化人际关系，引发不良竞争。

绩效问题的责任人可以定义为不良绩效员工。企业可以针对发现的关键绩效问题，考虑现有资源和绩效责任主体（不良绩效员工），综合考虑各种因素大致确定绩效改进的方向和重点，为绩效改进方案的制订做好准备。

2.组建绩效改进部门

条件允许的企业可以组建专门的绩效改进部门来具体负责绩效改进工作。部门的人员结构、数量、组建方式由绩效改进的需求决定。如果绩效问题比较严重，对部门的人员数量、结构、运作要求会更高。绩效改进部门是在传统的培训部门的基础上发展过来的，但两者在名称、使命、提供的服务、内部人员的角色、组织结构、部门职责及衡量标准等方面有所不同。一般而言，大多数企业都没有必要专门组建绩效改进部门，而是由人力资源部门会同员工的主管来完成，特别是员工的直接上级应作为承担绩效改进责任的主要人员。

3.选择绩效改进的方法

波多里奇卓越绩效标准、六西格玛管理、ISO质量认证体系和标杆超越等作为改进企业绩效的标准化方法，在西方国家的实践中已经取得了巨大的成功，现已逐渐被我国所采用。在选择具体的绩效改进方法的时候，企业要根据实际需要和环境的实际要求，合理选择一个或者几个方法。

（1）波多里奇卓越绩效标准。美国波多里奇国家质量奖在全球的影响力很大。波多里奇国家质量奖评奖标准是组织自我考核、评奖及评审组向申请组织反馈评定结果的基础。该标准在增强美国的竞争力方面有很重要的作用：有助于提高组织绩效的运作、能力和结果；促进交流并分享全美所有组织中的最佳运作方法；是了解并控制组织的行为、指导策划和培训的工具。

该标准的设计是为了帮助组织使用绩效管理一致性的方法从而达到以下结果：向顾客、相关方传递不断改进的价值观，致力于组织的持续成功；改进组织的整体效率和能力；促进组织和个人的不断学习。

波多里奇卓越绩效标准通过识别和跟踪所有重要的组织经营结果，关注整个组织全面管理框架下的卓越绩效，从而保证顾客、产品或服务、财务、人力资源和组织的有效性。

从这方面来看，波多里奇卓越绩效标准的作用已不仅限于绩效改进的工具。

（2）六西格玛管理。目前世界各国许多大企业竞相推出六西格玛管理，在绩效改进和效益提高等方面取得了巨大的成功，形成了企业管理的新潮流。六西格玛管理也常被写成6σ管理。σ是希腊字母，是在统计学上用来表示“标准差”的符号。标准差是用来表示任意一组数据或流程中离散或差异程度的指标。六西格玛即指“6倍标准差”，在质量上表示每百万个产品的不良品率小于3.4。但是，六西格玛管理在今天已不仅仅是指产品质量管理和绩效改进工具，而是一整套系统的企业管理理论与实践方法。在企业整个业务流程和所有环节上，六西格玛管理都要求致力于运用科学方法提高效率，减少失误，从而使得整个流程达到总体最优状态，并使整个流程中每百万个产品的缺陷率小于3.4，这对企业来说是一个很高的目标，而对顾客来说则高度符合他们的要求。

六西格玛管理的重点集中在测量产品质量和改进流程管理两方面，进而推动流程改进和节约成本。六西格玛管理的基本思路是，以数据为基础，通过数据揭示问题，并把揭示的问题引入统计概念中去，再运用统计方法提出解决问题的方案。其核心是建立输入变量和输出变量之间的数学模型，通过对输入变量的分析和优化，改善输出变量的特性。

（3）ISO质量认证体系。ISO质量认证体系是一个产品（服务）符合性模式，目的是在市场环境中保证公正，从而集中弥补质量体系的缺陷，消除产品（服务）的不符合性。ISO质量体系提供了信息及工序控制机制用来更有效地管理企业。ISO质量体系可以控制质量成本，减少浪费和提高生产率。顾客将对来自有质量体系认证的企业的产品更感兴趣，行之有效的质量体系也能改进产品质量，这两个因素将提高企业及其产品在开放市场的中的竞争力。ISO质量体系标准包括ISO 9000、ISO 10000及ISO 14000等。ISO 9000标准明确了质量管理和质量保证体系，适用于生产型及服务型企业。ISO 10000标准为从事和审核质量管理和质量保证体系提供了指导方针。ISO 14000标准明确了环境质量管理体系。

（4）标杆超越。标杆超越法是由美国施乐公司于20世纪70年代末首创的，它是通过对比和分析先进企业的行为方式，对本企业的产品、服务、过程等关键因素进行改革和变革，使之成为同行业最佳的系统性过程。标杆超越可分解为以下几个主要内容：

第一，标杆超越中的标杆是指有利于实践，但不一定是最佳实践或最优标准。企业树立标杆的目的是改善企业自身的产品、服务、经营管理、运作方式，找出企业自身与标杆存在的差距，创造性地改进和优化企业实践，达到增强竞争力的目的，从而帮助企业实现其战略目标，而不是让企业和员工感到自卑、丧失信心，甚至绝望。所以标杆的选取很是重要，尤其当它应用于薪酬和考核体系中时更应慎重，它犹如一把双刃剑，既可刺伤竞争对手，也可刺伤企业。

第二，标杆超越中的标杆有很大的选择余地，企业可在广阔的全球视野中寻找其基准点。企业往往可借助“战略目标逆向分解法”和“目标管理法”进行层层分解，并通过各种调研手段，寻找有助于企业实现战略目标的标杆或标杆值，为此，要突破职能分工界限和企业的性质与行业局限，重视实践经验，强调具体的环节、界面和工作流程。同时也可以对多种候选标杆进行有效分析和筛选，并根据战略需要进行相应的动态调整。

第三，该方法是一种直接的、片断式的、渐进的管理方法。基于企业业务、工作流程和工作环节的可解剖性、可分解性和可细化性，企业既可以寻找整体最佳实践作为标杆来比较，也可以仅仅发掘优秀“片断”作为标杆值来比较，以利于某一标准指标值的公平、合理性和科学性。除此之外，企业可根据总体战略需要，分阶段、分步骤地确立相应的标杆企业或标杆值，循序渐进地改善企业的关键绩效水平。

第四，该方法尤其应注重不断比较和衡量。标杆超越的过程自始至终贯穿着比较和衡量。在比较和衡量过程中，必然伴随着“新秩序的建立、旧秩序的改变”，为此，企业需要强有力的培训和指导，并建立相应的机制来辅助超越标杆。

（二）选择和实施绩效改进方案

1.选取待改进方面的原则

虽然每个员工需要改进的方面都有很多，但并不意味着所有的方面都必须改进。在实践中，我们需要根据一定的原则来判断哪些需要改进，哪些暂时不必改进。选取待改进方面的原则如下：

（1）重新审视绩效考核结果：主管的考核是否都合乎事实？主管所发现的员工优缺点是否准确？也许主管没有真正察觉员工的缺点，也许主管认为的缺点事实上是员工的优点。

（2）从员工愿意改进之处着手：绩效不佳的员工往往存在很多需要改进的方面，但并不是每个方面或问题都是员工愿意改进的。为提高绩效改进的效果，主管需要了解员工的意愿，从其愿意改进之处着手制订改进计划，这可以有效激发员工改进工作的动机。

（3）从易出成效的方面开始改进：绩效改进既要立足长远，关注员工的长期发展，又要重视短期效果，争取能在短时间内见到改进的效果。立竿见影的经验总使人较有成就感，也有助于再继续其他方面的改进。

（4）投入-产出比最优原则：绩效改进不是盲目的投入，而是要综合考虑投入产出比，根据改进绩效所需投入的时间、精力和金钱，选择最合适的方面进行改进。

2.选取绩效改进方面的符合条件

绩效改进往往意味着员工要改变习惯的思维和行为方式，如果操作不当会引起员工的不满或抵触情绪。为了使绩效改进能实现，选取绩效改进方面时必须符合四个要点：

（1）改进的意愿。从哪方面改进，应适当尊重员工的个人意愿。员工只有具备自己想改变的愿望，才会有动力将不足之处改善彻底。

（2）必备的知识和技术。绩效改进需要足够的知识和技术支撑。凡是要求员工改进的方面，主管必须保证员工知道要做什么，并知道应如何去做。因此，选择绩效改进的方面，要看员工的知识和技术储备状况。

（3）鼓励改进的氛围。员工必须在一种鼓励他改进绩效的环境里工作。如果在改进过程中员工经常受到打击或嘲笑，则改进很可能失败。造就这种鼓励改进的工作氛围，最重要的因素就是主管。员工可能因畏惧失败而不敢尝试改变，这时，需要由主管去协助他们，帮他们建立信心。

（4）奖励。如果员工知道行为改变后会获得奖励，那么他较易去改变行为。奖励的方式可分为物质和精神两方面：物质方面包括加薪、奖金或其他福利；精神方面则包括自我的满足、表扬、加重责任、更多的自由与授权。

（三）变革管理

绩效改进方案成功的关键是对变革过程的管理。改进意味着组织和个人的某些改变，而改变会遇到阻力。阻力或是来源于利益冲突，或是来源于旧的观念和行为习惯，还有的是来源于不安全感等。在设计改进方案时就需要考虑到其执行过程中可能遇到的障碍，并先行想好对策。一般而言，领导者的支持、充分的宣传和沟通、严密的步骤是保证改进成功的重要因素。

（四）绩效改进结果评估

绩效改进结果评估就是确定员工是否实现了缩小绩效差距的目标。评估结果将反馈回组织观察和分析过程之中，从而开始新的循环过程。在进行评估时还应该综合考虑一些限制因素，比如个人能力、性格、态度、动机、价值观以及周围的工作环境和压力等，这些因素都会影响绩效改进效果。

四、绩效改进计划的制订

绩效改进计划（individual development plan，IDP），是指根据员工有待发展提高的方面所制订的一定时期内有关工作能力和工作绩效提高的系统计划。

（一）绩效改进计划的要求

1.切合实际

为了使绩效改进计划确实能够执行，在制订绩效改进计划的时候应本着几条原则：容易改进的优先列入计划，不易改进的列入长期计划，不急于改进的暂不列入计划。也就是说，容易改进的先改，不易改进的后改，循序渐进，从易到难，以免员工产生抵触情绪。

2.计划要有时间性

计划的拟订与实施必须要有时间的约束，可以制定一个具体的时间表，注明每一阶段要改进哪一项绩效。有了时间表，员工行为就有了时间对照标准，也可以避免计划流于形式。

3.计划内容要具体

企业什么时候该做什么事必须说清楚，具体、看得见、摸得着、抓得住才行，切不可提出一些空泛的目标，比如“争取在两年内，使公司产品质量有一定的提高”这样的目标就太过于抽象，员工不清楚“有一定的提高”是什么概念。如果把这个目标改为“争取在两年内，使公司平均废（次）品率由原来的35%下降到8%”，这样的目标具体可操作，员工才有一个指导方向。目标也不能不切实际地拔高。比如上例中，如果将目标改为“争取在两年内，使公司废（次）品率由原来的35%下降为0”，这显然是不可能的，员工对这样的目标自然提不起兴趣，因为谁也不会对不可能发生的事情感兴趣。

4.计划要获得认同

绩效改进计划必须得到双方的一致认可才有效，才能确保计划的完成。绩效改进者要感觉到这是他自己的事，而不是上级强加给自己的任务。为了得到员工的认可，主管人员必须通过种种宣传手段使员工明白绩效改进工作的目的和意义，消除员工的疑惑和顾虑，争取员工的支持。

5.绩效改进指导

现代考核技术中，应把在工作中培养下属视为改进工作绩效的重点来抓。同时为了检查绩效改进工作的效果，主管人员应分阶段对员工进行考察，在考察中发现问题要及时进行反馈，指导绩效改进工作朝预定目标方向发展。

（二）绩效改进计划的内容

员工绩效改进计划通常包括以下几方面的内容：

1.存在的不足和有待改进的项目。通常是指在工作能力、方法、习惯等方面有待提高的方面。这些有待提高的项目可能是现在水平不足的项目，也可能是现在水平尚可，但工作有更高要求的项目。一个人需要改善和提高的项目可能很多，但不可能在短短的半年或一年时间内全面得到改善和提高，所以在员工绩效改进计划中应选择那些最为迫切需要改进且易改进的项目。关于绩效改进项目的选取，除了要遵循前文中选取待改进方面的原则以外，还要考虑绩效改进的难易程度和缓急程度，见表7-1。

表7-1　**绩效改进项目的选取**

缓急程度	难易程度	
	容易改变	不易改变
急于改进	作为第一改进目标	列入长期改进计划，或协助员工改进并给予薪酬激励
不急于改进	作为第二改进目标	可以暂时搁置

2.绩效改进的原因。选择某些有待改进的项目列入员工绩效改进计划中一定是有原因的。其原因通常是由于这方面的水平比较低，而工作任务完成或员工未来发展又需要其在这方面表现出较高的水平。在绩效改进计划制订过程中，主管一定要和员工就此进行沟通，使员工了解改进的必要性。

3.绩效改进的具体目标。在制订员工绩效改进计划时主管要指出需要员工改进和提高项目的目前表现水平是怎样的，期望达到的水平又是怎样的，并列出两者的具体差距，从而为员工的绩效改进指明方向。主要目标包括业绩目标、能力提升目标和价值观改进目标等。各项目标要设定目标值、衡量标准和考核权重等。目标的确定必须有时限的要求，否则这一目标就没有实际意义。同样在员工绩效改进计划中，要确定经过多长时间才能将有待发展项目的绩效从目前水平提升到期望水平。

4.绩效改进的措施。将某种有待发展的项目从目前水平提高到期望水平可能有多种方式，如自我学习、理论培训、研讨会、他人帮助改进等。对一个项目进行改进可以采用一种方式，也可多种方式同时实施。具体采用何种方式，需要综合考虑企业和员工的能力、意愿。

绩效改进的方面确定后，主管和员工应以文件的形式将相关内容记录下来。员工绩效改进计划表就是一种常见的方式，见表7-2。

表 7-2 **员工绩效改进计划表**

姓名		性别		年龄	
单位		部门		岗位	
Ⅰ.考绩摘要					
杰出的绩效（按重要性排列）		1.			
		2.			
		3.			
		4.			
		5.			
需要改进的绩效（按重要性排列）		1.			
		2.			
		3.			
		4.			
		5.			
Ⅱ.绩效改进计划					
应采取的行动			完成时间		
被考核者签名		直接主管签名		部门主管签名	
备注	需到人力资源部备案				

第二节 绩效考核结果与培训开发

员工培训是指企业有计划地开展提升员工的学习与工作相关能力的活动。在传统意义上，培训侧重于近期目标，重心放在提高员工当前工作的绩效，从而开发员工的技巧，以使他们掌握基本的工作知识、方法、步骤。培训工作的一般流程如图 7-2 所示。

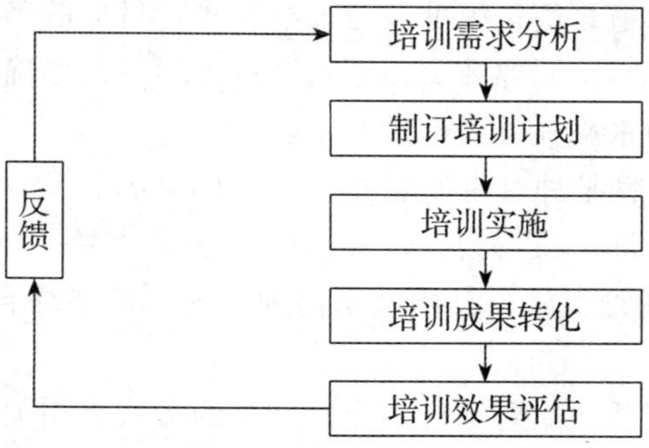

图 7-2 培训工作的一般流程

一、培训需求分析的内容

培训需求分析是20世纪60年代由McGehee和Thayer等人提出的一种通过系统考核确定培训目标、培训内容及其相互关系的方法。到了20世纪70年代，人力资源培训和发展成为国外组织心理学的热门研究领域之一，培训需求分析在这种背景下得到进一步发展与完善。其中，20世纪80年代，I. L. Goldstein、E. P. Braverman和H. Goldstein三人经过长期研究将培训需求考核方法系统化，指出培训需求考核应从三个方面着手，即组织分析、任务分析和人员分析，构建了最为广泛且流行的循环评估模型，如图7-3所示。

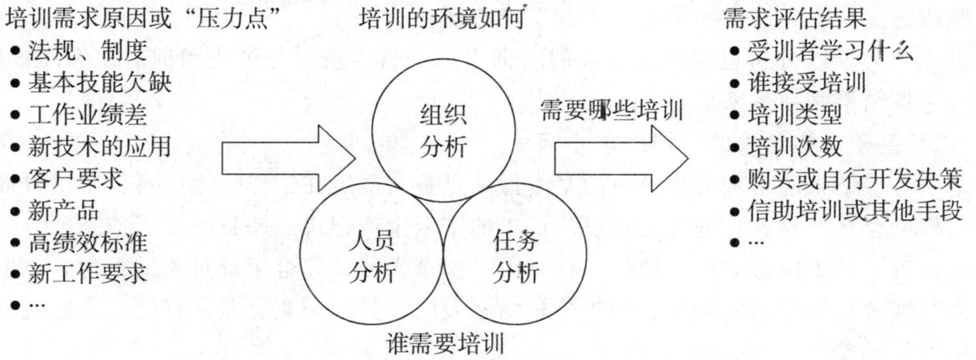

图7-3 培训需求分析的循环评估模型

（一）培训需求分析的层次

1.组织分析

组织分析主要基于企业的长期发展战略，根据对环境、组织目标和资源等的分析，结合组织现有的人力资源状况，确立企业未来的发展重点，辨别由此带来的组织的发展和变化以及这种变化对员工素质提出的新要求。从培训角度对组织的分析可以从三个方面进行，即组织环境分析、组织目标分析和组织资源分析。

2.任务分析

任务分析明确地说明每一项工作的任务要求、能力要求和对人员的素质要求。任务分析的目的在于了解与绩效问题有关工作的详细内容、标准，以及达成工作所应具备的知识和技能。任务分析的结果也是将来设计和编制相关培训课程的重要资料来源。任务分析需要富有工作经验的员工积极参与，以提供完整的工作信息与资料。

3.人员分析

人员分析是确定个体员工是否需要培训、哪些人需要培训以及他们需要什么样的培训，据此确定所需要的培训内容或特定的培训项目。在需求分析阶段，培训设计者已经完成了组织分析，理解了培训系统如何适应组织以及促进因素和阻碍因素分别是什么，而且工作分析中的任务分析也确定了需要完成的重要任务是什么、完成这些任务所需要的技能是什么。

在人员分析过程中，重点是根据员工目前的状况，考核与理想状态的差距，这个差距就是培训的内容。进一步说，人员分析主要是通过分析工作人员个体的现状与应有状况之间的差距，来确定谁需要和应该接受培训以及培训的内容。人员分析的重点是考核工作人员实际工作绩效以及工作能力，包括下列内容：

（1）个人绩效考核记录。其主要包括员工的工作能力、平时表现（请假、怠工、抱怨）、意外事件、参加培训的记录、离（调）职访谈记录等。

（2）员工的自我考核。自我考核是以员工的工作清单为基础，由员工针对每一单元的工作成就、相关知识和相关技能真实地进行自我评价。

（3）知识技能测验。这是指以实际操作或笔试的方式测验工作人员真实的工作表现。

（4）工作态度考核。员工对工作的态度不仅影响其知识技能的学习和发挥，还影响其与同事间的人际关系、与顾客或客户的关系，这些又直接影响其工作表现。因此，运用定向测验或态度量表，有助于了解员工的工作态度。

员工个人层次分析也称微观层面的培训需求分析，主要是解决当前的组织绩效问题，与绩效考核结果联系最密切。

（二）基于考核结果的培训需求分析

基于考核结果的培训需求分析的基本做法是查明员工在工作行为或工作结果方面是否与既定标准存在差异。管理人员可以从员工的安全生产记录、缺勤率、工作态度、同事的意见或投诉、员工申诉案件、绩效考核结果等多个方面，综合了解员工的行为、态度及工作结果与绩效目标之间的差异。如果分析结果表明，员工确实有差异存在，那么就说明有进行培训的必要。

在使用基于考核结果的培训需求分析时，有两个方面需要考虑：

1.绩效差异的重要性

事实上，并不是所有的绩效差异都需要立即得到改进。在绩效改进一节中，我们已经知道管理者可从绩效改进的难易程度和急缓程度两个维度权衡绩效改进的必要性。员工的绩效差异是否需要通过培训来消除，首要的判定标准是对组织的影响。也就是说，只有工作结果和行为差异对组织有负面影响时，这些结果和行为才值得重视，管理人员也才可以考虑对员工的培训。当绩效差异影响到组织目标的实现与组织的未来发展时，就必须分析影响绩效的原因和根源。一般来说，员工绩效不佳的原因可以从以下方面分析：员工是否欠缺适当的知识技能？是否存在环境上的限制或制约？是否缺乏适当的激励或动机？是否员工的身心健康状况不佳？管理者通过以上分析，确认是否有进行培训的必要。

2.培训员工是不是最佳的途径

当绩效和行为差异是由个人知识和技能不足、员工行为表现不好、主管不积极参与员工培训所引起的，对员工或主管的培训便可能是最好的方法。因为培训不仅能增强员工的技术和增加员工的知识，而且能够引导员工的行为规范。但是，培训是否为解决问题的有效途径，还应把培训成本和绩效差异所造成的损失加以比较；如果不经过这种比较，将会导致培训的边际效用减少，使最终效用受到影响。

二、基于绩效咨询模型的员工培训需求分析

传统的培训需求分析的做法是管理者与员工一起找出培训与非培训因素，并直接给出培训方案或环境改善建议方案。Dana Gaines Robinson和James C. Robinson开发出了绩效咨询模型，如图7-4所示。该模型原本是为绩效咨询顾问开发的，用来改进对组织绩效问题

的思考。用绩效咨询模型进行员工培训需求分析的最大优势是：通过实现业务目标与理想岗位绩效行为的因果联系，员工培训需求被严格地置于“企业整体战略-部门业务目标-员工个人绩效”的结构中，并得到系统评估。[①]

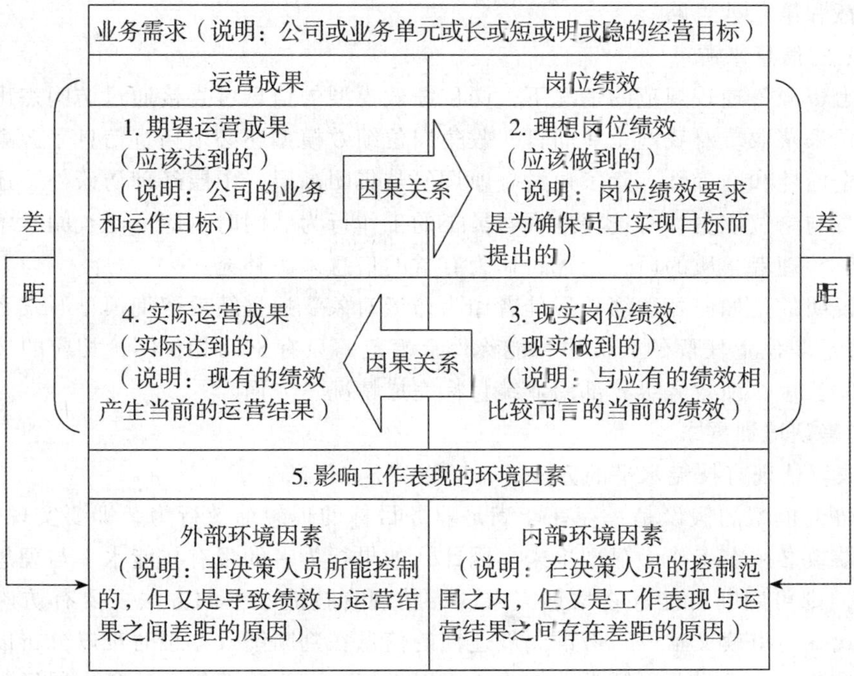

图7-4　绩效咨询模型

基于绩效咨询模型界定员工培训需求的核心过程，首先是发掘出公司为实现业务目标而必须要做到的事情——理想岗位绩效，然后是构建绩效模型。在此基础上，通过科学的评估手段分析员工现实岗位绩效与绩效模型（理想岗位绩效）的差距，再根据差距分析模型确认可能存在的培训需求，如图7-4所示。通过培训使员工的岗位绩效行为尽可能接近理想状态，从而促进业务目标的实现。其具体步骤如下：

（一）确认业务目标

在进行任务分析与人员分析前，必须先对企业的战略目标进行详尽分析，归纳出该企业的核心业务、未来几年的主营方向及未来几年的主要业务目标。

（二）构建绩效模型

1.模型描述手段选择

岗位绩效模型有两种描述手段：一种是说明实现运营成果的最佳绩效实践的绩效语言描述；另一种是从技能、知识及态度的角度来说明实现运营成果的预期的胜任特征描述。这两种描述手段各有长处，比较而言，绩效语言描述更适宜提供入职指导，更倾向于评估具体的工作岗位；相反，胜任特征描述更符合人力资源管理的长远发展，更适合分析管理职位。

从个体层面上研究胜任特征有三种思路：一是与工作相关的胜任特征，它包括任务胜

① 罗宾逊．绩效咨询：人力资源和培训管理［M］．田力，译．北京：清华大学出版社，2011．

任特征、结果胜任特征和产出胜任特征，此外还包括有关人的特征的胜任特征（如知识、技能、态度、价值观、取向和承诺等）。二是良好绩效者的特征所构成的胜任特征。三是特征集合构成的胜任特征（如领导、解决问题和决策等）。最常用的是第一种思路中的任务胜任特征和第二种思路。

2.模型的信息来源

在人力资源管理较规范的情况下，岗位绩效模型的信息可直接通过访问杰出任职者和其直接上司来获取。对我国企业而言，收集岗位绩效模型还必须拓宽信息来源渠道，以确保信息的全面性和准确性。除了通过企业调研与集团高层、中层经理访谈外，还可深入研读部门职责与岗位职责，有选择地观察员工的工作行为。同时，应广泛查阅学术界关于现代企业经营管理者素质的研究论述，作为有益的信息来源补充。

值得说明的是如何甄选绩效最佳者作为访谈对象。根据绩效咨询模型开发者的调研经验，"在特定职位上任职的人员中，能称得上模范的只有5%到10%"，相应的选取标准包括任职时间长短、绩效等级、部门业绩目标完成情况三方面。

（三）确认培训需求

1.选取评估现有技能水平的方法

绩效咨询模型的假设是：存在能满足业务目标的理想绩效行为，即要实现业务目标，行为者的绩效必须在工作中显现出来。因此，如果行为者的现有技能水平与理想绩效行为存在差距，则可判断可能存在培训需求。评估现有技能水平的方法主要有访谈、问卷调查、直接观察、审读文献等。考虑到叙述性的信息在判断绩效差距时难以分析以及业务往来文件不易获取，可主要以问卷调查为主、以直接观察为辅搜集反映各中层经理现有技能水平的信息。

问卷调查是指企业利用绩效模型设计问卷的调查项目，然后分别用五个等级来考核能力的重要性与现有技能水平。循环评估模型及大多数学者设计的任务分析调查问卷主要关注各项任务的执行频率、重要性及难度三方面。显而易见，这种问卷的设计思路是"必须学习什么"，而不是"必须做什么"。实际上，只要员工完成任务与理想绩效存在差距，就有可能存在培训需求，而任务执行频率及难度最多只是强化或弱化这种培训需求。因此，Kenneth M. Nowack（1991）提出了仅包括重要性与现有技能水平两项标准的培训需求调查问卷设计思想。据此，在设计培训需求的调查问卷时，可以考虑保留"重要性"项，删除"执行频率"与"难度"项，增加"现有技能水平"项。

2.建立培训需求分析矩阵

培训需求分析矩阵是以绩效模型的胜任特征与现有技能水平为维度，得到的一个3×3矩阵（见表7-3），阴影部分即培训需求项目。根据Dana Gaines Robinson和James C. Robinson的经验，可将调查问卷的考核等级进行简化，把等级1、2确认为最低级，等级3确认为中等级，等级4、5确认为最高级，分别得出：①实现绩效效果所需的胜任特征的相对重要性，程度可分为关键要求、基本要求、最低要求三档；②员工的现有技能水平，程度也可分为最高、中等、最低现有技能水平三档。整理问卷，我们可得到各胜任特征在重要性与现有技能水平两个维度上的分布情况。根据经验，对于"关键技能"，只要员工现有技能水平未达"最高"，则应列入培训需求项目；对于"基本技能"，只要员工现有技能水平未达“中等”，则应列入培训项目需求；其他情况则不需考虑培训。据此，我们可得出如表7-3所示的培训需求分析矩阵。

表7-3　**中层经理的培训需求分析矩阵**

项　目	最低技能要求	基本技能要求	关键技能要求
最高现有技能水平		计划能力 协调能力 管理沟通能力	组织实施能力 领导能力 专业业务能力 政治、法律能力
中等现有技能水平	网络技术与办公自动化	企业文化与团队建设 概念思维技巧	品牌管理 项目开发与管理 员工培训与开发 管理创新
最低现有技能水平		财务管理 战略性人力资源	客户关系管理

三、绩效考核结果与员工职业发展

职业发展规划是根据员工发展状况所编制的、在一定时期内完成的有关工作绩效和工作能力改进与提高的系统规划。在编制职业发展规划的过程中，直接主管要为员工提供实现规划所需的各种资源和帮助。职业发展规划包括以下几个方面：有待发展的项目，发展这些项目的原因、目的和期望达到的水平，发展这些项目的方式。

在绩效讨论中，有关员工职业计划和员工个体开发计划的主题，既是绩效评估的延伸和应用，也是下一周期绩效目标制定的依据。

管理者在与员工讨论职业发展规划时，需要注意整合员工的期望与组织的需要。如果员工善于进行职业发展规划，则往往会取得长期的成功。在管理者与员工的讨论中，双方应明确以下问题：

（1）为了提高当前工作绩效，明确员工有哪些需要。

（2）明确员工需要做什么才能履行其他岗位的职责。

（3）确定员工对公司的潜在贡献或价值。

（4）在员工期望与组织需求之间尽可能保持一致或匹配。

第三节　绩效考核结果与人事决策

一、绩效考核结果与人员招聘

绩效管理活动贯穿于人力资源管理工作的所有环节，人员招聘工作的直接目的是满足岗位用人需求，但本质上也促进企业绩效目标的实现。招聘是否成功，直接决定一名员工在企业中能否有良好的绩效；反过来，绩效考核结果也可以作为考核招聘成功与否、指导下一步招聘工作的依据。通过分析员工的绩效考核结果，人力资源管理人员对各职位的优秀人才所应具备的优秀品质与绩效特征会有更加深入的理解，为招聘、甄选提供有价值的参考。新招聘的员工是否适合所在的职位，就要看其工作一段时间之后的绩效结果，如果绩效考核结果比较令人满意，就说明招聘比较成功；反之，则需要对各个环节进行检查。因此，许多组织都把绩效考核结果与招聘决策有机联系起来。通过这样一个过程，企业不仅可以尽量避免因所招聘人员的不合适而带来的损失，而且会不断提高招聘的有效性，降低招聘成本。

二、 绩效考核结果与职位调整

绩效考核的结果经常被用来作为员工职位调整的依据。当员工工作表现突出，绩效考核结果良好，就可以让其承担更多的责任或者对其提升；当员工在某方面的绩效考核结果不尽如人意，很可能是目前所从事的工作不适合他，可以通过降职或职务调动的调整方式，使该员工从事更合适的工作。如果员工经过多次考核和工作调整，都无法达到绩效标准，则可以考虑将其解雇。

企业如果在职位晋升中应用绩效考核结果，还应结合对员工胜任力的评估。因为员工在目前的职位上绩效优秀，并不代表他一定能胜任更高的职位，还必须看他在新职位上的潜力如何。

三、 绩效考核结果与员工解雇

如果是员工个人不努力工作、消极怠工，企业可以采取淘汰的方式；如果是员工所具备的素质和能力与现有的岗位任职资格不匹配，则可以考虑进行岗位轮换，以观后效。

目前，很多企业普遍采用“末位淘汰”制度，但在采取末位淘汰时，有很多问题需要引起注意，如淘汰的标准如何制定、淘汰的比例如何确定、是否有相应的企业文化基础。有的企业在实施末位淘汰时，淘汰标准过于简单，年末对员工进行一次360度考核，然后根据得分高低把员工排序，得分在最后某一比例内的员工则遭到淘汰。在此需要思考的是：企业到底应该淘汰什么样的员工？显然是淘汰不称职的员工，即不能达到工作标准的员工。但在实际操作中，很多企业在实施末位淘汰时把人与人进行比较，而不是把人和工作标准进行比较，这显然不公平。在企业内部，由于员工职位不同、任职资格不同、所承担的任务不同，衡量的标准就很难统一。

淘汰的比例如何确定也是个重要的问题。目前，许多企业倾向于以GE公司的活力曲线为学习榜样：把员工划分为A（20%，超出工作要求）、B（70%，胜任工作）、C（10%，不胜任工作，淘汰的对象）三类，但GE公司执行这种政策是有前提的，而且在有些时候也并不完美。GE公司CEO杰克·韦尔奇曾经对活力曲线有一段精彩的阐述：“我们的活力曲线之所以能够发挥作用，是因为我们花了10年时间在GE公司建立起一种绩效文化。在这种文化里，人们可以在任何层次上进行坦率沟通和回馈。坦率和公开是这种文化的基石，我不会在一个并不具备这种文化基础的企业里强行使用这种活力曲线。”

第四节 基于绩效的薪酬

期望理论认为，当员工经过个人的努力取得了一定的绩效后，组织应当根据绩效的结果给予相应的奖励，这样他们才会有继续工作的动机，当然这些奖励要能够满足员工的需要才行。此外，强化理论也指出，当员工的工作结果或行为符合企业的要求时，应当给予正强化，以激励这种结果或行为；当工作结果或行为不符合企业的要求时，应当给予惩罚，以减少这种结果或行为的发生。因此，企业应当根据员工绩效考核的结果给予他们相应的奖励或惩罚。基于绩效的薪酬体系就是这种奖惩的主要体现。

一、 绩效薪酬概述

20世纪90年代以来，尽管世界500强企业中大多数的企业主要采用以职位为中心的薪酬模式，但也有50%的企业至少在部分人员中实行了以能力为中心的薪酬政策，还有部分企业实行了以绩效为中心的绩效工资制。近年来，大量的企业采用了以员工绩效为基础的薪酬体系。这有利于引导员工将关注重点放在企业发展和经济效益的变动上，促进员工与企业的利益目标趋向一致。

（一）绩效薪酬的概念

绩效薪酬又称浮动薪酬、可变薪酬，是指以员工的工作绩效为基础支付的薪酬，支付的主要依据就是工作成绩和劳动效率。它建立在对团队、员工进行绩效评估的基础上，关注的重点是上述行为过程和工作结果的“产出”，如销售量、产量、质量、利润额及团队工作效果等。

在企业管理实践中，通过对绩效薪酬长、短期及比例的设定，可以达到对员工进行不同激励的目的。

（二）绩效薪酬的特点

1.激励导向性

绩效薪酬的设计是以企业期望的员工行为与结果为导向，促使员工将个人努力投入到实现组织目标的活动中去，达成目标的员工将得到预期的奖励，有助于吸引和保留成就导向型的员工。在各种薪酬形式中，绩效薪酬的激励作用最强、最直接，它将个人的收入同其工作绩效直接挂钩，让公司不断改进员工的工作能力、工作方法，提高员工绩效，同时不增加企业的固定成本。

2.较强的公平性

绩效薪酬是根据员工的绩效进行支付的，薪酬与可量化的业绩挂钩，可以消除报酬的内部不公平性。与其他薪酬形式相比，绩效薪酬能更明确体现出“多劳多得”的薪酬支付准则，因而公平性更强。当然，绩效薪酬的公平性来自准确有效的绩效考核，这是绩效薪酬激励的基础，也是实施绩效薪酬的难点和重点。

3.较强的灵活性

由于绩效薪酬的支付基础是企业、团队或员工的绩效，而绩效具有动态性特征，因而绩效薪酬比其他薪酬形式具有更强的灵活性。绩效薪酬的灵活性体现在以下几个方面：第一，绩效指标的设置可以根据企业不同的发展周期、薪酬战略、在某阶段的效益状况，以及生产、技术变革等多维因素和员工技能与水平状况进行不同的组合调整。第二，绩效薪酬的变化幅度比较大，受到的制约因素相对少，有多种形式，可以灵活使用。第三，绩效薪酬的支付周期也具有灵活性，可以根据企业需要进行安排，常见的支付周期可以按小时、日、月、季、年来计算。

4.较强的主观性

绩效薪酬以绩效考评结果为依据，因而受主观因素的影响比较大，不论是绩效考评的管理者，还是绩效薪酬的获得者，在实际操作过程中都会有很多的主观认识、理解和考核，从而影响绩效考核的客观性，也给绩效薪酬带来一定的主观性。

（三）绩效薪酬的优点和缺点

1.优点

从个人层面看，绩效薪酬将奖励与员工绩效紧密结合起来，使得企业的薪酬支付更具客观性和公平性。

从组织层面看，将绩效与薪酬相结合能够有效提高生产率，并使得薪酬更具市场竞争力；同时，由于它将人工成本区分为可变和固定两部分，所以有利于减轻组织的成本压力。

2.缺点

（1）在绩效标准不公平的情况下，很难做到科学和准确。绩效薪酬体系的设计与管理要求有一个严密、精确的绩效考核系统。但是在实际运作中，绩效考核很难做到科学和准确，往往流于形式。

（2）过分强调个人绩效回报，对企业的团队合作精神产生不利影响。在组织实现一定的绩效目标时，其绩效奖金总额通常是一个固定的数值，员工所能分享的份额不仅取决于个人绩效，而且取决于其绩效在组织中的相对水平。因此，绩效薪酬制度这种对以自我为中心的个人努力进行奖励的做法，往往会造成在需要员工进行团队合作的时候出现员工之间的过度竞争的问题，从而影响组织整体目标的实现。

（3）刺激高绩效员工与实际收入相背离的现象，难以确定提高绩效所需要的薪酬水平，努力与绩效相联系的标准往往无法实现。绩效薪酬制度是以努力与绩效相联系、绩效与薪酬相联系为假设前提的，但在现实情况下，这一假设前提往往无法成立，主要原因是员工很难控制自己的绩效水平。

（4）破坏心理契约，诱发多种矛盾。绩效奖励计划实际上是一种工作加速器，有时员工收入的增加会导致企业出台更为苛刻的产出标准，这样既会破坏组织和与员工之间的心理契约，增加管理层和员工之间产生摩擦的机会，也会造成优秀员工和普通员工之间的摩擦。

二、实施绩效薪酬应遵循的原则

（一）尽量准确考核员工的绩效

如果没有公平合理、准确完善的绩效考核系统，绩效薪酬奖励就成了无源之水、无本之木。企业不仅要明确所要实现的目标是什么、什么样的员工行为有利于这种成果的实现，同时要明确企业应如何衡量、监督和管理这些成果。

目前从理论上看，国内外还没有完全搞清楚影响绩效的全部因素，更谈不上完全搞清楚这些因素的作用机制。在这种情况下，企业只能按照SMART原则，把可以测评清楚的绩效影响因素作为构建绩效薪酬的基础，模糊不清的因素则只能放弃，完全准确考核员工绩效的难度很大。为保证绩效薪酬的公平性，管理者在设置考核指标的时候，应尽量客观、公正，并取得员工的认同。

（二）建立绩效考核与薪酬之间的密切联系

期望理论认为，个人的努力程度取决于绩效目标的难度、预期的目标效价大小以及任务成功所带来的报酬与个人需要的满足程度。该理论揭示出一个绩效管理的基本原理，即员工获得的报酬与其工作绩效紧密相关时，将提高努力程度，这是构成绩效薪酬概念的理论基础。需要注意的是，绩效薪酬体系的设立目的是使员工的思想和行为指向高绩效，如果这套体系过于复杂，则容易出现理解上的分歧及行为上的偏差，所以绩效薪酬应以尽量简单、直观的方式将薪酬与绩效考核联系在一起，并不是越复杂的薪酬计算方法就越好。

员工的绩效与其工作业绩、工作态度和工作能力这3个维度紧密相关。业绩考核是对行为的结果进行考核，考核的根本目的在于考核员工完成事先设定的任务和目标的情况。态度考核是对被考核者的工作态度，包括责任心、积极性、协作性、纪律性等进行考核。能力考核的目的在于对员工适应本职工作的能力素质状况进行考核。而业绩、态度、能力这3个维度的考核有着下面的逻辑关系[①]：

能力（能做什么）+态度（愿意做）=业绩（做出了什么）

业绩、态度、能力这3个维度构成了绩效薪酬的3个变量，其中，能力是基础变量，态度是行为变量，业绩是结果变量。绩效-薪酬函数构建如下[②]：

$Sx=f(c, a, p)$

式中：Sx表示绩效薪酬；c表示能力；a表示态度；p表示业绩。

绩效-薪酬函数反映了薪酬与各个绩效参数之间的关系。明确的业绩导向能有效地促进组织目标的传递与分解，强化员工的直接贡献和不断改进绩效。在绩效-薪酬函数中，业绩变量的权重一般低于60%，以表达绩效薪酬与业绩要素之间的直接联系。工作态度、价值观、道德等因素在一定程度上反映了达成业绩目标的方式，适当安排态度变量，可以在重视结果的同时，也给予实现结果的过程一定的关注。同时，对于业绩指标难以量化和评估的岗位可以增加对态度的考核，通过对行为过程的监控能保证行为的结果。此外，对于一些特殊行业，设定对态度的考核能体现行业的特征与导向作用，如对安全性要求较高的化工、军工等行业，员工工作态度往往是非常重要的考核因素，但权重一般不超过40%。

一般来说，确定绩效-薪酬函数应遵循以下基本原则：第一，相关性。决定绩效薪酬的变量应当是与薪酬高低、调薪幅度密切相关的因素，以清晰地反映薪酬与绩效因素间的联系。第二，导向性。应当充分利用不同的绩效变量体现薪酬的价值导向，突出岗位的特

① 赵志泉，张永生．薪酬管理［M］．开封：河南大学出版社，2013：134.
② 杨明娜．绩效管理实务［M］．北京：中国人民大学出版社，2008：173.

征和行业的特点，并以权重加以体现。第三，操作性。构建的绩效-薪酬函数应当是易于理解、方便计算的，而且绩效考核的结果可以在主观与客观之间达到平衡。

（三）应分清绩效影响因素的可控性与不可控性

要想使绩效薪酬体系在管理实践中真正发挥积极引导员工行为的作用，就应分清绩效影响因素的可控性与不可控性。如果员工感觉他们的薪酬体系中不可控因素很多，且在薪酬的构成中占比很大，那么他们就会感觉薪酬的数额不是由自己的能力或努力决定的，而是由某些不可控因素决定，从而认为自己受骗，导致对管理层的不信任。例如，不可预知的原材料涨价、汽油和柴油的涨价，这些因素如果构成了员工薪酬25%以上的比例，那么员工必然会对这种绩效薪酬体系嗤之以鼻。绩效考核与薪酬的关系见表7-4。

表7-4 **绩效考核与薪酬的关系**

个人绩效变化性	组织绩效变化性	
	低变化性：在一定时期内稳定	高变化性：在一定时期内变动
不稳定、不明确、难测评	高比例激励工资	低比例激励工资
稳定明确、易测评	高比例激励工资	低比例激励工资

（四）必须保持绩效薪酬的动态性

绩效薪酬制度是围绕企业经营周期、企业发展目标、企业外部的经营环境，以及员工的工作内容、工作方式等情况发生不断变化的。因此，过去曾经取得成功的绩效薪酬计划不一定到现在依然成功，而是需要经常重新设计新的绩效薪酬计划，或者需要对原有的绩效薪酬方案进行较多的修改和补充。

1.通过不同的绩效薪酬系数进行设计和调控（见表7-5与表7-6）

表7-5 **部门绩效薪酬分配系数**

部门绩效考核结果	优秀	良好	一般	较差	差
部门绩效工资系数 $K_{部门}$	100%	80%	60%	40%	0

表7-6 **个人绩效薪酬分配系数**

个人绩效考核结果	优秀	良好	一般	较差	差
个人绩效工资系数 $K_{个人}$	100%	70%	60%	40%	0

2.确定合适的绩效薪酬的增加量

合适的绩效薪酬增加量的确定应考虑：增加量必须真实地反映员工以前的工作绩效；增加量必须客观反映员工工作绩效的差异；增加量必须在除去通货膨胀因素和扣除各种款项后，仍能激励员工尽最大努力提高工作绩效。实质就是：绩效薪酬的增加量在最低程度上要让员工觉得加薪有意义。

绩效薪酬增加量应根据员工的绩效考核分数和其在工资结构中的位置确定。假设员工的绩效考核分数可从优秀到差分为五档，员工在工资结构中的位置可由四分位数来表示，见表7-7。

表7-7　绩效薪酬增加量与绩效考核结果的关系

等级	薪酬（元）	优秀	良好	一般	较差	差
第四级	5 000	5%	3%	1%	0	0
第三级	4 000	7%	5%	3%	0	0
第二级	3 000	9%	7%	5%	2%	0
第一级	2 000	12%	10%	7%	4%	0

三、绩效薪酬的种类

基于不同的激励对象和激励目标，主要有以下两种绩效薪酬类型。

（一）业绩工资

业绩工资即员工的报酬至少应该部分地根据员工的业绩来决定，员工的基本工资应根据其绩效得到永久性的增加。[①]业绩工资主要是用来奖励优秀的工作表现或业绩，创造未来工作动力和帮助组织留住有价值的员工。

1.业绩加薪

业绩加薪是依据员工个人绩效而增发的奖励性工资，表现为基本工资的永久性增加。

2.业绩奖金

业绩奖金也称一次性奖励，是一种基于绩效而一次性支付给员工的奖励性报酬，与业绩加薪不同的是，它不增加基本薪酬。企业设置的月度奖、季度奖和年终奖都是业绩奖金的典型形式。

（二）激励工资

激励工资是指组织根据员工是否达到组织与员工事先商定好的标准而浮动的报酬。它有3种形式：

1.个人激励计划

个人激励计划基于不同的群体可分为员工激励、技术人员激励和经营者激励等不同类别，主要是基于个人对企业的特殊贡献而采取的不同激励形式，如发放红利、奖金或者给予股票期权等。

2.团队激励计划

团队激励计划是基于团队对企业的特殊贡献发放奖金和其他奖励的形式，主要采取的方式是收益分享。

3.特殊贡献计划

这是员工对企业经营提出了合理化建议或作出了重大的技术和管理创新贡献等，为此而采取的一次性嘉奖，譬如特殊绩效认可计划等。从形式上看，这些奖励项目似乎与企业奖金形式没有太大区别，但是如果把它们作为一项管理计划和项目实施，就具有了与一般奖金所不同的内涵。

绩效薪酬方案比较适合于各项成本支出单独计算、绩效与工作数量之间有直接联系、工作程序标准、容易控制工作质量以及能够准确计算劳动消耗的工作。

① 赵志泉，张永生．薪酬管理［M］．开封：河南大学出版社，2013：129.

四、绩效薪酬的设计

（一）业绩工资的设计

1.业绩工资的结构设计

业绩工资的结构在不同部门或不同层次岗位有不同的配置标准，该标准与各个岗位的工资等级和对应的外部薪酬水平相关。具体配置有两种方法：

第一种是切分法。先依据岗位考核和外部薪酬水平确定不同岗位的总体薪酬水平，再对各个岗位的总体薪酬水平进行切分，如某岗位总体薪酬水平（100%）=基本固定工资（50%）+业绩工资（50%）。

第二种是配比法。先依据岗位评价和外部薪酬水平确定各个岗位的基本固定工资水平，再根据企业的薪酬水平市场定位，将基本工资水平定位于市场薪酬水平的相对低位，在此基础上将各个岗位基本工资的一定比例作为业绩工资，使各个岗位薪酬的总体水平处于市场薪酬水平的中高水平，如某岗位的薪酬总体水平=基本固定工资+业绩工资（业绩工资为基本工资的40%），这样在员工没有达到或低于预期业绩标准时，其总薪酬水平低于市场水平；员工达到或高于预期业绩标准时，其总薪酬水平就会高于市场薪酬水平或与之持平，达到员工依业绩控制自己薪酬，从而激励绩效的目的。

2.确定绩效等级

绩效等级是依据绩效考核后对员工绩效考核结果划分的等级，它与具体的绩效指标和标准有关，也与企业考核主体和方式有关。在对员工绩效进行考核做到公正、客观的基础上，绩效等级的多少和等级之间的差距将会对员工业绩工资分配产生很大影响。在设计绩效等级时还要考虑业绩工资对员工的激励程度，等级过多造成差距过小将会影响对员工的激励力度；等级过少将会造成差距过大影响员工对业绩工资的预期，使员工丧失向上的动力。

在确定了企业绩效等级以后，还应明确不同等级内员工绩效考核结果的分布情况，即每一等级内应有多少名员工或有百分之几的员工。通常来讲，企业决定员工绩效分布时基本符合正态分布现象，即优秀的占10%~20%，中间的占60%~70%，而差的占10%左右。

严格的绩效考核结果分布一方面有利于对员工的绩效进行区分，另一方面也有利于消除绩效考核各方的模糊业绩，使得被考核对象的考核结果趋中。

一般来说，在绩效等级的确定过程中，需要进行以下步骤：

第一步：企业制订一个绩效激励计划，根据企业的经营目标设定员工激励目标和激励重点。

第二步：将绩效激励目标分解为不同的绩效考核项目和考核指标。

第三步：确定每个指标的权重和分值。

第四步：由考核者对员工绩效进行考核。

第五步：将各指标分值加总、比较，得出每个员工的相应评定等级。

第六步：修正考核结果，建立企业绩效等级分布结构。

3.业绩工资的分配方式

业绩工资的分配方式是指业绩工资如何在个人或团队中进行分配，常见的有两种方式：一种是业绩工资直接与个人业绩工资标准对应进行分配；另一种是业绩工资先在团队间进行分配，然后依据个人绩效进行分配。这中间又包含两种形式：完全分配和不完全分配。完全分配是将企业计提的业绩工资的总额在团队与员工中进行彻底划分，一分不剩；不完全分配是在控制业绩工资总量的情况下，在团队与员工之间依考核等级进行层级分配，业绩工资的总量存在一定剩余。

（二）个人激励薪酬的设计

1.计件奖励制

计件奖励制是按照员工的产量支付绩效奖励薪酬。薪酬按照超过基本薪酬的工作成果付结，因为要保持标准的科学性、合理性，所以需要根据差异性进行动态调整。这就决定了该方法执行费用较高。计件绩效薪酬计算公式为：

计件绩效薪酬=完成产品的数量×每件产品的工资率

假设某企业规定，员工每生产一个产品可获得2元的报酬，A员工本周生产了190个合格产品，B员工本周生产了230个合格产品，那么A员工的计件绩效工资为380元，B员工的计件绩效工资为460元。

采用计件奖励，需要对每件产品的劳动工资率（标准生产时间）进行事先测算，以使员工的收入处于一个合理的区间，并且这个收入水平对员工有足够的激励性。显然，测算的精确度对劳动工资率的确定非常重要，如果测算不够精确，必然会导致劳动工资率的偏离，所以推行计件绩效薪酬的关键是要掌握产品的标准生产时间。这种方法有两个明显的缺陷：第一，员工基本工资无保障，容易受到各种无法预见因素的影响而导致生活陷入困难。例如，因原料供应不足或生产事故而中断生产，员工的工资就会受到很大的影响。第二，计件奖励容易导致员工把注意力放在追求绝对产量提升上，忽视产品质量，因此企业必须在产品质量管理方面加大力度。

另外，员工的绩效有差别，而且当产量达到一定程度以后，继续提升产量的难度明显增加。为鼓励员工不断提高绩效，可以根据员工的工作绩效，将员工分为3个等级，中等绩效的员工按照正常的报酬率给付薪酬，优秀员工的绩效工资递增10%，使其得到额外的报酬，绩效差的员工绩效薪酬给付标准则低于正常标准，详见表7-8。

表7-8　**绩效薪酬分等计算表**

类　别	绩效考核结果	计件奖励计算方法
优秀员工	实际产量超过标准产量	1.1×实际产量
中等员工	实际产量为标准产量的80%~100%	1.0×实际产量
差等员工	实际产量低于标准产量的80%	0.9×实际产量

也有些企业在实施计件激励制时采取另外一种方式：在绩效考核的基础上，将工作结果分为两部分：一部分为基本定额和满足基本收入部分；另一部分为超额和奖励收入部分。两部分的工资率不同，前者低于后者。例如，规定员工的本次产量是每日100件产品，每个产品支付的报酬是0.4元，如果工人生产100个产品，可获得40元的收入，生产量超过100个产品以后，超额的工资定为每件0.8元，两者的工资率差距为1：2，这样高绩效的工人就可以再获得额外的收入。

2.绩效加薪

绩效加薪又称为业绩提薪，是在绩效基础之上建立的基本薪酬增加的一种绩效奖励计划，是指在该年的年度绩效考核结束时，根据事先确定的加薪制度和对员工绩效考核的结果，决定员工在第二年的基本薪酬增长。绩效加薪有以下两种情况：

（1）以绩效考核为主体的绩效加薪。其计算公式为：

加薪的绝对值=员工加薪前的基本薪酬×该员工的加薪比例

（2）以绩效和相对薪酬水平为基础的绩效加薪。如果简单地以绩效考核结果为依据加薪，给考核结果相同的员工以同样的加薪比例，就会出现基本薪酬越高、绝对加薪额度越高的现象，这可能导致企业内部薪酬差距过大或企业薪酬成本增长失控。因此，需要企业在对员工薪酬与企业内部、外部平均薪酬水平间的关系进行判断后酌情降低加薪比例，以控制成本和维持薪酬体系的整体平衡。

实施绩效加薪时要注意以下三点：

第一，绩效加薪的时效性。很多公司绩效加薪的频率基本上是每年一次。具体加薪的时间段通常分为两种：第一种加薪时间与员工的入职周年同步，就是员工工作每满一年就作一次绩效加薪。这种方式一般不会占用主管很多时间，但是每月都要作绩效加薪，势必会造成管理上的负担。第二种就是加薪时间与绩效评估时间同步，这种方式会在某个时间段内造成主管工作量过大，但是总的来看能够减轻管理负担。实践中，大多数企业采用的是第二种方式。

第二，绩效加薪的公平性。很多奉行“为绩效付酬”理念的企业的薪酬增长只有两种形式：绩效加薪和晋升加薪。但是现实工作中，还有很多的薪酬增长不是基于绩效的，例如普调（如由于生活费用的提高而进行的薪酬调整）、公平加薪（如公司或者部门合并，需要将低的一方薪酬提高到与另一方持平）、基于薪酬竞争力的加薪（如调查显示公司的薪酬水平落后于业界平均水平）、基于挽留的加薪（如员工被挖墙脚了）等。这类加薪不是基于绩效和贡献的，我们不能称之为绩效加薪，而只能称之为公平加薪。

第三，绩效加薪的幅度。通常在实施绩效加薪时，要从两个方面考虑加薪幅度：首先，员工的绩效加薪幅度是否需要与公司的业绩相关联？如果在过去的一年里，公司的业绩不好，是否会影响到下一年度的绩效加薪预算？一般来说，公司的业绩不好不应该影响下一年度的绩效加薪预算。因为绩效加薪影响未来的薪资水平，所以不适合作为载体来反映公司过去的业绩。而分红、奖金等其他可变薪酬则是反映过去绩效的重要工具。其次，公司未来的前景是否会影响公司的加薪幅度？应该影响，因为薪资的增长要通过公司未来的业绩进行补偿。不管未来的前景如何，公司的前景对基本薪资增长的影响都不应该太大，因为公司需要有效地吸引和保留优秀员工，那么其基本薪资在相当长的时间内都应该是具有竞争力的。

3.奖金计划

奖金是员工劳动报酬的一种分配形式，是对员工超过定额的劳动量支付的报酬。员工个人绩效薪酬模式，通常是一次性奖金计划。从广义上看，它属于绩效加薪的范畴，对员工而言，一次性奖金的激励效果比绩效加薪要差。

4.月度或季度浮动薪酬

月度或季度浮动薪酬是介于一次性奖金和绩效加薪之间的一种折中奖励方式。它一般是根据月度或季度绩效支付的绩效薪酬，往往与基本薪酬保持一定的比例，同时具有一次性奖金的灵活性。这种定期绩效认可计划能够强化绩效卓越的员工，强化员工表现出的理想行为或者对企业有益的活动等。

5.经营者年薪制

经营者年薪制又称绩效年薪，是以年度为周期确定经营者的基本薪酬，并根据经营成果浮动发放风险收益的一种薪酬制度。该制度主要着眼于建立经营者的考核管理制度，通过激励与约束相互制衡的机制，把经营者的责任与利益、绩效薪酬与效益紧密结合起来，以促进企业的可持续发展。

（三）团队绩效薪酬计划

团队绩效薪酬计划作为支持团队合作工作方式的激励模式，严格地讲，它是指不以员工个人绩效为基础而实施的旨在影响员工报酬的绩效薪酬方式。其基本含义是企业与一个生产经营部门或者员工群体事先设定一个目标，如果一个团队节约了生产成本或者用工成本，就将节约的部分按照事先规定的额度在团队中进行分配；如果超过既定的盈利目标，就将部分收益归团队所有。在实践中，企业一般根据团队层次或者整个企业层次来实施团队绩效薪酬模式。实际操作中，经常使用的形式有以下几种：

1.利润分享计划

利润分享计划是指用盈利状况的变动衡量团队或者整个企业的业绩，超过目标利润的部分则在整个企业的全部员工之间进行分配，所有员工都根据企业的经营状况获得红利，而不论个人的实际业绩水平如何。这与基于个人绩效的个人奖励计划有着根本的不同。利润分享计划的关键在于，以利润实体获得的总体利润为基数，在企业和员工之间分享总利润。一般利润分享制度有两种：一种是现金式利润分享，即将从利润中提取出来的利润在当年就以现金方式支付给员工，政府对此不审批，也不给予减免税的待遇。另一种是递延式利润分享，即在监督委托管理的情形下，企业按预定比例将部分利润分享金存入员工账户，在个人名下保留若干年后（如到退休前），再以现金形式支付给个人。由于个人收入所得税的支付要延期到员工退休后，这种计划使员工可以享受税收优惠。

从适用范围看，利润分享计划更适用于小型组织或者大型组织中的小型经营单位，因为在这样规模较小的单位中，员工们知道如何达到利润目标，并且对利润目标的实现确实是有影响力的。

利润分享计划具有两个方面的潜在优势：一方面，有助于促使员工关注组织的财务绩效以及更多地从组织目标的角度去思考问题，员工的责任感、身份认同感和使命感会增强；另一方面，有利于增加组织的支付弹性。利润分享计划的主要缺陷是在直接推动绩效改善以及改变员工或团队行为方面所起的作用不大。

2.收益分享计划

收益分享计划是指将一个团队、整个企业在本期生产成本的节约或者人工成本的节约与上期的相同指标进行比较，然后把节约额度的某一个事先确定的比例在这个部门或者整个企业中的全体员工之间进行分配。这种收益虽然是额外收益，但它常常是与某一项经济活动的效益相联系，而不是与企业的总体利润直接挂钩的，其目的是促使员工在满足企业生产经营一般要求的基础上，尽可能地创造更好的绩效。

收益分享一般以奖励薪酬方案的形式实施，比较适合在班组、小团体，以及从事间接服务的团队中推行。具体而言，收益分享方案更适合于具备以下条件的企业：①规模小的部门和单位，以小团队的形式比较好；②企业的财务状况良好，企业中没有大的资本投资计划；③企业产品的市场需求旺盛，企业的产品具有稳定性；④企业生产的季节性波动不强，员工能够控制产品的生产成本；⑤企业中不盛行加班加点；⑥生产部门的管理人员能力强，可以有效实施收益分享计划；⑦员工在本企业的工龄较长，绩效标准可以根据以往的情况估计，技术水平较高；⑧员工的参与意识较强，企业有一种开放和高度信任的气氛；⑨可以得到高层领导的支持，管理者能够信任员工并与之有效沟通。

收益分享计划最初由约瑟夫·斯坎伦设计。斯坎伦是美国俄亥俄州帝国钢铁厂的工会主席。20世纪30年代，他提出了一个劳资合作计划，其要点是如果能够使大萧条时期倒闭的工厂重新开工，工会就同意与工厂一起组成生产委员会，努力降低生产成本。最初的斯坎伦计划没有包括薪酬因素，后来演变为专项激励薪酬方案。

作为最初的团队薪酬激励方案，斯坎伦计划实施的意义在于强调参与式的管理模式，将员工和企业之间的关系建立在合作的基础上，同时为现代企业的奖金分配和增益分享制度提供了理论基础和运作思路。具体包括以下几点：

第一，强调通过团队工作降低人工成本，提倡员工配合企业的生产管理。

第二，组成有员工参与的两个委员会：一个是生产委员会，由管理人员和员工代表参加，任务是鼓励员工提合理化建议，如果建议被实施，就给予奖励；另一个是审查委员会，任务是加强管理者和员工之间的沟通，监督公司的绩效等。

第三，提出了一个收益分享公式：

$$\text{斯坎伦比}=\frac{\text{人工成本}}{\text{产品销售价值(销售收益和盘存货品价值之和)}}$$

例如，某公司每年劳动力的成本是4 400万美元，同期，产品销售额是8 300万美元(其中，销售收益为6 500万美元，盘存价值为1 800万美元)，则斯坎伦比为0.53。实际上，斯坎伦比提供的是一个增益分配基线。如果员工经过努力，使劳动力成本与销售产品价值之比低于这个比例，就会分享增益。

一个典型的斯坎伦计划需要6个实施步骤：

第一步：确定收益增加的来源，劳动成本的节约表示生产率的提高；次品率的降低表示产品质量的提高和生产材料成本的节约等。

第二步：将各种收益增加额相加得到增益总额。

第三步：收益提留或弥补上期亏空，提留比例一般是现期增益的1/4左右。

第四步：确定员工利润分享的比重，根据比重计算员工增益分享总额。

第五步；计算分享收益系数，其为员工分配的增益总额与员工当期工资总额之比。

第六步：用分享收益系数乘以各员工的工资，所得结果为该员工分享收益数额。

利润分享计划与收益分享计划作为激励员工工作的手段，在本质上非常相似，但是从实施范围和最终的激励效果来看，还是存在差别的。

首先，利润分享计划通常是在整个公司的范围来实施的，而收益分享计划通常是在各个部门的范围内实施的。利润分享计划的衡量指标一般是企业利润，而收益分享计划的衡量指标除了利润，也可以是生产水平的提高状况。

其次，收益分享计划强调员工奖励与团队绩效的联系，所以员工的努力与个人收益之间的联系更容易被员工感受到，因此对员工的激励效果要好些。而利润分享计划涉及目标利润的确定、管理层的决策质量以及经济周期等企业外部各种因素。因此，员工对利润的增加或者减少是难以观察和控制的。这样就导致在利润分享计划中，员工的努力与个人收益之间的联系被削弱，使得利润分享计划的激励效果减弱。

3.成功分享计划

成功分享计划又被称为目标分享计划，它的主要内容是运用平衡计分卡来为某个经营单位制定目标，然后对超越目标的情况进行衡量，并根据衡量结果对经营单位提供绩效奖励的一种做法。

成功分享计划区别于收益分享计划。收益分享计划所关注的主要是生产力和质量指标，与直接的利润指标无关；成功分享计划所涉及的目标则可能包括财务绩效、质量和客户满意度、学习与成长以及流程等经营领域中的各个方面。

成功分享计划区别于利润分享计划。利润分享计划所关注的是组织目标尤其是财务目标是否达成，只要目标达到了，员工们就会得到货币报酬或非货币报酬；成功分享计划所关注的是员工在团队层次上的表现以及一些更为广泛的绩效结果。

（1）成功分享计划中的实施要点：根据核心业务流程制定关键绩效指标；经营单位中的所有员工全体参与；管理层与基层员工共同制定绩效目标；定期衡量绩效，及时沟通；适时结束。

（2）成功分享计划的设计程序包括：第一，建立成功分享计划委员会；第二，明确指标，并且确定不同指标之间的权重；第三，制定经营绩效指标，为绩效指标确定公平合理的进展目标并确定奖励的办法。

4.其他形式的团队激励薪酬

目前在企业管理中，团队建设和成员激励问题日益受到关注，相应地，团队薪酬设计与管理也是现代企业薪酬管理中一个十分热门的领域。团队根据组织形式和任务目标，一般有3种形式：平行团队、流程团队和项目团队。每种团队都具有一定的特点，也需要采取与之相匹配的薪酬方案。

（1）平行团队的薪酬支付。平行团队通常是为解决某一特殊的问题或承担一项特定的任务而组建的。这种团队可以是暂时的，也可以是长期的，但成员基本上是兼职的。这些兼职人员除了特殊需要之外，往往会将大部分时间、精力投入到常规的、正式的工作中，而不是临时团队中。对于平行团队，一般不主张实行标准的、长期的激励薪酬形式，可实行一次性认可的货币奖励或者一些非货币性奖励。

（2）流程团队的薪酬支付。流程团队是通过其成员的共同合作来承担某项工作或某个工作流程，一般具有全职性和长期性的特点。流程团队成员接受过正规训练，工作能力相当或技能互补，工作目标明确。企业对流程团队的薪酬支付有别于平行团队，应该先支付基本工资，但支付的等级不应过细，标准不应差距过大，可以兼顾市场工资率和工作考核结果。同时，适当的增薪、认可的绩效奖励薪酬等形式都是非常必要的。

（3）项目团队的薪酬支付。项目团队是为了开发一种新的产品或服务而组成的一个工作团队。项目团队成员来源不同，等级、能力、专长也有所不同。在项目期内，要求其全职工作。根据这些特点，在支付项目团队成员的报酬时，可以考虑根据任务、职责和能力区分不同的基本薪酬等级和增薪幅度。支付绩效薪酬时可采用两种办法：为了强化支付和为了人的贡献大小支付。但后者管理的难度相对前者要大。

此外，对项目团队的薪酬支付还要考虑项目各个时期的特点。例如，在初创期，应慎用具有过于刺激性的报酬，以免影响合作；在震荡期，可适当加大激励力度，以稳定中坚力量；在稳定期，可采用规范的、标准的薪酬方案。

（四）长期绩效激励制度

长期绩效激励制度是指绩效衡量周期在一年以上的，对既定绩效目标达成提供奖励的计划。这种计划的主要实施对象是对企业发展起着重要作用的人员（如高级管理人员）。长期绩效激励计划以经济目标为导向，但随着员工绩效考核的改进，开始延伸到其他绩效要素指标，比如客户满意度指标、服务质量指标等。

长期绩效激励制度通常有员工持股计划、股票期权、期股等种类和方式。

1.员工持股计划

广义上的员工持股计划是指企业骨干人员以各种形式持有本企业股票（股份），狭义的员工持股计划是指企业骨干人员按照与资产所有者约定的价格出资购买一定数量的本企业股票（股份）。企业骨干人员持股既可以作为企业员工持股计划的一部分，也可以独立进行。从广义上讲，企业骨干人员持有的股权有以下几种方式：现金购买、以贴息或低息贷款购买、奖励股份、积累资金量化股份、设置岗位股（分红权）和技术入股、行使股票期权、获得期股。

2.股票期权

股票期权又称购股选择权，是指参与者在与所有者约定的期限（如3年以上至10年以内），拥有以某一预先确定的价格购买一定数量本企业股票的权利。这种期权往往是无偿赠予的，也通常是不可再转让的。购买这种股票的行为叫行权，约定的购买价格叫行权价。标准的期权激励表现为经营者可以决定行权或不行权。如果行权，股票解冻后，经营者可以将股票转让兑现，转让价与行权价之差便构成经营者的长期收入。期权激励具有以下特点：①期权激励的标的与获利机制是分离的。期权激励的标的是股票，而获利机制是股票在市场上的市值。②它是一种权利，而非义务。期权已经锁定了交易条件，从而减少了买方的交易风险。买方可以决定买或不买，而卖方不能决定卖或不卖。因此期权激励对经营者来说是“负盈不负亏”。如果企业盈利增长，股票市值上涨，则经营者可以使用期权以获利；反之，经营者可以放弃行权以避险。③它是一种未来概念，不侵害所有者的既有利益。期权激励不是对全部利益部分的分割，而是对新的利益增长部分的分割，具有很大的不确定性，但这也正是期权激励的魅力所在。股票期权能抑制经营者的短期行为，并为企业吸引优秀的管理人才。

实施股票期权需要一个完整的计划。以美国为例，这个计划一般包括选择实施股票期权的类型、赠予条件（受益人、赠予时机、行权价的确定方法、授予期的安排）、结束条件、执行方法、行权时机、公司对股票期权计划的管理等几个方面。

3.期股

期股激励实际上是期权激励的一种变形方式，是要事先确定业绩与奖励期权的对应关系，即参与者到期必须行权，参与者要承担相当大的风险。与标准的期权相比，期股更能体现收益与风险对称的原则，所以在我国很受青睐。

五、绩效薪酬模式设计应注意的问题

设计绩效薪酬体系，目的在于建立有效的激励机制。因此，无论采用何种绩效薪酬模式，都必须与企业战略和经营目标挂钩。薪酬方案不仅要考虑员工的需求，还应注意下列要素：

其一，匹配。设计绩效薪酬，必须考虑该模式能否支持关键的经营目标。如果绩效薪酬奖励的方向与企业经营目标不一致，企业将无法从中受益。为确保绩效薪酬方案的设计工作合理并与目标相匹配，必须进行仔细分析。

其二，定位。确定适用对象的范围有助于企业将人力、物力集中于那些最能影响企业经营结果的员工身上，从而提高激励的针对性，也有利于控制薪酬成本。

其三，风险承受力。进行绩效薪酬设计时应考虑一些至关重要的企业文化因素，不同的员工队伍可能有不同的风险承受力（例如，销售人员可能比生产人员有更大的风险承受力）。企业应在充分了解员工的风险承受力的基础上，制定出合理的决策。

其四，绩效管理。必须有效地将薪酬与不同层次（个人、团队或公司）的业绩相联系。该程序必须清晰、明确，便于员工和管理者操作。

课后练习题

1.选择题

（1）与前一期业绩水平进行比较的业绩改进方法是（　　）。

A.目标比较法　　B.水平比较法

C.横向比较法　　D.纵向比较法

（2）绩效管理的最终目标是（　　）。

A.确定被考评者未来的薪金水平

B.帮助员工找出提高绩效的方法

C.制订有针对性的培训计划和培训实施方案

D.促进企业与员工的共同提高与发展

（3）绩效结果的应用包括（　　）。

A.培训需求的产生　　B.绩效薪资的计算和发放

C.员工个人发展规划　　D.以上都是

（4）在制订绩效改进计划时要符合一些要求，（　　）是不符合要求的。

A.计划要切合实际　　B.计划要具体

C.计划要获得认同　　D.计划可无限制完成

（5）对绩效考核指标和标准体系的诊断一般发生在绩效管理的（　　）。

A.考评阶段　　B.实施阶段

C.总结阶段　　　　　　　　　　　　　　D.应用开发阶段

2.判断题

（1）将绩效与薪酬联系起来，即依据绩效评估的结果进行与薪酬有关的决策，这种方式不会引起组织内部的矛盾和冲突。（　）

（2）绩效评估的结果可能用来衡量招聘选拔和培训的有效性，可作为员工选拔与培训的标准。（　）

（3）绩效评估的职能是衡量员工工作情况与标准的差距，所以在员工培训与发展的领域中没有用途。（　）

（4）个人发展计划是指根据员工有待发展提高的方面，包括一定时期内完成的有关工作绩效和工作能力改进与提高的系统计划，也是绩效管理的一种应用方式。（　）

3.问答题

（1）选取绩效待改进方面的原由是什么？

（2）简述绩效薪酬的特点。

（3）在使用基于考核结果的培训需求分析时，需要考虑哪些方面？

4.实务题

某公司表彰了一批员工，可其中有相当一部分人在大多数员工看来是不应该上这个光荣榜的，因为他们的工作表现一般，无论是业绩还是态度都只能算中等。经过比较，大家得出了比较一致的观点：和领导走得近一点、私人关系好一点，比工作干得卖力一点更为重要。

要求：请谈谈你对这个现象的看法。

案例分析

华丰公司的绩效管理改进策略

华丰公司的绩效考核计划遇到了管理上的难题。公司所有的非管理性员工都由上级主管进行半年考核。现行的绩效考核表格见表7-9。考核等级为：优=5分；良=4分；中=3分；可=2分；差=1分。每个考核指标的得分汇总后得到总的考核得分。

表7-9　**华丰公司绩效考核表**

各位评价人员：请根据人力资源部门的要求，完成对每个员工的考核。对员工的工作负有75%及以上责任的主管都应当对员工进行考核。请分别对员工绩效的每个方面进行考核。

工作质量	1优	2良	3中	4可	5差
工作数量	1优	2良	3中	4可	5差
可靠性	1优	2良	3中	4可	5差
工作创新	1优	2良	3中	4可	5差
合作性	1优	2良	3中	4可	5差
与同事关系	1优	2良	3中	4可	5差

总分：

评价人员签名：

员工签名：

考核过程如下：每个上级主管在每年年初对每个员工上一年度的绩效表现进行考核。主管在与员工讨论考核结果之后，再报送人力资源部；然后，人力资源部再把考核的结果放在员工的人力资源档案中，如果出现职务晋升的机会，就会综合考虑累积的考核结果。当然，在对工资水平进行调整的时候也会参考这些资料。

人力资源部的刘经理发现，员工不仅不关心目前公司采用的这套绩效管理体系，而且对公司的绩效管理工作的印象非常不好。一次非正式的调查表明，一半以上的主管人员在不到3分钟的时间里就完成了考核，在没有与员工讨论之前就把这些表格传递给了人力资源部。其余的主管人员花在考核上的时间略多一点，但是，与员工沟通考核结果的时候，也非常简单，只是走走形式罢了。

刘经理还发现，主管在进行职务晋升或增加工资决策的时候，很少参照这些考核表格。因此，大多数主管认为这种绩效考核是一种形式主义，既麻烦又没有实际作用。而刘经理认为，公司现在开展的绩效考核还是很有用的：为员工提供了积极的反馈，有助于未来绩效的改进，有助于员工能力的开发，为晋升和薪酬决策提供了客观依据。但是在绩效管理设计方面，刘经理也认为许多地方可以进行改进，让主管和员工们不再把绩效管理当作走形式。

问题分析：请为刘经理指出应该采取哪些改进措施。

第七章课后练习题答案

第八章 绩效管理常用工具

学习目标

通过本章的学习，应该掌握以下几个方面的内容：

1.目标管理的概念、特征，以及基本操作步骤；

2.360度绩效考核的概念、特征与操作要点；

3.关键绩效指标（KPI）的建立步骤；

4.平衡计分卡（BSC）的实施步骤和实施条件；

5.经济增加值（EVA）的考核模式。

引导案例

华兴公司2010年年初开始实施平衡计分卡战略绩效管理体系，但是不到一年便宣告失败。因为内部推行的失败，华兴公司不得不寻求外部咨询机构的帮助。事情是这样的：

华兴公司人力资源部方总监在上海参加过一次相关培训后想：假如华兴公司有了这样先进的战略绩效管理工具，不但能够完善公司的管理体系，而且能有力推动公司的快速发展。方总监的想法得到了姚总裁的大力支持，他任命方总监为战略绩效管理项目推进小组的组长。

在总裁的强力支持下，方总监多次组织公司各部门总监开会，并对各部门总监及经理们进行了平衡计分卡的培训，大力宣讲平衡计分卡在战略绩效管理中的作用。方总监组织人员加班加点设计了大量的平衡计分卡表格，下发到各个部门。两个月后，各部门的表单终于上交给人力资源部了。华兴公司根据平衡计分卡的四个维度制定了较为完整的绩效指标体系：财务、客户、内部运营和学习与成长四个层面的指标。

平衡计分卡战略绩效管理项目一开始实施，问题就接踵而来。比如，销售部的“客户满意度”绩效指标，要求客户填写满意度调查表的内容，因为华兴公司提供石油钻井配套钢管等材料，客户遍布全球，“客户满意度”绩效指标在操作上要付出很大的代价。还有针对行政部工作人员的考核，如何制定量化绩效指标，人力资源部也没有给出明确的方法。有的部门甚至出现了部门内员工的绩效很优异，但直接主管的绩效很差的现象。行政部经理、销售部总监、生产部总监纷纷要求方总监调整绩效指标。结果绩效指标越调越乱，部门抵触情绪也越来越大，员工怨声载道。生产部所辖的生产车间里有五位高级技师因为绩效指标考核的不合理，导致绩效工资大幅度降低，愤然提出辞职，这件事情也惊动了姚总裁，最后总裁亲自出面挽留了五位资深的员工。最终，华兴公司的平衡计分卡战略绩效管理体系不了了之。

请问：选择绩效管理工具时应注意什么问题？

资料来源：王小刚.战略绩效管理最佳实践实战案例解析［M］.北京：中国经济出版社，2013.

在绩效管理的发展历史中，管理思想在不断发生着变化。我们需要注意的是，每一次管理思想的演变，都伴随着新的绩效管理工具的出现和持续开发、应用。可以说，绩效管理工具既为绩效管理实践提供了重要的推动力量，同时也是绩效管理理论和实践积累的重要财富。对于这些管理工具，我们必须认真理解和掌握，才能从容应对绩效管理活动中出现的各种困难和挑战。比较著名的绩效管理工具有：目标管理、360度考核法、关键绩效指标法、平衡计分卡和经济增加值。

第一节　目标管理

一、目标管理概述

目标管理（managent by objectives，MBO）是由美国著名管理学家彼得·德鲁克于1954年在《管理的实践》一书中提出的，是以泰勒的科学管理和行为科学理论为基础形成的一套管理制度。这套制度使组织成员可以亲自参与工作目标的制定，实现“自我控制”，并努力完成工作目标。这种制度在美国应用得非常广泛，特别适用于对主管人员的管理。目标管理是德鲁克所提出的最重要、最有影响的理念，并已成为当代管理体系的重要组成部分，被称为“管理中的管理”。目标管理提出以后，便在美国迅速流传。时值第二次世界大战后西方国家经济由恢复转向迅速发展的时期，企业亟须采用新的方法调动员工积极性以提高竞争能力，目标管理的出现可谓应运而生，遂被广泛应用，并很快为日本、西欧国家的企业所仿效。

德鲁克提出“目标管理和自我控制”的主张后，又在此基础上进行了发展。他认为，并不是有了工作才有目标，正好相反，有了目标才能确定每个人的工作。企业的总目标和任务必须转化为分目标，企业的各级主管必须通过这些分目标对各级员工进行领导，以此来达到企业的总目标。如果一个团体没有特定的目标，则这个团体必定被忽视。如果没有方向一致的分目标来指导各级主管人员的工作，则企业规模越大，人员越多时，发生冲突和浪费的可能性也就越大。目标管理的最大优点在于：以目标给人带来的自我控制力取代来自他人的支配式的管理控制方式，从而激发人的最大潜力，充分发挥人的主观能动性。

目标管理脱胎于传统管理，但又与传统管理有一定的区别，通过表8-1我们可以进行对比。

二、目标管理的内涵

目标管理是一种程序或过程，是指组织中最高管理者根据组织所面临的内外部形势需要，制定出在一定时期内组织经营活动所需达到的总目标，然后由组织内各部门和员工根据总目标来确定各自的分目标，并在获得适当资源配置和授权的前提下积极主动地为各自的分目标努力，从而使组织的总目标得以实现，并把目标完成情况作为考核依据的管理模式。因此，目标管理是一个明确的达成目标的过程，如图8-1所示。

表 8-1 **传统管理与目标管理的区别**

项目	传统管理	目标管理
利润观念	利润最大化	利润是实现一系列目标后的结果
关注重点	结果	目标
过程管理	强调规则、程序和制度	目标第一，过程第二
控制理念	更多通过外部方法控制员工	强调员工自我约束、自我发展
管理类型	服从式管理	参与式管理
工作状态	没有重点，强调合作精神	强调团队合作
员工状态	程序型员工	知识型员工

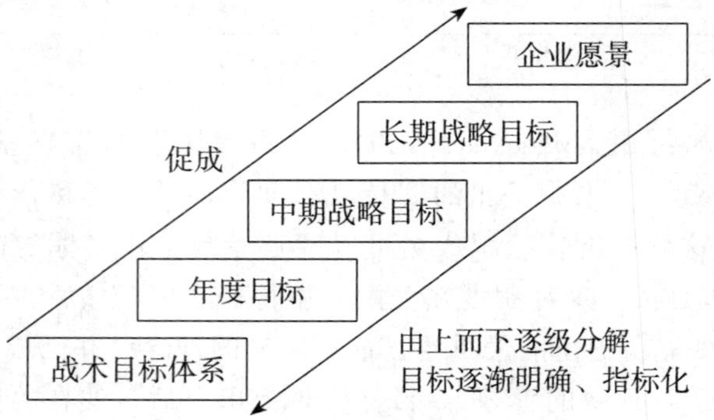

图 8-1 目标达成过程

目标管理以 Y 理论为指导思想，认为只要目标明确，员工就能够对自己负责，自己对照目标开展工作，实现自我激励，自我管理。目标管理与传统管理的共同要素包括：明确目标、参与决策、规定期限、反馈绩效。

在具体方法上，目标管理又是泰勒科学管理的进一步发展，它与传统管理方式相比有鲜明的特点，可概括为：

第一，重视人的因素。目标管理是一种参与的、民主的、自我控制的管理制度，也是一种把个人需求与组织目标结合起来的管理制度。在这一制度下，上级与下级的关系是平等、尊重、依赖、支持的，下级在承诺目标和被授权之后是自觉、自主和自治的。

第二，建立目标锁链与目标体系。目标管理通过专门设计的过程，将组织的整体目标逐级分解，转换为各单位、各员工的分目标。从组织目标到经营单位目标，再到部门目标，最后到个人目标。在目标分解的过程中，权、责、利三者已经明确，而且相互对应。这些目标方向一致，环环相扣，相互配合，形成协调统一的目标体系。只有每个人完成了自己的分目标，整个企业的总目标才有完成的希望。

第三，重视成果。目标管理以制定目标为起点，以目标完成情况的考核为终结。工作成果是评定目标完成程度的标准，也是人事考核和奖评的依据，成为评价管理工作绩效的唯一标志。至于完成目标的具体过程、途径和方法，上级并不过多干预。所以，在目标管理制度下，监督的成分很少，而控制目标实现的能力却很强。

基于以上分析，可以看出目标管理的特点主要表现在下述几个方面：

第一，明确目标。美国马里兰大学相关人员的早期研究发现，明确的目标要比只要求人们尽力去做结果更好，高水平的业绩是和高的目标相联系的。在企业中目标技能的改善会继续提高生产率。当然，目标制定的重要性并不限于企业，在公共组织中也是有用的。

第二，参与决策。目标管理中的目标不是像传统的目标设定那样，单向由上级给下级规定目标，然后分解成子目标落实到组织的各个层次上，而是用参与的方式决定目标，上级与下级共同参与选择设定各对应层级的目标，即通过上下协商，逐级制定出整体组织目标、经营单位目标、部门目标直至个人目标。因此，目标转化过程既是“自上而下”的，又是“自下而上”的。

第三，规定时限。目标管理强调时间性，制定的每一个目标都有明确的期限要求，如一个季度、一年、五年，或在已知环境下的任何适当期限。在大多数情况下，目标的制定可与年度预算或主要项目的完成期限一致，但并非必须一定如此，这主要是要依实际情况来定。某些目标应该安排在很短的时期内完成，而另一些则要安排在更长的时期内完成。同样，在典型情况下，组织层级的位置越低，为完成目标而设置的时间往往越短。

第四，评价绩效。目标管理寻求不断将实现目标的进展情况反馈给个人，以便他们能够调整自己的行动。也就是说，下属人员承担为自己设置具体的个人绩效目标的责任，并具有同他们的上级领导一起检查这些目标的责任，因此每个人对他所在部门的贡献就变得非常明确了。尤其重要的是，管理人员要努力吸引下属人员对照预先设立的目标来评价业绩，积极参加评价过程，用这种鼓励自我评价和自我发展的方法，鞭策员工对工作的投入，并创造一种激励的环境。

三、 目标管理模式的选择

目标管理是企业绩效管理的工具，要与企业特征相匹配，否则难以发挥好的效果，甚至可能起到负面作用。不同企业需要不同的目标管理模式。模式的选择要与企业特性、管理风格的分析相结合。

（一）分析企业特性

企业特性不同，目标管理模式也应有所不同。分析企业特性可以从以下几个方面考虑：

（1）企业面对的市场是成长型还是衰退型？

（2）企业是劳动密集型、资本密集型还是技术密集型？

（3）员工的素质怎么样，是否需要继续培养？

（4）员工的人际关系怎么样？

（二）分析管理风格

管理风格决定了绩效管理模式的执行方式。管理风格不同，目标管理模式也应不同，见表8-2。

表8-2 **企业的管理风格**

项目	内部控制松散	内部控制严密
主动型领导	专制型	贯彻型
被动型领导	放任型	官僚型

（三）选择目标管理模式

通过对管理风格的分析，结合企业特性，我们可以选择基本的目标管理模式，见表8-3。

表8-3 目标管理模式选择

项目	内部控制松散	内部控制严密
主动型领导	业绩型或能力型目标管理	能力型目标管理
被动型领导	业绩型目标管理	业绩型或能力型目标管理

两种目标管理模式的对比见表8-4。

表8-4 两种目标管理模式的对比

项目	业绩型目标管理	能力型目标管理
典型步骤	1.总经理根据长期经营计划制定并公布公司的年度总目标 2.根据年度总目标制定并公布部门目标 3.基层单位根据部门目标制定并公布基层目标 4.员工根据所在部门目标制定个人目标 5.把所制定的各级目标汇总成目标体系图	1.将改进工作的必要性通知各部门及员工 2.总结出工作待改进的地方和改进工作的方法，经总部整理和补充后下发全公司 3.按照总结材料，制订工作改进方案并上报领导 4.制定个人目标 5.管理部门汇总后，提出意见报总经理 6.员工实行自我管理，定期报告目标执行情况 7.员工对目标完成情况进行自我评价，再报上级考核
优点	1.目标易于制定 2.只要总目标正确，就能最大限度地保证企业经营业绩的实现 3.形成目标链，能增进员工的整体意识和树立团队精神	1.目标是自主制定的，不是上级分配的，员工实现目标的热情高、动力大 2.自己找不足、定目标、定方法，能挖掘潜力，提高员工的自我管理能力，有利于培养人才 3.对于难以度量业绩的职能部门特别适合
缺点	1.上级制定目标时易被干涉，自主权会受到限制 2.总目标错误会给企业带来灾难性后果 3.目标链一旦某个环节出现问题，就会牵一发而动全身	1.目标之间缺乏整体性和关联性，过分注重个人目标，可能会忽视全公司目标 2.因为没有可遵循的上级目标，合适的目标难以制定，甚至有敷衍的可能 3.因授权不彻底而使其效果大打折扣

企业可依据两种目标管理模式的特点，结合领导风格，选择合适的目标管理模式，需要注意的是，领导风格与目标管理模式并不是任意组合的，通常有如下几种选择：

1.贯彻型：选择能力型目标管理

贯彻型的领导一般业绩好，但整体意识不足，缺乏创新热情，部门之间缺乏配合，也就是说，贯彻型领导一般缺乏整体观念和团队意识，适合采用能力型目标管理，以能力型目标管理来改变他们的思想观念。

2.放任型：选择业绩型目标管理

放任型领导完全放任员工，常常不清楚员工的工作情况，因此首先应给他们确认目标，完成既定目标后再考虑他们的能力问题。因此放任型领导适合采用业绩型目标管理。

3.专制型：选择业绩型或能力型目标管理

专制型领导通常很主动，但管理松散，可以通过目标体系把企业上下所有管理任务明确分工，加强业绩管理，从而提高企业的业绩。当然，有些企业采用能力型目标管理也取得了不错的效果，说明专制型领导适合这两种目标管理模式。

4.官僚型：选择业绩型或能力型目标管理

企业一旦形成官僚主义后需要员工热情投入，因此采用能力型目标管理效果较好。当然，在官僚体制下，业绩型目标管理也能取得理想的效果。

四、目标管理的基本程序

由于各个组织活动的性质不同，目标管理的步骤可以不完全一样，但一般来说，可以分为以下五步：

（一）建立完整的目标体系

实行目标管理，首先要建立一套完整的目标体系。这项工作总是从企业的最高主管部门开始的，然后由上而下逐级确定目标。上下级的目标之间通常是一种“目的-手段”的关系；某一级的目标，需要用一定的手段来实现，这些手段就成为下一级的次目标，按级顺推下去，直到作业层的作业目标，从而构成一种锁链式的目标体系。

企业目标设置要适应组织未来的经济展望，以此确定战略总目标；分析组织结构、人力资源分布，以及组织财务限制，制定短期内管理活动预期达到的执行目标。因此，目标设置不是简单地将总目标分解，而需要综合考虑内外条件，明确所有的和需要的资源、所应采取的方法，了解当前位置、将要采取的行动，并合理安排时间。

目标设置是目标管理最重要的阶段，这一阶段可以细分为四个步骤：

（1）高层管理者拟定目标，这是一个暂时的、可以改变的目标预案。既可以由上级提出，再同下级讨论，也可以由下级提出，上级批准。无论采用哪种方式，必须由上下级共同商量决定。此外，领导必须根据企业的使命和长远战略，估计客观环境带来的机会和挑战，对本企业的优劣情况有清醒的认识，对组织应该和能够完成的目标做到心中有数。

（2）重新审议组织结构和职责分工。目标管理要求每一个分目标都有确定的责任主体。因此拟定目标之后，需要重新审查现有组织结构，根据新的目标分解要求进行调整，明确目标责任者和协调关系。

（3）确立下级的目标。首先让下级明确组织的规划和目标，然后商定下级的分目标。在讨论中上级要尊重下级，平等待人，耐心倾听下级意见，帮助下级发展一致性和支持性目标。分目标要具体量化，便于考核；分清轻重缓急，以免顾此失彼；既要有挑战性，又要有实现可能。每个员工和部门的分目标要和其他的分目标协调一致，支持本单位和组织目标的实现。

（4）上级和下级就实现各项目标所需的条件以及实现目标后的奖惩事宜达成协议。分目标制定后，要授予下级相应的资源配置的权力，实现权、责、利的统一。由下级书写书面协议，编制目标记录卡片，整个组织汇总所有资料后，绘制目标图。

制定目标的工作如同所有其他计划工作一样，非常需要事先拟订和宣传前提条件，这是一些指导方针，如果指导方针不明确，就不能希望下级主管人员会制定出合理的目标来。此外，制定目标应当采取协商的方式，应当鼓励下级主管人员根据基本方针拟订自己的目标，然后由上级批准。

（二）明确责任

目标体系应与组织结构相吻合，从而使每个部门都有明确的目标，每个目标都有人明确负责。然而，组织结构往往不是按组织在一定时期的目标而建立的，因此，在按逻辑展开目标和按组织结构展开目标之间，时常会存在差异。其表现是，有时从逻辑上看，一个重要的分目标找不到对此负全面责任的管理部门，而组织中的有些部门也很难为其确定重要的目标。这种情况的反复出现，可能最终导致对组织结构的调整。从这个意义上说，目标管理还有助于发挥组织机构的作用。

（三）组织实施

目标既定，主管人员就应放手把权力交给下级成员，自己去抓重点的综合性管理工作。完成目标主要靠执行者的自我控制，如果在明确了目标之后，作为上级主管人员还像从前那样事必躬亲，便违背了目标管理的主旨，不能获得目标管理的效果。当然，这并不是说上级在确定目标后就可以不管了。由于形成了目标体系，一环失误，就会牵动全局，因此领导在目标实施过程中的管理是不可缺少的。领导首先应进行定期检查，利用双方经常接触的机会和信息反馈渠道自然地进行；其次要向下级通报进度，便于互相协调；最后要帮助下级解决工作中出现的困难，当出现意外、不可控事件等严重影响组织目标实现时，也可以通过一定的手续，修改原定的目标。因此，上级的管理应主要表现在指导、协助、提出问题，提供情报以及创造良好的工作环境方面。

（四）检查和评价

目标实现程度是对目标的定量测算与定性评价，目的是使管理者和执行者找出目标管理中存在的问题，明确是目标设置有问题，还是执行过程有问题；或是实际达到的目标超出拟定的目标。寻找原因，有助于管理者进行合理决策。对各级目标的完成情况，要事先规定出期限，定期进行检查。检查的方法可灵活地采用自检、互检和责成专门的部门进行检查的方式进行。检查的依据就是事先确定的目标。对于最终结果，应当根据目标进行评价，并根据评价结果进行奖罚。经过评价，使得目标管理进入下一轮循环过程。

（五）结果反馈

目标管理法要求充分沟通，从上级到下级明确自己的目标责任，并明确目标实现过程的进度及存在的问题，这样才能及时调整和修正目标，明确员工自身工作状态和目标状态，对预期目标的达成和进度进行计划和安排，并为实现目标做好准备。

目标管理观念特别重视和利用员工对组织的贡献。员工参与目标的建立，可以从消极旁观者变为积极参与者，能充分调动其积极性。管理者应抓总目标的设立及结果，减少过程中的参与，将更多精力放在决策上。评价过程更是一个沟通和反馈过程，建立一个良好的目标管理实施系统很重要，如图8-2所示。

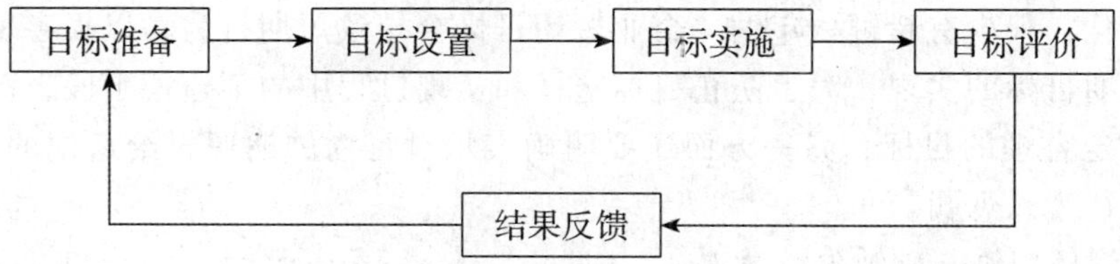

图8-2　目标管理实施系统

五、　目标管理应当注意的问题

（1）领导把自己的目标当成企业的目标。很多企业不是没目标，问题是这个目标是领导的个人目标，领导的目标是与个人的理想、抱负和兴趣有直接关系的，但它往往与企业自身的资源和能力并不完全一致。

（2）目标多变。有人比喻其老总的目标是一个“移动靶”，员工不停地追他的目标，根本不知道下一步它会怎么变，导致员工茫然。

（3）目标模糊。最常见的情况是有总体的目标，但没有具体的目标。比如，企业谈得最多的就是明年的销售额要增长到5 000万元还是5亿元，利润要达到多少，却没有规划过具体的目标，如成本如何控制、销售费用如何投放、营销部门是应增加人员还是通过培训来提高人员的水平，这些都没有具体的方向。其实，这种目标完全是一种口号，无法具体指导企业的工作。

六、　目标管理的优缺点

（一）目标管理的优点

（1）组织内易于度量和分解的目标能带来良好绩效。如果这些目标责、权、利明确，目标管理常会取得立竿见影的效果。

（2）有助于改进组织结构和职责分工。目标管理能促使管理人员根据目标去确定组织的任务和结构。只要规定了各层级的分目标和任务、组织机构在允许的范围内按照实现目标的要求来设置和调整、各个职位的职责分工围绕所期望的成果来调整，就会使组织结构更趋合理与有效。此外，为了取得期望的效果，各级管理人员必然要深思熟虑实现目标的方法和途径，考虑相应的组织机构和人选，授予下属人员相应的权力，使其与组织的任务和岗位的责任相对应，这也有利于理顺管理关系。

（3）能充分调动员工的主动性、积极性、创造性。将自我控制利益和组织利益紧密联系起来，提高员工主观能动性。

（4）促进沟通、交流，强调团队协作。

（二）目标管理的缺点

1.目标难以制定

由于许多目标难以定量化、具体化，许多工作不可分解，真正可考核的目标是很难确定的，尤其是要目标都具有正常的“紧张”和“费力”程度，即“不跳够不到”“跳一跳够得到”的合理程度，非常困难。此外，组织环境可变因素越来越多，内部活动日益复杂，活动结果的不确定性越来越大，这些都使目标量化变得越来越困难，所确定的目标往往容易短期化，很少有超过一年的。企业短期目标会导致短期行为，以损害长期利益为代价，换取短期目标的实现。为了防止目标选择和实现过程中的不道德手段，高层管理人员一方面要确定合理的目标，另一方面还要明确表示对行为的期望，给道德的行为以奖励，给不道德的行为以惩罚。

2.目标管理理论基础缺失

目标管理主要理论基础Y理论假设，对人的动机做了乐观假设，实际上“机会主义本性”无处不在，尤其是在管理监督缺乏的情况下。因此，目标管理所提倡的承诺、自觉、自律、自治和自我激励的氛围并不总能形成。

3.通过上下反复沟通形成执行目标的方法增加了管理成本

上下反复沟通、统一思想、达成共识的方法需要时间和成本；在达成共识的过程中，由于机会主义本性的存在，人们会自然地站在自己的利益上考虑问题并取得更多看得见的利益，忽略协作和组织目标。

4.目标与绩效标准难以确定

奖惩与目标、绩效不一定匹配，也就难以保证评价的公平和公正，作为一种管理工具，其公平性、公正性受到质疑。

5.目标修正不灵活

目标管理要取得成效，就必须保持目标的明确性和肯定性，如果目标经常改变，说明计划没有经过深思熟虑，所确定的目标是没有意义的。但是，如果目标管理过程中，环境发生了重大变化，特别是上级部门的目标已经修改，计划的前提条件或政策已变化的情况下，还要求各级管理人员继续为原有的目标而奋斗，显然是愚蠢的。然而，由于目标是经过多方磋商确定的，要改变它就不是轻而易举的事，常常修订一个目标体系与制定一个目标体系所花费的精力和时间是差不多的，结果很可能不得不中途停止目标管理的进程。

无论如何，目标管理作为一种管理工具，对推动当时管理方法的变革具有划时代的意义，为未来绩效管理发展奠定了基础，它作为一种先进的管理思想和管理理念，对后期的许多管理理论产生了重大影响。

第二节 360度绩效考核法

早在19世纪40年代，欧美国家的有些组织就开始利用类似360度绩效考核的方法对自身的绩效、发展变化等进行评价。20世纪80年代以来，由于全球化竞争压力，管理环境变得更加复杂，员工与企业之间的关系也在发生着前所未有的调整和变化。为了适应客户服务受到更多的关注、对质量品质的重视以及员工关注个人职业生涯规划等新的管理理念和管理方式的客观要求，360度绩效考核法便应运而生。

一、360度绩效考核法的概念

360度绩效考核法又称360度反馈、多评估者评价或多角度反馈系统。它是由被考核者的上级、同级、下级或客户以及被考核者本人担任考核者，从多个角度对被考核者进行全方位的评价，通过反馈考核结果，从而达到改变被考核者行为、提高其工作绩效、促进其职业发展的目的，如图8-3所示。360度绩效考核可以用来为组织的选拔、考核、发展、培训以及变革服务。

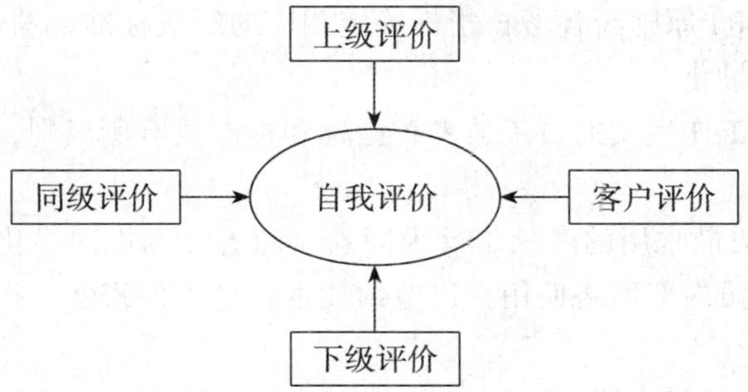

图8-3　360度绩效考核示意图

360度绩效考核的出发点是扩大考核者的范围和类型，从不同层次的人员中收集评价信息，从多个视角对员工进行综合评价，然后由有关部门或外部专业人员根据有关人员对被考核者的评价，对比被考核者的自我评价，向被考核者提供反馈，以帮助被考核者提高其能力水平和业绩。评价内容可包括沟通技巧、人际关系、领导能力、行政能力等。其目的是达到有效的评价，从所有可能的渠道收集信息，获取组织成员行为的观察资料，使各种考核者的优势互补，使考核结果公正而全面。它与传统的自上而下评价的本质区别就是其信息来源具有多样性，从而保证了考核的准确性、客观性和全面性。被考核者不仅可以从自己、上司、下属、同事甚至顾客处获得多种角度的反馈，也可从这些不同的反馈清楚地知道自己的不足、长处与发展需求。

二、　360度绩效考核法的应用对象

360度绩效考核从多个角度收集绩效信息，使评价结果更准确、更可被接受，这些优点能让现代企业的每一位员工都从中获益。

不过，360度绩效考核法最合适的应用对象还是企业的管理人员，尤其是中高级别的管理人员。从高级别的管理层开始推行360度绩效考核法，可以让普通员工认识到考核的开展是经过严格的审核，而且是一视同仁的。另外，员工们看到企业的高级主管们愿意倾听他们的声音，也会更乐意接受其意见，努力进行自我提升。因此，当360度绩效考核法随后应用于一般员工时，也就更容易为员工们所接受。

另外，要想通过360度绩效考核法转变企业文化，需要从高级管理人员做起，然后再把效果层层传达给企业的各级员工。

三、　360度绩效考核法的实施流程

（一）考核指标的设计

360度绩效考核法实施前要完成几项重要工作：

第一，确定评估目的。讨论和明确开展360度绩效考核法的目的，是用来进行人员、领导力开发，还是进行绩效考核，缺乏明确的目的性是360度绩效考核系统运作失败的一

个重要原因。

第二，考核指标的筛选。一项工作有多个考核要素，其重要程度是不一样的，需要从中筛选出那些对组织有重大影响或工作中重复性较高的工作要素，作为最后考核用的考核指标。还要按照SMART原则给各考核指标确定相应的绩效标准，绩效标准不宜定得太高，同时必须客观化、定量化。

另外，针对不同工作性质的员工的考核指标和标准要有所区别，并赋予其不同的结构和权重。

360度绩效考核法最常用的考核工具为问卷。随着计算机网络化和企业管理软件的发展，问卷也可以在公司内部网络使用，以节约成本，增加保密性，提高有效性，从而降低被考核者的不安全感。

（二）考核者的选择与培训

根据考核目的，选择被考核者。在被考核者的具体人数上，要因公司的规模、成熟度决定，没有绝对的人数限制。选择考核者时，可以由员工选取，也可以由HR指定，一般都是由多名考核者匿名进行评价。采用多名考核者，确实扩大了信息收集的范围，但是并不能保证所获得的信息就是准确的、公正的。由于受到信息层面、认知层面和情感层面因素的影响，可能会导致所获得的考核结果不准确、不公正，因此选择考核者要慎重。

（三）实施考核

360度绩效考核在实施阶段往往会遇到以下问题：需要收集和整理的信息数量过多、考核的反馈结果直接关系到考核的有效性、考核的内容和形式过于复杂难以监控和调整、360度绩效考核使遵从“和谐”“保守”的中国人容易有心理上的抵触情绪等。这就要求在考核实施过程中加以控制和调整，真正发挥360度绩效考核的作用。

（1）必须将360度绩效考核视为“一把手”工程，由企业的主要领导亲自抓。只有得到高层领导的全力支持，考核工作才有可能真正顺利开展起来，开展过程中出现的问题也能及时地得以解决。否则，就可能使员工之间的问题升级，影响员工正常的工作绩效，甚至造成组织中出现不可控制的混乱局面。高层领导必须有变革的决心，努力在企业内建立起一种追求变革、创新、竞争、开放的企业文化，使员工摒弃传统观念，敢于竞争和发表意见，也善于接受别人的评价，让员工能从观念上接受这种考核方式。

（2）在推行过程中，要加强宣传和沟通。首先，要与考核者做好沟通。全面有效的沟通对于360度绩效考核机制有着特殊的意义。由于被考核者可能会感到报告的结果对自己存在负面的影响，因此更需要在考核之前就对考核的根本目的进行完备的沟通。为了避免可能出现的误会和会被出卖的负面错觉，还需要在考核之前就对反馈结果的保密性达成共识。具体的沟通形式可以是召开活动启动大会，也可以是邮件、电话通知等。还要对考核者进行有效培训，避免考核结果产生太大误差。随时就考核的准确性、公正性向考核者提供反馈，指出他们在考核过程中所犯的错误，帮助他们提高评价技能。其次，要向员工讲清考核的意义所在，了解考核目的，消除考核中的人为因素。

（3）在实施过程中采取灵活的方式进行，领导要向员工说明考核的结果主要应用于员工的发展，而不是单纯作为薪酬调整、晋升的依据。在这个基础上考核的结果才会比较客观公正。

（四）统计分析

考核数据形成以后，人力资源部要将个人的得分进行处理，形成考核意见，然后与被考核者的直接上级进行沟通，共同形成考核报告。根据考核的目的，确定数据分析的方法和内容，得到评估报告。360度绩效考核评估反馈的报告一般比较长，报告内容涉及三方面：一是员工的工作表现；二是员工的个人素质；三是员工发展指导部分，具体包括概况、优势、劣势、潜在能力、盲点、共识与分歧的分析、主观反馈等。报告应使用丰富、直观、生动的表格、图形来呈现数据，这样易于报告的解读。

一旦发现绩效低下的情况，最重要的是找出原因，在向员工反馈考核结果时帮助员工找到问题，明确方向，这对员工改进工作、提高绩效会有促进作用。绩效不佳的因素可以分为两类：一类是个体因素，如能力和努力不够等。另一类是组织或系统因素，如工作流程不合理、官僚主义严重等。

绩效考核的结果不仅要为人事决策，如任用、晋级、加薪、奖励等提供依据，更为重要的是可以检查企业管理的各项政策，如人员配置、员工培训等方面是否有失误，还存在哪些问题等。

（五）反馈面谈

反馈面谈使管理者与员工可以讨论其工作业绩，进而挖掘其工作中可提高和发展的领域，同时也创造出一个对话机会，可以促进管理者更全面地了解员工的态度和感受，促进双方交流。管理者和员工要协力排除障碍，管理者此时充当的是帮助者的角色，给予员工各方面资源和政策的支持。

（六）制订绩效改进计划

绩效改进首先要分析员工绩效考核的结果，找出员工工作中存在的问题，然后针对存在的问题制订合理的绩效改进方案，并确保其能够有效地实施。绩效改进的具体步骤包括：确定绩效改进目标、拟订具体的绩效改进行动方案、明确绩效改进资源方面的保障等内容。其中制订绩效改进计划是绩效管理的最终落脚点。

（七）考核效果评价

考核效果评价是指评价和反馈工作完成后需要进行的工作步骤，具体包括：

1.确认考核执行过程的安全性

由于360度绩效考核中包括上司、同事及其他人员，因此需要检查数据收集过程是否符合测试要求、数据处理时是否考虑了不同测度考核准确性的差异、不同群体之间是否存在不公平的分布差异等。

2.评价应用效果

客观评价360度绩效考核法这一方法的效果，企业可以找出存在的问题，总结考核过程中的经验和不足，不断完善整个考核系统。可通过以下方式评价360度绩效考核法应用效果：

（1）测量上级和员工对考核的态度和作用的认识，可以通过访谈或问卷的方法获得以下几方面的信息：被考核者的背景资料；考核体系考核了什么内容，考核的面谈谈论了什么内容；被考核者对考核效果和作用的认识；被考核者对考核体系的整体印象。

（2）员工对企业的认同度。企业可以测量绩效考核对提高员工的组织认同度、工作热情等方面的作用。如果员工对企业的认同度提升，说明考核效果比较好。

四、360度绩效考核法的优势与不足

（一）360度绩效考核法的优势

1.考核者更容易接受考核结果

360度绩效考核打破了由上级考核下属的传统考核制度，可以避免传统考核中考核者极容易发生的“光环效应”、“居中趋势”、“偏紧或偏松”、“个人偏见”和“考核盲点”等现象，可以反映出不同考核者对于同一被考核者不同的看法，考核结果更有说服力，从而容易被接受。

2.可以促进员工的个人发展

在360度绩效考核中，考核不是最终目的，它主要是为促进被考核者的个人发展、提高绩效而采用的一种手段。在得出考核结果后，应该将其反馈给被考核者本人，使被考核者对自己的优势和不足有清楚的认识。通常在反馈考核结果时，还设有专门的职业生涯规划和指导，这些咨询意见和建议一旦被考核者接受，就能够改善其职业生涯规划，从而促进员工的个人发展。简而言之，较为全面的反馈信息有助于被考核者多方面能力的提升。

3.提高员工的参与度和忠诚度

360度绩效考核法实际上是员工参与管理的方式，在一定程度上增加了他们的自主性和对工作的控制，员工的积极性会更高，对组织会更忠诚，提高了员工的工作满意度。

4.形成团队合作氛围

现代企业中越来越多的工作都是由团队而不是个人完成的，因此员工的工作表现就不应只由一名上级来评价，凡是有机会较好地了解员工的工作表现的相关人员都应参与员工的绩效考核。员工间相互评价，可以在组织中建立相互帮助、共同发展的气氛，从而促进组织中的团队建设，增强组织的竞争优势。同时，还能加强双向沟通和信息交流，能够有助于强化组织的核心价值观，防止被考核者急功近利的行为（如仅仅致力于与薪金密切相关的业绩指标）。

（二）360度绩效考核法的缺陷

正如通用电气公司的前CEO杰克·韦尔奇在他的自传中所述：“就像任何需要同事间评估的措施一样，360度反馈工具实施久了就会走样。员工之间会互相说好话，最终皆大欢喜，所有人的评分结果都会很好。”要不就走向另一个极端：有些人为泄私愤，会借机对同事的职业声誉进行恶意中伤。因此，在使用过程中仍应充分认识到它的不足之处。360度绩效考核法的主要缺陷如下：

1.考核结果信息失真的可能性仍然存在

一方面，360度绩效考核 的评价方法作为评价工具，实行匿名评价，以保证评价的公平和信息的真实，但事实上保证匿名评价很难做到，因此这会使评价变成一场虚假的游戏。另一方面，有的企业在实施360度绩效考核时，各类考核者主要由被考核者本人提名，这样做有失公允。个别被考核者的选取缺少广泛性、代表性，不排除出现提名与自己关系好的人作为考核者的现象。为此，上级和下级考核者可由人力资源部提名，同时要防止被考核者提名与自己关系好的人作为自己的考核者，客户考核者应根据组织中客户信息库等资源甄选。员工少于10人的部门，其下级应全部参加考核，员工较多的部门，可随

机抽取下级被考核者。

2.考核成本高

360度绩效考核涉及的数据和信息比单渠道考核方法要多得多，这本身就可能是个问题，因为收集和处理数据的成本很高。同时，由于有大量的信息要汇总，这种方法有变成机械地追逐文字材料的趋向，即从两人的直接沟通演变成表格和印刷材料的沟通。因此，多人来共同考核所导致的成本上升可能会超过考核所带来的价值。此外，组织要对所有员工进行考核制度的培训，因为所有员工既是考核者又是被考核者，这也提高了考核成本。

3.对员工的整体评价变得困难

由于信息来源的多角度性，理解从不同渠道来的考核得分和信息有时也不容易，因为这些渠道并非总是一致的。例如，对同一员工的沟通能力问题，上级评为优，下级评为中，而客户评为差，这就给对这个员工的整体评价带来了困扰。

第三节　关键绩效指标法

在绩效考核指标设置过程中，将企业战略层层分解，可以得到众多的绩效指标。但是，这样做的结果是绩效指标设计得过于复杂，使员工无法分清工作重点和方向，甚至会疲于应对各种指标而忽略了企业的战略目标。所以，绩效指标的设计既不能过于复杂，又要体现企业的战略方向和重点，防止指标重叠或冲突。这就要求一种能够体现“抓大放小”思路的绩效管理方法。关键绩效指标法就是这样一种方法。

一、　关键绩效指标法的含义

关键绩效指标（key performance indication，KPI）是通过对组织内部某一流程的输入端、输出端的关键参数进行设置、取样、计算、分析，衡量流程绩效的一种目标式量化管理指标，是把企业的战略目标分解为可操作的愿景目标的工具，是企业绩效管理系统的基础。KPI可以使部门主管明确部门的主要责任，并以此为基础，明确部门人员的绩效衡量指标。KPI是指标，不是目标，但是能够借此确定目标或行为标准。它是用于衡量员工工作绩效表现的量化指标，是绩效计划的重要组成部分。

关键绩效指标具备如下几项特点：

1.来自于对公司战略目标的分解

这首先意味着，作为衡量各岗位工作绩效的指标，关键绩效指标所体现的衡量内容最终取决于公司的战略目标。当关键绩效指标构成公司战略目标的有效组成部分和支持体系时，它所衡量的岗位就以实现公司战略目标的相关部分作为自身的重要职责。如果KPI与公司战略目标脱离，则它所衡量的职位的努力方向也将与公司战略目标的实现产生偏差。

KPI来自于对公司战略目标的分解，其含义在于，KPI是对公司战略目标的进一步细化和发展。公司战略目标是长期的、指导性的、概括性的，而各职位的关键绩效指标内容丰富，针对职位而设置，着眼于考核当年的工作绩效，具有可衡量性。因此，关键绩效指标是对真正驱动公司战略目标实现的具体因素的发掘，是公司战略对每个职位工作绩效要求的具体体现。

最后一层的含义在于，关键绩效指标随公司战略目标的发展演变而调整。当公司战略侧重点转移时，关键绩效指标必须予以修正，以反映公司战略的新内容。

2.KPI是对绩效构成中可控部分的衡量

企业经营活动的效果是内因和外因综合作用的结果，其中内因是各职位员工可控制和影响的部分，也是关键绩效指标所衡量的部分。关键绩效指标应尽量反映员工工作的直接可控效果，剔除他人或环境造成的其他方面影响。例如，销售量与市场份额都是衡量销售部门市场开发能力的标准，而销售量是市场总规模与市场份额相乘的结果，其中市场总规模则是不可控变量。在这种情况下，两者相比，市场份额更体现了职位绩效的核心内容，更适于作为关键绩效指标。

3.KPI是对重点经营活动的衡量，而不是对所有操作过程的反映

每个职位的工作内容都涉及不同的方面，高层管理人员的工作任务更复杂，但KPI只对其中对公司整体战略目标影响较大、对战略目标实现起到不可或缺作用的工作进行衡量，如图8-4所示。

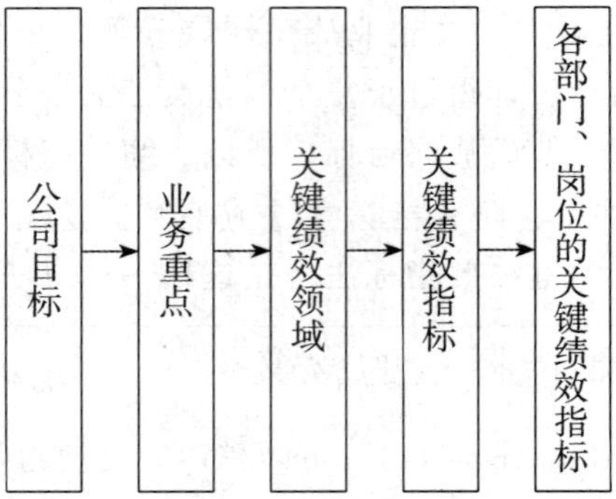

图8-4 KPI体系示意图

4.KPI是上级与员工所达成的一致意见的体现

KPI不是由上级强行确定下发的，也不是由职位自行制定的，它的制定是由上级与员工共同参与完成的。它不是以上压下的工具，而是组织中相关人员对职位工作绩效要求的共同认识。基于KPI的绩效评估体系与一般绩效评估体系的区别见表8-5。

表8-5 基于KPI的绩效评估体系与一般绩效评估体系的区别

项目	基于KPI的绩效评估体系	一般绩效评估体系
假设前提	假定人们会采取一切积极的行动努力达到事先确定的目标	假定人们不会主动采取行动以实现目标，假定人们不清楚应采取什么行动来实现目标，假定制定和实施战略与一般员工无关
考核目的	以战略为中心，指标体系的设计与运用都为组织战略目标的达成服务	以控制为中心，指标体系的设计与运用来源于控制的意图，也是为更有效地控制个人的行为服务
指标产生	在组织内部自上而下对战略目标进行层层分解产生	通常是自下而上根据个人以往的绩效与目标产生
指标来源	基于组织战略目标与竞争要求的各项增值性工作产出	来源于特定的程序，即对过去行为与绩效的修改
指标构成及作用	通过财务与非财务指标相结合，体现关注短期效益，兼顾长期发展的原则；指标本身不仅传达了结果，也传递了产生结果的过程	以财务指标为主，非财务指标为辅。注重对过去绩效的评价，且指导绩效改进的出发点是过去的绩效存在的问题，绩效改进行动与战略需要脱钩

二、依组织结构建立的KPI体系

一般来说，设计KPI体系一直有两条主线：一条是依据组织结构分解，另一条是依据流程结构分解。

依据组织结构而设计的KPI体系，更强调的是把组织目标落实到部门。事实上，这一体系更适合于没有组织目标和战略的公司应用。因为虽然形式上这种指标体系是对组织目标的分解，但实质上，最后的指标设计所体现的往往是部门本身原有的职责体系。各种指标分解来分解去，还是以部门原有的各项责任为本位，不能体现出组织目标的落实。

依据组织结构而设计的KPI指标，主要有以下几个步骤：建立KPI体系、确定关键活动领域、确定关键成功要素和确定KPI指标。

（一）建立KPI体系

根据企业性质、业务范围、活动开展等方面，可依据职能部门承担的职能、职责的不同建立KPI体系。表8-6是A企业各部门承担的职责。

表8-6 A企业各部门承担的职责

年度目标：在目标市场上取得第一		
部门	活动领域	活动要素
市场部	市场份额指标	销售增长率，市场占有率，品牌认知度，销售目标完成率，市场竞争比率
	客户服务指标	投诉处理及时率，客户回访率，客户档案完成率，客户流失率
	经营安全指标	货款回收率，成品周转率，销售费用投入产出比
生产部	成本指标	生产效率，原材料损耗率，设备利用率，设备生产率
	质量指标	产品一次合格率
	经营安全指标	原材料周转率，在产品周转率
技术部	成本指标	设计损失率
	质量指标	设计错误再发生率，项目及时完成率
	竞争指标	在竞争对手前推出新产品数量及销售额
采购部	成本指标	采购价格指数，原材料库存周转率
	质量指标	采购达成率，供应商一次合格率
人力资源部	经营安全指标	员工流动率，人员需求达成率，培训计划完成率

从表8-6可以看出，根据职能部门所承担的职责，以及对这一职责所进行的响应，各部门要完成的活动非常多，如果直接以这些活动要素作为评价指标，会使指标非常多，达不到应有的评价效果，因此要确定其关键活动领域。

（二）确定关键活动领域

根据企业战略，寻找使企业实现组织目标或保持市场竞争力所必须关注的关键领域，就要明确企业要获得优秀的业绩所需要的条件和要实现的目标，因此要回答三个方面的问题：第一，企业为什么会成功？过去成功靠的是什么？有哪些成功要素？第二，过去的成功要素是什么？哪些能够使企业持续成功？第三，根据企业的战略目标，企业未来追求的目标是什么？未来成功的关键是什么？

在回答上述问题之后，A企业要在以下的关键领域进行权衡：客户服务、市场领先、利润增长、组织建设、科研开发、技术支持，可以运用鱼刺图进行分析，如图8-5所示。

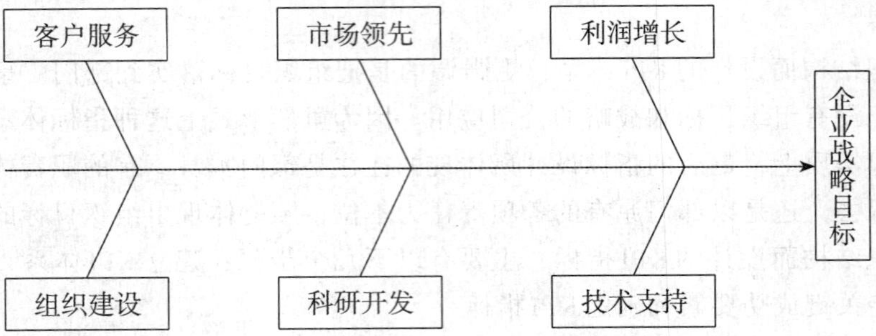

图8-5 A企业的关键活动领域

（三）确定关键成功要素

关键活动领域还需要由部门行为及个人行为活动来完成，首先需要明确以下问题：第一，关键领域包含的主要内容；第二，保证关键领域成功而主要开展的活动；第三，保证关键领域成功的措施和方法；第四，关键领域外展的程度，如科研开发领域，需要研发团队的建设、充足的资金保证、良好的信息来源等，如图8-6所示。

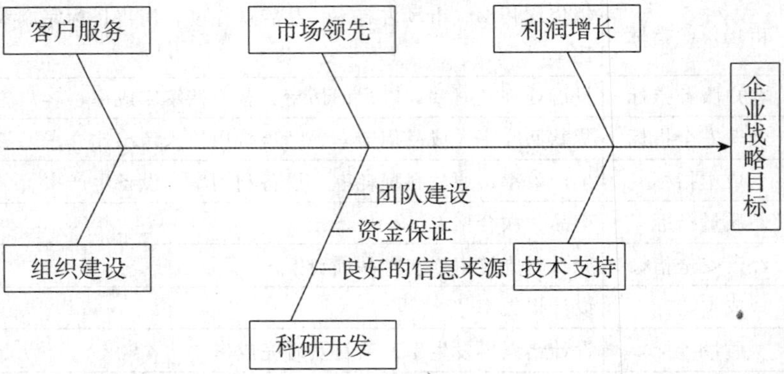

图8-6 A企业的关键成功要素

（四）确定KPI指标

将要素进一步细化，经过甄选，确定KPI指标。要求KPI指标能够反映关键活动要素实施的程度和力度。KPI指标的确定有三个要求：一是有效性：能客观、集中地反映关键成功要素的实现；二是可量化：指标能够量化，能够被评价，尽可能避免主观判断的指标；三是易测量：数据资料较易获得。

以A企业的科研开发领域为例，其科研开发关键指标汇总见表8-7。

表8-7 A企业的科研开发关键指标汇总

关键活动领域	关键成功要素	关键绩效指标
科研开发	团队建设	培训率
		新增科技人员比例
	信息来源	用于信息硬件设备的投入
		资料来源支出
	资金充足	当年科研费用占企业总收入比率

在企业一级的KPI指标建立后，二级（如部门）甚至三级（如个人）指标的建立方法基本雷同，只是对象有所区别。在下一级指标的确定中，要注意部门、个人由于职能不同，员工职责不同，对企业绩效发挥的作用也就不同，由此决定了其对关键绩效指标的责任不同，因此在指标分解后，可以根据重点不同，给予不同的权重。由于权重的特殊性，应注意：一是权重突出了重点目标；二是权重体现出引导性和价值观；三是权重影响评价结果；四是权重最终会左右或影响组织氛围。

虽然依组织结构而建立的KPI体系是从公司目标分析开始，然后依据部门责任的不同而建立起来的，但这是因为依组织结构而设计的绩效指标。对各职能部门来说，其往往以部门自身职责为出发点进行设计，当落实到个人的时候，往往依据岗位职责和岗位说明书来进行指标的设计和分解。问题也正出在这里，因为公司各部门的业务重点是各有侧重的，所以就导致很多问题与风险。

首先，对于一个公司的组织目标来说，有些部门对这一目标进行指标分解是相当困难的。比如，“在目标市场上取得第一”这样的目标，对于采购部门就很难分解大与之相对应的直接指标。采购部门所要提高的供应商一次合格率、采购达到率就显然与“在目标市场上取得第一”没有直接的因果关系。

其次，因为是从部门责任和个人的岗位说明书的角度分解目标，那么分解来分解去，往往使得指标围绕着业务部门的职责和本职工作越分越多，而公司的目标却被稀释了，结果公司的组织目标在各部门分解的时候，无法被突出出来，什么都变成和组织目标有联系的关键指标了。比如生产部的设备利用率也和“在目标市场上取得第一”这样的组织目标挂上了钩。结果，关键绩效指标KPI不再是KPI，而是变成KPI指标了。

最后，下级的指标因为分解的缘故，往往会出现“1+1≤2”的情况，分解后的指标不能更好地驱动部门自动自发完成上级的大目标，甚至能够达到“1+1=2”也是非常困难的。

因此，从表面上看，以组织结构建立的KPI体系的确突出了各部门的参与，但实际上存在着组织目标被稀释的风险。

三、　依据内部流程建立的KPI体系

从前面的论述可知：依据组织结构建立的KPI体系，其指标来源是自上而下的职责分解，它的原则是以部门为中心，部门本位至上。这样就出现了很多不对结果负责的弊端。

那么依据流程的KPI体系又如何呢？依据流程设计的KPI体系，其思路是把组织目标落实到了流程，在考虑部门职责的时候，更注重结果。也就是说，其指标来源不是各部门的先天职责，而是客户，体现的是“下一道流程就是客户”这样的思想。因此它的原则是客户至上，而方向则是从投入到产出。其指标特点在于强调“一切为了下一个流程的客户”这一原则的效果和效率。

可见，根据流程设计的KPI体系与依组织结构设计的体系有很大差异。首先，它需要把公司的组织目标分解为若干具体的策略目标或经营重点，其次，让流程各环节对每一项目标或重点进行响应。

流程可以分为三大类：主流程、管理流程、支持流程。那么一旦组织目标分解到若干

关键绩效领域后，业务流程的三大组成部分就可以按照具体的关键绩效领域提出专业的响应措施。例如，当公司提出的组织目标为“公司成功”时，在这一目标指导下，可以划分为如下的业务重点：客户满意、产品开发、市场领先、利润与成长、管理改进与支持等。那么根据这些业务重点，可以继续划分出相应的关键绩效领域。对于市场领先这一业务重点，可以继续划分出相应的关键绩效领域，见表8-8。

表8-8 **关键绩效领域KPI**

从业务领先这一业务重点分解出的关键绩效领域		
公司目标	业务重点	关键绩效领域
公司成功	客户满意	—
	市场领先	销售利润增长
		完善销售网络
		确保重点市场的份额
		提升品牌形象
	⋮	⋮

根据具体的关键绩效领域，各流程的职责本着“为下一个流程服务，下一个流程是客户”这样的原则，继续分解自己的关键绩效领域。

某一关键绩效领域通过公司内部流程来完成，因此，对某一具体的关键绩效领域，各“业务流向”通过输入和输出就可以较为清晰地给予响应，从而进行指标分解，形成KPI指标体系。

由此可见，流程式的绩效体系与组织结构式的指标体系相比，其不是依据组织责任而分解指标，而是听从客户的召唤。根据业务流向的输入和输出就可以清晰地确定和分解KPI了。可见，把组织目标落实到流程上而产生的KPI体系，突出了组织目标实现中的流程责任。按流程去设定和分解指标，可以适应顾客至上导向，清除部门间的壁垒，加快响应客户的速度，这些都是依据流程而设计的KPI体系的优点。

但是，可以发现，依据流程而设计的KPI体系更多的是以结果为导向的指标，如果说以结果为导向的指标设计有什么缺点的话，那就是缺乏依据组织结构所建立的KPI体系中所充分体现的以“驱动性指标”（如工作态度、责任心、协调能力）对绩效过程的描述。

另外，因为过分强调流程目标和结果导向，所以依据流程设计的绩效体系往往使得各组织、各岗位的职责，评价结果因为集体责任而未能拉开差距。比如销售部门的员工没有按要求达到预期的销售额，但他们说销售没有增长是因为研发部的产品设计没跟上，责任在研发部。这样，到底是谁的责任也就很难查清。不过，因为考核是根据流程而设计的体系，所以研发部也确实脱不开干系。但这时研发部也可以认为很冤枉，因为市场部提供的市场信息不准确才导致其设计失败，这样周而复始地推卸责任，就不利于找到工作中的问题而提高业绩。

四、 KPI体系的优点和不足

KPI是把企业的战略目标分解为可运作的远景目标的工具，是企业绩效管理的基础，是在现代企业中受到普遍重视的业绩考评方法。它可以使部门主管明确部门的主要责任，并以此为基础，明确部门人员的业绩衡量指标，使业绩考评建立在量化的基础之上。建立明确的、切实可行的KPI指标体系是做好绩效管理工作的关键，它是绩效管理的基础性依据，提供评价的方向、数据及事实依据。

使用KPI考核方法有利于明确目标，有利于组织战略目标的实现。组织目标通过关键指标的整合和控制，有利于保证总目标的实现，有利于组织目标与个人目标达成一致。通过将总目标策略性地分解成为个人绩效目标，员工在努力实现个人目标的同时，就会实现组织总体目标。

通过KPI体系有助于将目标量化，指标集中在最关键的活动中，有利于明确重点目标，有的放矢。但在使用KPI体系时应注意它的局限性：

第一，目标本身具有消极的一面，因此，必须对KPI进行经常性回顾。

第二，其倾向于目标的量化，若没有专业化的工具、手段和专业人才，将是一个难题。

第三，易使考核者陷入机械的考核方法中。其对量化指标的崇拜和依赖，会忽略考核中人为因素和弹性因素，陷入机械的陷阱。

第四，形成组织关键绩效指标是一个长期反复的过程，对组织的“实施能力”和“耐心”都是一个考验。

第四节　平衡计分卡

一、　平衡计分卡概述

1992年，哈佛商学院的罗伯特·卡普兰和大卫·诺顿在《哈佛商业评论》发表的《平衡计分卡：业绩衡量与驱动的新方法》中，提出了平衡计分卡（the balanced score-card，BSC）这一新的绩效评价体系，并对其进行了全面的理论性阐述。在第二年他们又发表了《平衡计分卡的实际应用》，介绍了多家公司成功实施平衡计分卡的案例。1996年，关于平衡计分卡的第一本专著《平衡计分卡：化战略为行动》出版，标志着这一理论的成熟，将平衡计分卡从一个业绩衡量工具转变为战略实施工具。在20多年的时间里，平衡计分卡在理论方面有了极大的发展，在实践领域也得到越来越多公司的认可，它帮助企业将绩效评价和企业战略联系起来。

（一）平衡计分卡的内容

平衡计分卡方法突破了将财务数据作为唯一衡量业绩的工具的弊端，做到了多个方面的平衡，体现出了通过对客户、供货商、员工及技术革新等方面的投资来创造新价值的理念。可以从四个不同的视角考察战略目标：

1.财务视角

财务性指标是大多数企业用于绩效评估的传统指标，它可以反映企业的战略及其实施是否正在为最终经营结果（如利润）的改善做出贡献。在平衡计分卡中，财务类指标的目标是回答“股东如何看待我们?”这类问题，从股东角度看企业增长、利润率及风险战略，促使企业管理者看清他们的努力是否对企业的经济效益产生积极的作用。

2.顾客视角

企业应以目标顾客和目标市场为导向，专注于满足核心顾客需求。顾客视角的指标反映的是客户的价值主张，其目标是解决“顾客如何看待我们?”这类问题。通过顾客的视角来看企业，从时间（交货周期）、质量、服务和成本几个方面关注市场份额以及顾客的需求和满意程度。

3.内部业务流程视角

使各种业务流程满足顾客和股东需求的优先战略，其目标是解决“我们擅长什么?”这类问题，报告企业内部效率，关注促使企业整体绩效更好的过程、决策和行动，特别是对顾客满意度有重要影响的企业过程。

4.学习和成长视角

其目标是解决“我们是在进步吗?”这类问题，通过优先创造一种支持企业变化、革新和成长的氛围，将注意力引向企业未来成功的基础，涉及雇员问题、知识资产、市场创新和技能发展等方面，以保证未来企业价值的增加。

平衡计分卡就是要做到上述四个方面的平衡，而不是单纯依赖某个方面进行考核。它的各项测量指标并不是孤立存在的，而是与一组目标相联系，这些目标自身又相互关联，并最终都以直接或间接的形式与财务结果相关联，如图8-7所示。

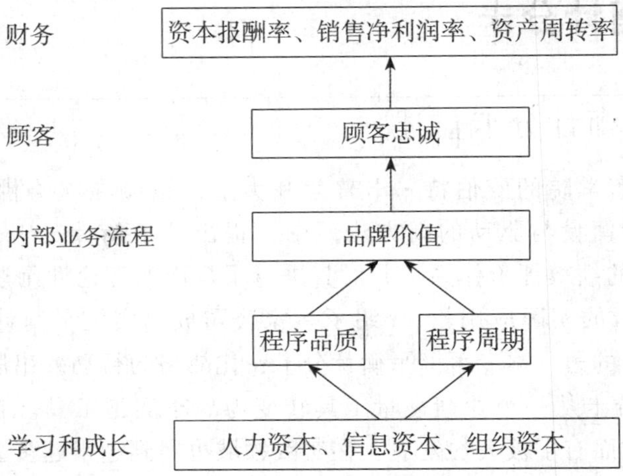

图8-7 平衡计分卡各层面因果关系图

（二）平衡计分卡的特点

1.平衡计分卡是一个管理体系，而不仅仅是一个考核体系

它把企业测评与企业战略联系起来，清楚地将企业目标展示给管理者，通过使用大量的超前和滞后指标来评价企业是否向其战略目标的方向前进，使管理者注意对未来产生影响的活动，是企业战略执行的基础架构，并落实为具体的行动计划，增强有利于企业成功的因素对财务结果的推动作用。特别是超前指标的运用，对可能引起的财务状况恶化的当前活动给出提示。

2.平衡计分卡是一种沟通工具，注重团队合作，全面提高整体管理效率

它涉及的四项内容，都是企业未来发展成功的关键领域。平衡计分卡所提供的管理报

告，能够使员工明白他们的表现会如何影响到企业的成功，也可使管理者了解影响企业进步的日常因素，从而帮助企业作为一个整体从管理集团到一线员工对外界变化进行更快的响应。平衡计分卡将看似不相关的领域有机地结合在一起，阐明企业战略，帮助企业、部门、个人之间建立一致的目标系统，将企业资源加以整合，为实现一个共同的战略目标而努力。其能够帮助企业有效地建立跨部门团队，促进合作的顺利进行。

3.平衡计分卡强调因果关系

它不是指标的简单组合，更不是主观臆断的结果，而是根据组织战略和愿景，由一系列因果链条贯穿起来的有机整体。例如，财务指标实现的基础是目标客户的满意，客户价值主张由内部流程创造并传递，描述了如何创造目标客户的满意度和忠诚度。支持内部流程的无形资产为战略的有效执行提供基础保证，它由学习和成长层面支撑。

4.平衡计分卡强调“平衡”的理念

它体现出了财务指标与非财务指标、长期目标与短期目标、外部群体与内部群体、结果与过程之间的平衡，还做到了领先指标（学习和成长、内部流程、客户类指标）与滞后指标（财务指标）之间的平衡。

二、　平衡计分卡的建立

（一）战略研讨，绘制战略地图

开展战略研讨是建立平衡计分卡的第一个步骤。公司的高层管理者应与平衡计分卡推进小组共同召开制定公司战略的研讨会，确定公司的使命、价值观、愿景及战略目标，讨论战略实现的关键流程，绘制出战略地图。战略地图不仅是一张图，还包括与战略地图周期相对应的3~5年的平衡计分卡（又可称战略地图解释表）、单项战略行动计划表。

（二）构建公司平衡计分卡

在公司层面，战略目标的转化及流程指标称为公司KPI指标体系。公司KPI指标体系实际上包含两种类型的指标：一是考核指标，二是分解指标。考核指标是指考核整个公司经营绩效水平的重要指标，它的直接责任人是公司的总经理；分解指标则不考核整个公司，而是分解到副总、总监及部门层面甚至员工层面的指标。

公司选择的考核指标应当尽量是战略地图中那些滞后/结果性的指标。公司考核指标制定出来后，要对这些指标进行审查，以剔除一些数据获取成本较高、难以衡量的指标；指标确定后，要根据公司经营预算等计划确认各指标的标准；随后组织各个职能领域的负责人（分管副总及部门经理）收集公司经营计划，并将这些计划与预算资金的分配结合起来，并最终选择部分计划落实到公司层面的平衡计分卡上，从而得到一个完整的公司层面的平衡计分卡。当然，还需要把其他高管人员的个人平衡计分卡也纳入公司层面，设计出副总或总监的计分卡与绩效计划，其指标来自公司指标体系的分解。

（三）构建部门平衡计分卡

在完成第一个步骤的工作后，就可以对公司的KPI指标体系进行分解，在分解的过程中要注意根据各个部门的职能对分解的指标进行修正和补充，并兼顾其与部门分管上级的指标关联度。得到部门的KPI指标体系后，根据部门策略的重点选择考核指标与分解指标。有必要的话还可以绘制出部门策略规划图，它能比较直观地反映部门策略的重点。对部门的考核指标要进行检验，剔除一些不符合实际情况的指标。同时还要让分管领导和部门经理共同确认部门的考核指标并对这些指标进行解释。考核指标确认后，就可以根据全面预算为每个考核指标确定指标值了。

（四）构建个人平衡计分卡

首先，将部门KPI指标体系在部门内部各岗位之间进行分解，并结合岗位职责进行补充、修正以选择各考核指标。其次，在完成对上述指标的审核后，还需要对各个指标进行解释；在获得岗位的KPI指标后，组织个人平衡计分卡的填写工作，并指导各级主管与员工编制学习发展计划。

三、平衡计分卡的实施条件

（一）高层管理者的充分参与和支持

平衡计分卡作为一种战略工具，单靠人力资源部门的力量是无法做到有效实施的。因此，需要高层管理者的充分参与和支持，并成立一个包括公司领导和重要部门经理在内的平衡计分卡实施小组。企业高层领导必须认识到，实施平衡计分卡可以提高企业战略管理的自觉意识，建立固定的战略流程，从而增强企业战略管理能力。这对于增强企业核心竞争力有巨大的作用。

（二）较完整的基础数据系统

平衡计分卡对企业管理水平要求较高，企业管理要达到程序化、规范化、精细化的程度。当平衡计分卡体系中出现了未预料到的信号时，管理人员应能够通过管理系统找出问题的根源所在。由于目前国内很多企业的IT系统比较薄弱，没有实施ERP（企业资源计划）、HRIS（人力资源信息系统）等管理系统，即使实施了此类系统的公司也很可能因为使用的不是同一家公司的产品或上述系统使用的数据库不同，从而存在很多实施平衡计分卡的问题。

对许多企业而言，导入平衡计分卡的主要数据困难突出表现在财务数据以外的其他三个方面。例如，某企业的平衡计分卡中明确了内部流程方面的关键成功因素，包括建立快速服务信息、经销商品质、完整的订单等。对此，在平衡计分卡中需要将其转化为目标、衡量指标、目标值、行动计划。以完整的订单为例，其目标就可以包括完成订单的速度、完成订单的准确性、完成订单的成本等。接着，就要确定衡量指标，如完成订单的时间、完成订单出错率、降低单个订单的成本等。在此基础上，根据决策层目标和行业最佳实践确定相应的目标值，如在未来半年中，将订单完成时间缩短为3周，订单出错率降到2%以下，单个订单的成本降为30元。可见，这里需要很多数据，包括企业目前完成订单的时间、出错率及成本记录、完成订单的各环节所费时间、成本及有关出错记录、同行业的这些数据记录等。这些数据有些是企业目前的信息系统中所没有的。这就意味着企业在引入平衡计分卡时必须十分重视内部业务信息系统建设，否则平衡计分卡就会成为空中楼阁。

因此，那些关注平衡计分卡，但内部数据基础很薄弱的企业，在着手建立企业的平衡计分卡时，就必须同时考虑相关的数据采集工作，明确企业目前在这方面的“瓶颈”和改善措施。这样才不会导致平衡计分卡引入后缺乏数据来源、发挥不了应有的决策指引和执行指导作用。将平衡计分卡落实到每个员工身上时，需要不断完善包括各类管理软件在内的数据采集系统。同时企业也要树立正确的认识：企业在初期可能需要容忍平衡计分卡实施中的某些不够完美之处，但要在建立和完善平衡计分卡的过程中，不断完善数据系统，持续改善，终会取得成效。

（三）畅通的沟通

平衡计分卡推崇的是良好的参与气氛和畅通的沟通渠道，否则平衡计分卡所倚重的四个层面的各个关键成功因素及其背后的驱动因素很难被识别出来，需要在企业内部进行广泛沟通。平衡计分卡是一个战略管理和执行的工具，这意味着企业在引入平衡计分卡时必须结合现状。如果企业目前的压力在于获取短期目标，如扩大市场份额、迅速降低成本等，则这样的企业其实并不适合引入平衡计分卡。

四、 平衡计分卡的优缺点

（一）平衡计分卡的优点

1.以公司竞争战略为出发点

平衡计分卡是一个基于战略的绩效考核系统，它使整个组织行动一致，服务于战略目标，能有效地将组织的战略转化为组织各层面的绩效指标和行动，有助于增强公司竞争力，对公司明确工作重点、全面提高管理水平、扩大竞争优势意义重大。

2.全面动态评估

平衡计分卡通过多个方面的平衡，全面、动态地评估企业、部门、个人绩效，快速响应瞬息万变的市场，逐步实现战略发展和取得长远竞争优势的目的。

3.有效防止次优化行为

平衡计分卡有助于各级员工对组织目标和战略的沟通和理解，使管理人员把所有的重要指标放在一个系统考虑，并将注意力集中于由当前和未来绩效的关键指标构成的一个清单上，克服财务评估方法的短期行为，避免某一方面的改进以牺牲另一方面的效率为代价，甚至付出更大的成本，实现其有效优化工作行为的目的。

4.提出具体的改进目标

平衡计分卡提出了企业、部门和个人的具体改进目标和改进时限，利于组织和员工的学习成长和核心能力的培养，避免一些取得高绩效的员工不再继续努力改进自身工作，因此是考核激励和控制系统的完美结合，有利于实现组织长远发展。

（二）平衡计分卡的缺点

（1）指标确定困难。平衡计分卡要求企业管理者专注于战略中的因果关系，从而将战略与其衡量指标有机结合起来。尽管管理者通常明白客户满意度、员工满意度与财务表现之间的内在联系，但结果与驱动因素间的关系并不明显或并不容易量化。另外一个重要的困难是：有一些条目很难解释清楚或者衡量出来，财务指标当然不是问题，但非财务指标往往很难建立，有些指标也不易收集，还有些指标需要企业在不断探索中总结，并需要收集大量信息，经过充分加工后才有实用价值，这对企业信息传递和反馈系统提出了很高的要求，而信息沟通渠道的缺乏和沟通意识的薄弱是许多企业共同存在的问题。

（2）当组织战略或结构发生变更时，平衡计分卡也应当随之调整，需要耗费大量的时间和资源。

（3）执行难，时间长，实施成本高。平衡计分卡从财务、客户、内部经营、学习和成长四个方面考虑战略目标的实施，并为每个方面制定详细而明确的目标和指标，企业需要支付高额成本。一份典型的平衡计分卡需要5~6个月去执行，另外再需要几个月去调整结构，使其规则化，从而总的开发时间经常需要一年或者更长的时间。

（4）衡量指标可能难以量化，而衡量方法又会产生太多的衡量指标，两者互为因果。

第五节 经济增加值

一、EVA概述

20世纪90年代，一个名词EVA（Economic Value Added）引起了国内外经济学、管理学界和实务界的广泛关注，被《财富》杂志誉为“当今最为炙手可热的财务理念……是创造财富的真正关键所在”。EVA已经被实务界认识和认同，并作为一种新的公司治理和业绩评估标准，在全球范围内推广应用。目前，全球已有包括可口可乐、戴尔、索尼、西门子等知名跨国企业，高盛、JP摩根、瑞士信贷、第一波士顿等金融机构在内的许多著名企业应用了这一管理体系，并取得了较好的效果。

EVA即经济增加值，是指一定时期的企业税后净利润与投入资本的资金成本的差额，用于衡量企业价值的增加量。它实际上反映的是企业在一定时期内的经济学利润，而非会计收益。在计算EVA的过程中是以现有的会计数据为基础，但对涉及的相关的利润表项目和资产负债表项目进行一定的调整，以使得调整后的项目能更加体现属于投资者的营业利润以及企业投入资本的实质。

EVA的基本理念是企业的资本获利只有在超过债务资本和权益资本的全部投入资本之和后，才是企业真正为投资者创造的价值。这就使得企业股东投入的资本收益得到了真正的体现。

EVA可以用公式表示为：

EVA=税后净营业利润-资本成本=税后净营业利润－资本占用×加权平均资本成本率

其与大多数其他绩效度量指标的不同之处在于：与传统忽略股东投资报酬不同，EVA不仅考虑了债权资本成本，还考虑了权益资本成本，即考虑了所有投入资本的风险报酬，这样能更加反映企业真实的经济利润，更能体现股东财富的增减情况。因此在EVA大于零的时候，才表示当年的经济利润超过了股东要求的投资回报；若EVA小于零，即使当年企业获得了利润，但站在投资者角度看，经济利润并没有满足股东要求的投资回报。

从EVA的计算公式中可以看出，影响EVA的三个因素是税后净营业利润、资本占用以及加权平均资本成本率。因此可以通过以下途径提升EVA：

（1）改善运营绩效，通过提高现有业务的利润率或资本周转率，提高资本回报水平。

（2）从所有者的角度思考，以价值管理为核心，优化资本结构，降低资本成本。

（3）注重资产经营，提高资产使用效能，降低无效资本占用，使现有资产产生最大价值，处置损害企业价值的无效资产[①]。

二、 基于EVA的经理人绩效考核方式

（一）直接以EVA为考核指标

直接以EVA为考核指标，经理人的薪酬计算方式为：

$S_t=a+b\times EVA$

式中：a、b为系数。

在这一激励方式下，为了获得更多的薪酬，经理人就必须获得更多EVA，方法有以下几种：第一，在不增加资金占用的条件下，提升利润水平。第二，对EVA为负的投资项目进行清理。第三，投资EVA大于零的新项目。第四，通过资本结构调整等财务手段降低加权资本成本率。

（二）以实际EVA减预计EVA为考核指标

在这种考核指标下，经理人的薪酬计算方式为：

$S_t=a+b\times（EVA_i-EVA_i^0）$

经理人的薪酬由两部分构成：一部分是固定值a，另一部分是实际EVA超过预计EVA的固定比例b。这样，经理人的薪酬变动始终与实际EVA超过预计EVA的数额保持固定比例。

经理人要保证自己获得更多的薪酬，就要更多地创造价值，尽可能使每期的实际EVA超过预计EVA。经理人可以通过以下方法保证自己薪酬的最大化：第一，提升实际EVA超预计EVA项目的EVA水平，或者将实际EVA低于预计EVA项目的EVA提升到预计基准之上。第二，对实际EVA无法提升到预计EVA之上的项目进行清理。第三，投资到EVA大于零的新项目。第四，降低加权资本成本率。

三、 两种模式的比较

对于两种基于EVA的经理人考核模式孰优孰劣，学术界和实务界尚有争议。一般认为，虽然这两种模式都能促使经理人重视EVA的提升，但考虑到考核过程的复杂性，第二种模式更好一些。其主要理由如下：

（1）直接以EVA为考核指标时，不利于前任经理和新任经理的责任界定。Egition（1995）曾提到EVA考核时可能面临的“责任转移”问题：某经理人选择了错误的投资项目后离职，该投资项目负的EVA却让下一任经理负担。但如果采用实际EVA超预计EVA的考核形式，为低效投资项目设置的EVA基准可以是负值，这样就会在EVA基准确定时将可能的“责任转移”问题消除。

（2）直接以EVA为考核指标，会在经理人之间造成不同的“比赛起点”。企业所处的市场环境是不同的，处于“顺势”市场环境的企业可以很容易获得较高的EVA，而处于“逆势”市场环境的企业费尽心机制定的EVA也未必尽如人意。直接以EVA考核，实际上是将不同的经理人放在不同的“比赛起点”上，无法显现经理人的真实贡献。采用实际

① 王敏彦．EVA在企业业绩评价中的应用研究［D］．北京：华北电力大学，2012（6）．

EVA超预计EVA的考核形式，可以根据企业的不同情况设置不同的EVA基准，把经理人放在同一考核的起跑线上。

（3）直接以EVA为考核指标，虽然可以使股东与经理人在投资项目决策上目标一致，却可能造成两者利益不一致。正的EVA并不一定表示价值创造，而负的EVA也未必说明价值毁损。当经理因为获得正的EVA而受到奖励时，股东价值可能已经发生减值；反之也有可能在经理人为股东创造了价值的背景下，经理人的薪酬却在减少。EVA体系的本意是形成一种股东和经理人利益和风险共担的机制、培养经理人和股东共同分享剩余价值的意识，而直接拿EVA作为考核指标的结果是和这种本意相违背的。以“实际EVA减预计EVA”作为考核指标，经理人薪酬的增长（减少）和股东价值增长（减少）是一致的。

课后练习题

1.选择题

（1）关于360度回馈评价，正确的理解是（　　）。

A.一般采用署名的方式

B.有利于促进员工的职业发展

C.可以据此确定员工的任务绩效水平

D.能够增强员工的自我意识，提高自我管理效能

（2）目标管理法能使员工的（　　）保持一致。

A.个人目标与组织目标　　B.努力目标与组织目标

C.努力目标与集体目标　　D.个人目标和集体目标

（3）对从事一般性管理工作或服务性工作人员的考评不宜采用（　　）。

A.360度评估　　B.行为质量特征

C.评级量表法　　D.排序法

（4）在绩效管理工具中，（　　）充分体现了客户、股东、员工是企业关键的利益相关者。

A.360度考核法　　B.平衡计分卡

C.关键绩效指标　　D.工资标准

2.判断题

（1）绩效考核评定的方法要不至于使员工每项要素都达到满分或都偏低。一般情况下，应该是多数员工在及格线附近，这样能使员工更严格地要求自己。（　　）

（2）运用目标管理法评估员工绩效，前提是上、下级共同制定出可衡量的组织与个人目标。（　　）

（3）使被领导者参与组织目标的制定本身就是一种激励手段。（　　）

（4）从目标管理看，被评估的对象应该是该员工完成工作的程度，而不是仅仅把他与其他员工相比较。（　　）

3.问答题

（1）平衡计分卡的特点有哪些？

（2）关键绩效指标有哪些优点和不足之处？

（3）什么是360度绩效考核？

（4）关键绩效指标法的实施步骤有哪些？

4.实务题

以下是某公司总经理2019年的经营目标：（1）提高20%市场份额；（2）增加20%销售额；（3）降低20%生产成本；（4）减少10%员工人数；（5）推广绩效考核系统，培养后备干部；（6）产品一次合格率提高5%。

要求：请将以上目标进行分解并落实给下列管理人员：销售总监、人力资源总监、生产总监。

案例分析

平衡计分卡的困惑

美达公司是国内一家合资企业，企业有2 000人的规模，年产值数亿元。最近空降来一位新总经理王平。去年年底，在看了一些平衡计分卡资料后，他认为公司有必要进行绩效管理体系的建设，推行平衡计分卡。人力资源部的绩效经理张丽华直接负责平衡计分卡的推广事宜。她组织人力资源部的绩效专员制作了相应的表格，并通过会议和电子邮件的形式向各部门宣布了BSC开始实施。根据去年公司业务发展，她将出口额增长6 000万元作为今年的战略目标，并且根据平衡计分卡的要求将这个战略指标层层分解，落实到各个部门的员工头上。各部门经过内部讨论和与人力资源部一番“讨价还价”后，将本部门的财务指标、客户指标、内部经营过程指标和学习与发展指标反馈给张丽华，然后由王平审核并予以实施。

在实施后的第一个季度，王平发现平衡计分卡确实给公司带来了很好的效益，甚至比自己最初定下的财务目标还要高出不少。正当他为此暗暗高兴，认为自己实施平衡计分卡取得了成效的时候，一些问题逐渐暴露。有些部门经理反映，软指标没有足够的人力和精力来监控和考核，由于没有建立相应的监控体系，新制定的一些考核指标打分难以拉开差距，没有起到考核的作用。事实上，各部门经理和员工们仍旧和以前一样以财务指标为核心来开展日常业务。将近一年的时间过去了，平衡计分卡的推行并不顺利，反而在公司内部的上上下下有不少抱怨和怀疑。甚至有人说“原来的考核办法就像是一根绳子拴着我们，现在想用四根绳子，还不就是拴得再紧点，为少发奖金找借口？”。“其他有些公司遇到的情况和我们现在差不多。这到底是我们的问题，还是因为平衡计分卡真的不适合中国企业？”人力资源部也同样困惑，考核结果将来怎么利用？员工关心的是收入，因为除财务指标外，其他指标的考核缺乏监控体系，并且因为考核结果争议比较大，也没有直接与薪酬挂钩。甚至有部门经理和员工私下嘲讽说：“换什么卡也没用，最后还不是卡住了？”一年后，该公司的业绩不但没有上升，反而下降，平衡计分卡的实施最终以王平的辞职而告终。

请讨论：公司的平衡计分卡为什么没有推行下去？存在的问题及原因是什么？

第八章课后练习题答案

第九章 不同员工群体的绩效考核

学习目标

通过本章的学习，应该掌握以下几个方面的内容：

1.对市场营销人员进行考核的程序和方法；

2.考核研发人员的原则、流程和方式；

3.企业高层管理人员考核的流程和考核指标选择；

4.职能岗位人员考核要点、指标设计和考核主体选择等。

引导案例

由于员工的工作性质和工作特点有很大差异，因而他们的绩效也存在极大的不同，在绩效管理中必须对不同类别的员工采取差异化的策略。如果忽略员工群体间的差异而采用“一刀切”的做法，绩效考核将陷入机械、教条的误区，不仅难以准确反映员工的绩效水平，还可能引发员工的不满，影响企业战略目标的实现。从职能看，企业员工可以分为市场营销、研发、高层管理者和职能管理者等几大类。本章将分析这几类员工群体的特点以及考核模式。

第一节 市场营销人员的绩效考核

一、市场营销人员的工作特征

市场营销人员是企业极为重要的员工群体，他们为企业在市场中获利、实现企业价值发挥着无可替代的作用。能否对市场营销人员进行全面、客观、公正的绩效管理，保证市场营销人员的稳定、激发他们的工作热情和积极性，直接关系到企业经营业绩的好坏。与企业其他员工的工作相比，市场营销人员的工作具有以下特点：

（一）工作时间和方式很灵活

营销工作往往没有固定的流程规范，很难对营销人员的行为进行直接的监督和控制。营销人员一般基于个人的知识经验、社会关系和销售技巧来开展工作，他们的工作日程、工作计划和工作总结也是单独进行的。由于其所营销的产品、服务、方式以及营销对象等方面存在差异，因此对营销人员的要求也不尽相同，这些都增加了营销工作的灵活性。

（二）企业对营销人员管理很松散

由于营销工作的开展具有很强的灵活性，企业很难用硬性的规定来约束营销人员的行为，一般认为营销人员的工作评价是结果导向的，主要看实现的业绩，因此在设计营销人员的绩效考核体系时更多的是将报酬与业绩完成情况相挂钩。

（三）营销类岗位进入门槛低

从事销售工作的人员，一般只要身体健康，年龄适当，就可以从事销售工作，因此整体上他们的自身素养和理论知识都显不足，需要持续地进行培训和指导。由于销售工作的进入门槛不高，因此造成销售队伍庞大，淘汰率高，销售人员之间竞争激烈，压力很大。

（四）衡量营销业绩的指标具体明确

虽然营销人员的工作很难监控，但与其他类别的员工相比，他们的工作结果相对容易衡量。营销人员的绩效评价是以结果为导向的，衡量营销人员的工作成果的指标通常有销售数量、销售额、库存积压率、回款率、客户投诉率和销售利润率等。

二、市场营销人员绩效考核前的准备

（一）提高营销人员对绩效考核的认识

对市场营销人员的考核不仅需要高层管理者的支持和策略性的指导，更需要得到参与考核的员工和被考核员工的主动参与和大力支持。关键任务是如何让全体市场营销人员理解和接受营销绩效考核的功能、意义和流程，让他们充分了解它和企业营销成果的密切关系，在员工心目中树立一种积极主动的绩效考核观念。

为了顺利推行市场营销人员绩效考核，有必要在企业内部通过多种渠道进行正面的宣传，为绩效考核的开展创造有利的条件。一定要在全员中灌输一种思想：绩效考核是有着共同目的的人们之间的一种深层次的关系。此外，可以根据企业的具体情况，聘请外部专家在企业内部举办有关营销人员绩效考核的知识讲座，端正员工的态度，丰富他们的考核知识，培养他们积极参与绩效考核的健康心态。

（二）基本资料的准备

企业在开始营销人员绩效考核立项前，就应该开始着手准备相关的资料。考虑到绩效考核的长期性，要尽可能地将能体现考核期内绩效的历史数据也准备齐全。一般情况下，营销主管着手准备的基本资料有：业绩资料、工作态度资料和能力资料。业绩资料包括业务达成度、工作质量和工作量等；工作态度资料包括积极性、热心、责任感、纪律性、独立性和协调能力等；能力资料包括知识、技术、熟练度、判断力、理解力、创意能力、改善力、企划力、计划力、实践力、领导能力、表达力和适应能力等。

三、市场营销人员考核指标类型

（一）一般营销人员考核指标

营销人员的考核指标必须紧密结合企业营销战略，营销部门、营销小组和营销人员个人的考核指标必须环环相扣，同时平衡好长期与短期指标、结果指标与行为指标之间的关系。考核指标主要有三类：

1.业绩指标

企业的营销部门根据内部人员不同的职位完成不同的指标。例如，营销经理的客户开发指标要高于普通营销人员的指标。

2.行为指标

对于营销人员工作行为的考核，可以从主动性、服从性、责任心、协作精神、工作合理性、纪律性等方面进行。

3.能力指标

能力指标可细分为业务知识、业务技能、计划能力、判断能力、解决问题能力、应变能力、人际技能、理解能力、学习能力、创新能力和领导控制能力（这项能力及以下几项能力适用于部门经理以上的管理人员）、决策能力、指导帮助下属能力、组织能力、员工管理能力等。

考核的目的不同，考核所采用的指标体系也有所区别。如要考核营销人员过去特定一段时间的工作表现，将考核结果用于加薪、发放奖金、红利等奖励，考核指标体系主要为业绩指标和行为指标；如果考核目的为促进员工的发展，而且考核结果将用于教育培训、能力开发、升迁、调动等人力资源规划与配置，考核指标体系应包括业绩指标、能力指标和行为指标。各指标之间的权重也应该因考核重点不同而相应变化。

（二）营销经理的考核指标

由于营销经理的工作性质不同于一般营销人员，主要负责管理和控制，因此其考核指标也不同，主要指标有五个：

一是营销计划完成率，指营销经理所负责市场的实际营销量与目标营销量的比例。

二是下属达标率，营销经理的一项重要任务是要带队伍，因此必须考核由所属团队实现营销目标的能力，也就是考核他领导下的营销人员的达标率。

三是营销费用使用率，即公司规定的营销费用预算和实际支出的比例。

四是信息系统管理，具体包括营销人员的日报表、客户档案的管理、市场信息反馈、服务信息反馈等。

五是工作态度，即营销经理本人的态度，如积极进取、服从指挥、团队精神等，这是一个综合性的软指标。

四、　市场营销人员考核信息的来源和统计

（一）考核信息的来源

一般来说，营销人员的考核信息除了由财务部门提供以及顾客反馈外，主要来自以下三个重要的报表：

1.营销人员日报表

该表由营销人员填写，是对每日营销情况所做的全面记录。这是考核营销人员绩效的第一手资料。表格在具体设计时应满足如下几点：①恰当的项目，如访问对象、营销额、折扣、费用等；②统一的格式以便于管理，现实中可制定配套的管理制度，例如，上报时间的规定等；③简单，即能够使营销人员较方便地操作，从而节省营销人员的时间；④好的营销人员日报表有助于营销人员能力的提高与经验的积累。

2.营销人员月报表

主管人员将营销人员日报表中的主要内容摘录到月报中，并进行简单的统计计算。这是营销人员月度绩效的主要记录，具体格式应由企业统一设计。

3.营销人员效率计算表

该表的制作是利用月报表中的统计数据求得绩效考核指标体系中比例指标的过程。因

为比例指标有助于抛开量值指标的局限，更易准确衡量营销人员的绩效水平，在实际中应结合两者进行使用。

（二）考核信息统计

对营销人员进行绩效评估，绩效信息统计是基础。

（1）对个人绩效信息的统计，主要包括六个方面：一是固定客户数量的统计。二是新客户订货数量的统计。三是销货退回数量的统计，包括业务问题统计（即对因供货不及时而退货等问题进行统计）、品质问题统计（即对因产品不合格而退货的情况进行统计）、延误问题统计（即对未按客户指定日期送货而遭退货情况的统计），以及其他问题的统计。四是销货作废统计，指销售人员已开具“售货清单”并登记统计表，在未送货前收取订单的数量统计。五是销货优惠款额统计，指佣金款额统计。六是实销额统计，指客户订货累计额扣除退货、折扣、作废、优待后的统计。

（2）营销人员个人销售收款绩效统计，主要包括三个方面：本月应收货款统计（含到本月底应收未收款）、本月实收款额统计（含期票）、期票利息损益统计。

（3）营销人员个人销售损益统计，是指个人销售毛利统计，主要包括三个方面：确定各产品的边际成本；销售费用统计；其他统计，如交际、赠送等费用的统计。

（4）销售业绩分月份和年度进行的统计，主要包括三个方面：实际销售总额统计、各区域销售额统计、各种类销售额统计。

五、 市场营销人员绩效考核方法

（一）绝对分析法

绝对分析法是指通过对销售指标绝对数值的对比确定数量差异的一种方法，用于揭示客观存在的差距，发现值得研究的问题，为进一步分析原因指明方向。依据分析的不同要求可进行三种比较分析，即将实际业绩与计划指标对比，说明计划完成情况；与前期业绩对比，分析营销活动的发展变化；与先进业绩对比，找出差距和原因，挖掘潜力。

（二）相对分析法

相对分析法是指通过计算、对比销售指标比率，确定相对数差异的一种分析方法。这种方法可以把某些不同条件下不可比的指标变为可比指标，然后进行对比分析。

根据分析的不同目的和要求，可计算出各种不同的比率进行对比，主要有：

1.相关比率分析。

相关比率分析是将两个性质不同而又相关的指标数值相比，求出比率，对营销活动的客观联系进行研究分析。如将纯利润与企业全部投资相比，求出投资收益率；将销售费用与销售收入额相比，求出销售费用率等，然后利用这些经济指标再进行对比分析。

2.构成比率分析。

构成比率分析是计算某项销售指标占总体的比重，分析构成比率的变化，以掌握该项销售指标的变化情况。如将某种产品的销售额与企业总的销售额相比，求出它的构成比率，然后将它与前期构成比率、其他产品构成比率相对比，可以发现它的变化情况和变化趋势。

3.动态比率分析。

这是将某项销售指标不同时期的数值相比，求出比率，以观察其动态变化过程和增减变化的速度。由于采用的基期数值不一样，计算出的动态比率有两种，即定基动态比率和环比动态比率。定基动态比率是指以某一时期的数值固定为基期数值计算的动态比率。环比动态比率是指以每一时期的前期数值为基期数值计算的动态比率。

（三）横向对比分析法

营销人员绩效的横向对比分析，就是企业对所有营销人员的工作业绩加以相互比较。具体方法可见表9-1。表9-1中，评价甲、乙、丙三个营销人员的指标为销售收入、订单平均订货额和每周平均访问次数，由于这三个指标在考核营销绩效中的重要性不同，因此分别给予0.5、0.3和0.2的权重。同时，根据各自情况制定不同的目标。如乙所在地区潜在顾客较多，竞争对手力量不强，故其销售收入目标为400 000元，高于甲和丙。通过每个营销人员各项目标的完成情况，可计算出各项相应的绩效水平，然后再累加得出每个营销人员的综合绩效。营销人员丙的综合绩效最高，为92分。

表9-1 **横向对比分析法示例**

评价因素	甲	乙	丙
因素1：销售收入			
（1）权重	0.5	0.5	0.5
（2）目标（元）	200 000	400 000	300 000
（3）完成（元）	160 000	360 000	300 000
（4）完成率（3）÷（2）	0.8	0.9	1.0
（5）绩效水平（1）×（4）	0.4	0.45	0.5
因素2：订单平均订货额			
（1）权重	0.3	0.3	0.3
（2）目标（元）	500	600	400
（3）完成（元）	450	480	320
（4）完成率（3）÷（2）	0.9	0.8	0.8
（5）绩效水平（1）×（4）	0.27	0.24	0.24
因素3：每周平均访问次数			
（1）权重	0.2	0.2	0.2
（2）目标	25	40	30
（3）完成	20	30	27
（4）完成率（3）÷（2）	0.8	0.75	0.9
（5）绩效水平（1）×（4）	0.16	0.15	0.18
绩效水平合计	0.83	0.84	0.92
综合绩效（分）	83	84	92

正确运用横向比较分析法，必须在充分考虑到各地区市场潜力、工作量、竞争激烈程度、企业促销配合等因素的基础上制定合理的目标。但在实际考核中，营销主管很难面面俱到地考虑所有的影响因素，在目标的制定上有一定的主观偏差，如果仅用这种分析方法，容易引起误解。因此，配合纵向对比分析，能够更全面、准确地评估营销绩效。

第二节 研发人员的绩效考核

一、研发人员的工作特点

研发人员是企业最活跃的核心资源，是创新的源泉和发展的关键。研发人员的状况反映了企业技术创新的综合能力。研发人员的数量、素质、研究活动的组织是一个企业研发规模、力量的具体体现，是使企业进行创新性活动的决定性因素。由于现代科技的研究开发是在更大范围和更高的层次上的集成和探索，需要多个领域专家的通力合作，充分发挥每个研究开发人员的积极性和创造性。同时，复杂多变的技术环境及市场需求也需要越来越多的技术人员形成共同协作的创新团队进行研发活动。因此，归结起来，研发人员的特点主要有：

1.工作技能专业化

研发工作对于研发人员的专业技术要求较高，不仅要求研发人员对本专业领域有深刻理解，还要充分了解研发和生产的各个相关环节的特性。除此之外，还需要研发人员在工作中不断了解客户需求，积累经验并领悟提升。研发人员只有完全掌握所在领域的技术和经验，才能担当起艰巨的研发工作。

2.工作方式团队化

研发人员不仅要了解本行业的专业知识，还需要熟悉相关专业知识，因此研发人员所需的知识体系越来越复杂。对于研发人员而言，其个人专业技能或本身的岗位职能的特殊性，工作相对具有独立自主性。由于研发人员个人大多只擅长某一分支领域，这种知识体系的不完善性，需要他们进行团队化的合作，通过技能互补获得综合优势。

3.工作任务多样化

企业在不同的阶段会面临不同的发展目标、不同的项目，各个发展目标、各个项目又有着各自特定的内容，研发人员在不同时期甚至是同一时期有不同任务的现象也是普遍存在的。随着市场竞争的不断加剧，企业需要不断调整产品以适应目标客户不断变化的需求，因而研发工作随时会面临新的挑战，这就需要研发人员随时待命，不断接受新的研发任务。

4.工作过程难以监控

研发人员的工作主要是脑力劳动，劳动过程不仅是无形的，且由于没有确定的工作流程和步骤，也就不可能有固定的劳动规则，因此也就失去了对劳动过程加以监控的意义。

5.劳动成果难以衡量

对于研发人员来说，主要工作就是来源于脑力劳动，其研发成果往往无法用准确的数字来衡量，智力成果具有一定的隐形性，所以在工作量的计量上具有一定的特殊性。

二、研发人员绩效考核流程

根据研发人员的特点，在绩效考核中如果过于强调结果考核而忽视对日常行为考核，会导致研发人员工作行为懒散，不遵守企业规章制度，特别是出勤制度。而如果把研发人员的日常行为列入考核内容，又有违研发人员的工作特点和性质，容易造成抵触情绪，无法取得好的研发成果。因此，研发人员的绩效考核应做好行为与结果的权衡。

（一）考核指标的结构

研发人员考核应围绕三个维度来进行，分别是业绩指标、能力指标及行为指标。对于不同类型的研发人员，在指标设计上应该有所差别。下面以研发项目经理的绩效指标体系设计为例来说明。

1.业绩指标

项目经理的业绩指标主要包括新产品开发周期、技术评审合格率、项目计划完成率、项目费用控制、内外部客户满意度等，该类别指标主要为客观性指标。

2.能力指标

项目经理的能力指标主要包括业务知识与技能、沟通协调能力、团队领导与控制能力、指导及帮助下属的能力、员工管理能力、决策能力等，该类指标主要为主观性指标，可以采用类似于360度评价的方式进行。

3.行为指标

项目经理的行为指标主要包括工作的积极性、主动性、协作精神、团队意识、工作责任心、服从意识等。

从绩效考核的目的来看，如果考核的目的主要是用于加薪、发放奖金、红利等奖励，考评指标体系主要为业绩指标和行为指标；如果考核目的是员工发展，考核结果将用于教育培训、能力开发、升迁、调动等人力资源规划与配置，考核指标体系应包括业绩指标、能力指标和行为指标。

（二）确立考核主体

伴随充分授权、自主管理、项目组与团队型工作组织的日益普遍，传统的由主管作为“单一化”考核主体的考评机制已经变得不合理，应设置“多元化”“多方参与型”的考核主体。除了上级以外，企业还需要吸收相同项目组内的研发人员、使用研发成果的内外部客户、直接下属作为考核主体，这样才能更加客观地反映研发人员的业绩，引导研发行为。为保证多主体考核的科学性，需要根据各考核主体对于各种绩效信息的把握程度、所担当的角色与行为特征，确定其参与考核的侧重点与考核结果的权重，使得绩效考核兼顾民主性、科学性和客观性。

具体而言，研发人员的绩效考核可以采用员工自我评价、同级评价、上级评价、下属评价（适用于研发管理人员）相结合的方法进行。

自我评价主要是研发人员自己对过去一段时间业绩目标的实现程度进行评估。

同级评价的主要作用是考核员工的团队协作能力，特别是对于一些需要多人、多部门协作的研发项目来说，这种能力就显得尤为重要。而对于一些出于保护自己技术优势地位而不愿与人合作的员工来说，这也可以作为一个有力的约束条件。

上级评价可以是直线经理的评价，也可以项目经理的评价为主，或者是二者的结合。因为对于那些跨部门协作的研发项目来说，直线经理也许不知道自己的员工干了什么，工作质量如何。

对于研发项目经理的考核来说，引入下属评价主要是为了促进项目经理对项目组成员的培养，促进项目经理与成员的沟通，从侧面保证项目的顺利开展。

三、研发人员的考核方式

研发工作由于贡献特点和侧重点不同，在考核方式上可重点区分为部门/团队考核与员工个人考核两种。

（一）部门/团队考核

在研发工作中，研发人员需要团队合作，部门/团队为基本的业务单元，对研发活动的直接产品和最终产品的市场价值负有责任。因此，对部门、团队考核侧重的要素为业绩指标和行为指标。因为效益指标的滞后性问题，在考核周期的设计上需要认真考虑以下两点：

第一，业绩指标采取按项目周期进行考核的方式。许多研发成果的效益是在项目结束之后一段时间内体现出来的，这部分业绩指标的考核要在效益周期之后进行。

第二，行为指标采取按固定时间段进行考核的方式，以保证产品的研发过程符合公司预定的目标。

其中，业绩指标占整体考核成绩的50%~70%，甚至更高，以体现公司的业绩导向和市场导向。为此，公司在奖金分配制度上也需要进行相应的考虑，以配合这样的考核方式。

（二）员工个人考核

由于研发成果更多属于团队合作的结果，每位研发人员只是负责最终成果的某个功能模块或某个环节，甚至有的研发人员不清楚自己的工作输出在最终产品中所起到的作用，所以对他们的考核主要应侧重于行为指标和态度指标。因此，结合这种工作特点和考核侧重点，可以设定清晰的目标，并承诺为实现目标采取的具体策略和措施，以及对团队建设的贡献，并通过对这些承诺进行评价来考核研发人员。

产品研发是一项历时漫长的工作，因而对研发人员的考核周期相对来说比较长，可根据项目周期来定，但最长不应超过一年。

大多数研发工作都是以项目团队的形式开展的，因此，研发人员的绩效管理也是项目管理的重要组成部分，在考核研发人员时必须把绩效考核和项目管理结合起来。综合运用目标管理和项目管理的方法能使对研发人员的考核落到实处。

目标管理强调工作者的自我参与。研发人员是具有强烈自我意识和自我实现要求的群体，采用目标管理方法，充分发挥他们自身的积极性，对考核非常有帮助。另外，研发人员整体素质较高，采用目标管理方法也比较容易推动。在激励方法上，目标管理可以通过对年度、季度日常工作结果的考核，与研发人员的基础性工资挂钩，并为员工年终的晋级、升职提供考核结果。

在项目管理过程中，贯穿了项目过程管理和项目绩效考核的内容。因此，对参与项目人员的考核采用项目绩效考核的方法也较为有效。在激励方法上，可以通过项目津贴或项目工资进行浮动奖励，激励效果明显。

四、 三种实用的研发人员考核方法

（一）基于胜任能力（行为）的考核

如果企业希望通过考核促进研发人员能力提升，进而提高企业整体研发实力，可以采用基于胜任能力的考核，对研发人员的能力进行评价。常用的胜任素质有：研发知识、新产品设计能力、创新能力、项目管理能力、思维能力等。企业可以给这些指标设置相应权重，采取评估问卷的方式，对反映这些关键能力的关键行为进行评估。表9-2是对工程师新产品设计能力的绩效评估。

表9-2 **工程师新产品设计能力评估表**

素质能力	维度	素质定义	0级	1级	2级	3级	4级
新产品设计能力	认知	产品设计原理、工艺流程、性能结构	不懂	了解	掌握	熟悉	精通
		产品设计标准、工艺标准、检验和试验标准、生产成本标准等技术标准	不懂	了解	掌握	熟悉	精通
	行动	进行产品结构、包装设计	不会	协助	独立	指导	带动
		制作工艺设计及配件设计	不会	协助	独立	指导	带动
	效果	提交新产品和工作图纸及质量检测标准	无效	低效	高效	显效	超效
		提交设计方案及清单、配件的设计图纸	无效	低效	高效	显效	超效

基于胜任能力的考核，一方面能促进研发管理人员对下属全面认识，为下属发展提供准确信息；另一方面也能提高绩效考核的效果，激发研发人员对自身能力的关注，并在实践中不断提高员工能力。

（二）基于研发业绩的考核

研发人员的绩效考核必须确保企业以市场需求为导向研发新产品，同时要做好长期指标与短期指标的平衡。基于研发业绩的考核，是从企业战略目标、部门或岗位职责、项目计划及部门和岗位短板出发，从项目的成本、项目周期、项目质量、项目数量四个维度去思考。如某公司新产品研发绩效考核项目包括新产品开发周期、研发项目合格率、项目计划达成率、项目费用控制率、专利数量等。基于研发业绩的考核指标示例见表9-3。

表9-3 **基于研发业绩的考核指标示例**

绩效指标	指标定义	计算方法
计划达成率	按不同项目类别，项目完成以项目关闭为准	按计划完成数量/计划完成项目数
中试一次通过率	每个产品一次通过中试的比率	一次通过中试产品数/中试产品总数
研发预算偏差率	研发项目规划与研发费用的偏差	研发费用偏差率=（预算值-实际值）/预算值

这种考核方法着重于对业绩进行量化考核，能使研发人员对自己的工作产出及时进行纠偏。

（三）研发人员项目提成积分制

研发工作的特点是项目具有一定的周期性、团队性和时限性，因此有的企业将研发项目变成虚拟团队和虚拟工作，采取项目总额提成制，根据不同项目的不同模块或阶段以及所需人员、工时数进行总额核算，见表9-4。同时，企业鼓励员工多做跟项目有关的工作，如技术支持、客户拜访等。

表9-4 **基于项目总额提成制的研发工时考核表**

项目阶段	项目成果	工程师工时	项目经理工时	备注
产品概念阶段	调研方案	8天/人	2天/人	
产品设计阶段	产品最终方案	15天/人	6天/人	
产品开发阶段	设计产品	180天/人	30天/人	
中试阶段	小样	50天/人	16天/人	
⋮				
工时合计		360天/人	120天/人	
考核系数		1.2	1.5	
加分	专利发明	10天/人	10天/人	
加分	省级刊物发表	5天/人	5天/人	

在立项前，企业的研发项目评审组对不同项目进行评估，确定项目所需总工时、人员数量、费用等，确定项目经理和项目工程师。同时，一个项目组的成员可参与不同项目。

根据表9-4的工时安排进行不同类别人员的工时考核，以此为基准形成考核结果，并将此结果与绩效奖金挂钩。

第三节　高层管理人员的绩效考核

一、　高层管理人员考核的主要方向

由于企业高层管理人员对企业有全局性、战略性影响，因此对他们的绩效考核需要与对企业整体绩效的考核结合起来。对高层管理人员的考核不能只局限于利润指标、销售指标，还应增设一系列财务指标，包括现金流、资本回报率、存货周转率等，同时也要增设管理评估，目的是让他们充分认识到不能只关注眼前的数字利益，还要关注企业的持续发展，更要重视企业的经济效益、可持续发展、新产品的产出、技术创新、人才储备等诸多问题，为企业的长期效益做好各方面工作。

对企业高层管理人员的考核，可以采取两条原则：一是突出重点，不讲究面面俱到，要对每个部门的几项重点工作进行考核；二是坚持定量与定性相结合，能量化的争取用数据说话。一定要认识到，绩效评估不仅仅是考核工具，更是一种工作管理系统，目的是强调计划性，从而保证工作推进的质量和效率。

企业对高层管理人员职位整体的绩效考核需要重点从战略计划、组织规划、人员激励、人员管理、执行控制、企业文化建设等几个方面进行。

二、　高层管理人员考核的流程

（一）制定高层管理人员的绩效目标

企业的目标是企业得以存在的前提。为此，企业高层管理人员的每一项绩效工作都应当有特定任务和目标，并且这些任务和目标应当服从实现企业整体经营目标的要求。每个高层管理人员的任务和目标都可能包括该职位的每部分工作，以及其下属成员的职责和权限。企业确定高层管理人员的绩效工作目标时应该注意以下几个要点：

第一，了解企业及具体高层管理人员所负责工作的目标及责任，这些工作的目标应是公司总目标的一部分。

第二，各个具体高层管理人员所管辖下属订立的工作目标综合起来应能达到或超过高层领导职位的工作目标。

第三，要注意具体高层管理人员的工作目标是否有劳逸不均的现象，有些人工作量过多，有些人却低于标准。

高层管理人员具体工作目标的设立，必须与职位应从事的主要工作结合起来。负责营销的营销总监，可将销售量或销售金额作为目标；负责生产战略的生产总监，可将生产数量或品质标准作为目标。当然，不是所有的高层管理人员的工作都可以量化。对于人力资源总监、行政总监等职位所负责的难以量化的人力资源、行政等工作，什么样的表现是最优秀的、什么样的表现是基本合格的，可通过对工作表现的等级划分来为这些工作制定目标。一个好的高层管理人员，对自己的工作应该有标准，了解公司期望。只要有行为，就可规划其表现。

（二）确定高层管理人员的绩效指标

高层管理人员必须从战略的高度把握组织发展的方向，他们所做的决策正确与否直接影响到组织的发展。所以对高层管理人员的绩效考核必须结合企业整体绩效，判断高层管理人员是否能“做正确的事”成为对其进行绩效考核的关键所在。

对高层管理人员的绩效考核更多注重具体的、可量化的，且与组织运营相关的指标，主要是一些财务指标，如股东投资回报率、净资产收益率、资产回报率、销售增长率、利润、成本等指标。此外，影响这些可量化的指标达成的因素还包括高层管理者的能力和素质，如工作能力、学习能力，以及团队合作精神、持续学习能力、决策力等，这些也是常用的考核指标。

1. 高层管理人员绩效考核的财务指标（见表9-5）

表9-5 **高层管理人员绩效考核的财务指标**

财务考核指标	例子
利润	利润也许是企业财务绩效评估最常用的指标，它也可以考核企业资本投资所赚取的收益，即资本回报率
收入	财务绩效也可以用销售收入或销售收入增长率来衡量
成本	大多数企业的财务计划有费用预算和产品或服务计划成本。绩效评估的一般方法是看其实际成本比预算成本高还是低，以此来判断成本是否失控
每股价格	如果企业有股票在证券交易所交易，财务绩效也可以用对股东的回报来评估，它包括给股东支付的股利和股票每股价格的上涨或下跌
现金流量	就像监控利润一样，企业也应监控其现金流量，以确保企业从经营中赚取充分的现金去满足可预见的负债。测定现金流量能力的一个指标是企业在某一期间赚取的自由现金流量金额。自由现金流量是指超过公司管理层日常有权开销的现金，如股息红利或不必要的资本支出

2. 高层管理人员非财务绩效指标

在现代企业环境里，财务绩效指标并不能反映企业绩效的全貌。在当今的经济环境中，企业间通过产品质量、配送、诚信、售后服务和顾客满意度等多种方式进行竞争，而传统会计系统里并不直接计量、评估这些因素的变化。

企业正在增加各种非财务定量与定性绩效指标。例如，质量等级、整修、顾客投诉次数、配送时间、担保要求次数、非生产小时、领先次数和系统（机器）停工时间等。

与传统的财务报告（如差异报告）不同，许多非财务考核结果都能被很快提供给管理层。管理层可以要求每个班次、每天甚至每小时提供一次。

非财务绩效指标既可以依据定量的方式加以考核（见表9-6），也可以依据定性的方式考核。虽然定性方式性质上是主观的和需要个人判断的，但它仍然有用。当定性方式是依据几个不同方面的信息来源而实施的时候，该方法就变得非常有价值，此时判断的不可靠性降低。

表 9-6　**高层管理人员绩效考核的非财务指标**

非财务考核指标	例　子
市场份额	例如，企业目标是在某一特定市场上成为最大的供应商，评估目标实现程度的指标是计算其在整个市场上所占份额的百分比
产品质量	可以用产品的次品率、整修率和废品率来评价
消费者服务质量	可以用响应客户召唤的平均时间和满足客户订单的平均时间来评估
生产能力	生产能力是以生产产品投入的资源所生产出的产品或服务数量来计量的。生产能力评价的指标有：每人工小时、机器小时、职工人数或每吨材料所生产的产品数量。生产能力用以反映资源使用效率的高低

（三）赋予指标相应的权重

权重体系的设计方法多种多样，有主观赋予法、同比设计法、简单排序法、层次分析法、频数统计法、权值因子判断表法等，此处不一一介绍。

（四）选择考核方法

高层管理人员的绩效考核有着比较繁杂的内容，只有在真正的使用中才能深入了解具体细节。也就是说，对于高层管理人员绩效考核的实施者来说，需要选择准确而灵活的考核方法。常用的考核方法在以前章节中已介绍，此处不一一赘述。

（五）确定考核周期和考核人员

对高层管理人员的绩效考核，无论是可以量化的指标还是无法量化的指标，无论选用什么样的绩效考核方法，都最好使绩效考核的周期长期化。如果不是在极为关键的方面上出现明显问题，对高层管理人员的绩效考核最好是以年为周期。毕竟高层管理人员从事的都是战略性工作，基本上很难在一个月或考类似的较短周期内就看到绩效结果。

对高层管理人员的绩效考核，需要由企业董事会、股东大会等最高权力机关参与，或至少指定专人负责。对总经理的绩效考核，由董事长（总裁）负责，企业人力资源总监、财务总监和绩效考核主管参与并参考企业员工意见进行综合考核。其他职位的高层管理人员，由总经理负责，其他高层管理人员、人力资源经理、被考核职位的直接下属以及客户共同提出评价意见，由总经理会同绩效考核工作负责人共同进行最终评价。

第四节　职能人员的绩效考核

企业中的职能人员主要包括从事财务、人力资源管理、战略及计划管理、行政办公等工作的人员。这些人员是企业正常运行中必不可少的组成部分，但由于他们的工作没有明确的结果，或者结果不明显，因此往往难以考核。在很多企业，如何考核职能人员是件令人头疼的事情。

一、职能人员绩效考核的几个要点

1.考核方案和指标体系设计科学、合理是考核工作的前提和基础

职能部门的大部分员工每月所做的工作都比较有规律，每个岗位基本上是一个人，员工与员工之间没有可比性。因此，根据职位说明书，每个员工的业绩考核指标都不同。我们可以从关键业绩指标、日常业绩指标、例外指标三方面考虑：关键业绩指标是员工本月的重点工作（重要性高，与公司战略目标和部门工作目标有紧密联系）；日常业绩指标是员工日常所进行的工作（几乎每个月都必须做）；例外指标是个人突出贡献或严重差错，即通常所说的加分项或扣分项。关键业绩指标需每月进行变动，而日常业绩指标不需要月月修改，原来制定的工作能力和工作态度考核评分表可以取消，工作能力、工作态度指标可每半年考核一次。

2.考核指标的量化程度是考核工作是否具有可操作性的关键

职能部门的绩效考核指标量化是难点，因为职能部门的工作定性的情况多，定量的情况少。设计可以量化、可衡量的指标，确实比较困难。我们可以确定几个原则，即能量化的量化，不能量化的尽量细化，不能细化的尽量流程化。同时，对可衡量的绩效标准尽量从数量、质量、时间、成本这些方面来体现。通过考核指标的量化，任何人都可以根据这些硬指标对员工评分，考核结果也就能最大程度地减少个人主观因素。

3.公开考核过程和及时反馈考核结果是考核工作的必要环节

为提高绩效考核的透明度，可以选举数名职工代表加入到职能岗位考评小组当中，让他们清楚职能部门员工绩效考评的全过程，增强员工绩效考核结果的公正性。同时，应指定专人负责与员工进行绩效沟通，让员工明白绩效考核的根本目的是对职能部门人力资源的开发与管理，不是想运用绩效考核来控制员工。同时，要将绩效考核结果与员工个人的培训学习、职业生涯规划等结合起来。

二、考核指标的设计

在设计职能人员考核指标时，要考虑以下几个方面：第一，指标的可控性，即被考核人可以通过调整自己的行为影响或改变考核指标的完成质量。第二，对工作过程的关注要比对工作结果的关注更强。第三，职能人员与本部门之外人员的工作协调质量也是绩效考核的内容。

因此，职能人员的考核指标一般可以分为以下三类：第一类，以岗位职责为出发点，设置重点工作任务考核指标。指标需简单明确，突出重点，不宜过多。工作任务完成的质量由被考核人的主管领导进行考核。第二类，设置周边协调部门评价指标，对被考核人员在沟通和协调中的响应及时性、服务质量、协作精神等进行评价。周边绩效指标由被考核人员的主要外部协调部门人员进行考核。第三类，设置态度考核指标，主要对被考核人员的工作积极性、工作责任心等方面进行评价，由被考核人员的主管领导进行考核。

（一）工作任务指标的设计

1.工作数量指标

职能部门每个员工的岗位分工各不相同，而且一般要负责多项工作，工作内容的数量

本身既没有意义，也难以在员工之间进行比较。比如，员工甲负责起草文稿，乙负责发放工资，而一年之中甲起草了多少文稿和乙发放了多少人次的工资之间并不具备任何可比性。因此，有必要找到一个共同的数量指标以供量化和比较，这个数量指标就是时间。换言之，根据每项工作的绩效标准时间，再乘以工作次数，即可得出以时间为单位的工作数量指标。例如，假设某个员工负责招聘和工资发放，我们可以在这两个岗位绩效标准的基础上提取出其工作数量指标为招聘和工资发放耗费天数。

值得一提的是，用此方法可以对所有员工的全部工作量在一个绩效考核周期内进行比较。假设员工1完成各项工作的时限标准为T_i，一个考核周期内的工作次数为f_i，员工1负责的工作有n项，则员工1的工作数量$=T_i \times f_i$（$i=1, \cdots, n$）。再假设部门总人数为j，则部门工作总量$Q=\sum(Q_i)$，人均工作量$Q_a=Q/j$。此时的Q_a是以时间为单位的，既可以衡量本部门各员工的工作量多寡，又可以衡量本部门全年工作数量是否饱和。

2.工作质量指标

职能部门承担了大量的公文写作和规章制度起草任务，可以根据上级对下属起草文件的修改量来进行衡量，基本不做改动则判定为工作质量好，需要推倒重来则判定为工作质量差。按这个思路，可把KPI设为“上级未做修改率”。此外，对于许多重复性、事务性、保障性的工作，可把KPI设为“出错/事故率”。

3.及时率指标

职能部门的工作事无巨细，对及时性的具体时限要求各不相同。在这种情况下，可将相应的绩效标准分别纳入其中，如“办理/完成及时率（x天之内完成）”等，办理/完成时间相对于绩效标准越短，则判定其越及时。

4.成本指标

可参考部门层次财务角度KPI的设置，将成本指标设置为“绩效目标实现情况与财务成本之比”。在工作绩效至少达到绩效标准的前提下，实际发生财务成本越低越好；或是在实际财务成本不变的情况下，绩效完成得越好、工作数量越多、质量越高，均可判定其成本指标实现得越好。

（二）能力绩效指标

单纯的业务绩效考核并不能反映员工的全部绩效。有的业务绩效考核得分较高，很可能是因为工作较简单；有的工作难度较大，因而无法获得较高分数，这并不意味着后者的贡献就一定小于前者。因此，只有加入工作能力方面的考核指标，才能使考核结果真正反映员工的整体绩效。能力绩效指标的提取主要应基于岗位绩效标准中的职能标准，即以其从事的工作需要的关键能力为KPI，如办公室秘书的能力KPI，主要应包括业务知识、执行能力、理解能力、文字表达能力等。

（三）态度绩效指标

态度绩效考核涵盖了传统的对“德”“勤”的考核，也有效弥补了业务绩效和能力绩效过于关注核心工作的片面性，其主要目的在于既充分反映员工的工作投入情况，又端正和引导员工的行为及态度倾向，也可称为企业文化绩效。态度绩效既包括本职工作态度绩效，也包括本职工作之外的周边绩效，其KPI在职能部门之间的通用性较强。前者如政治意识、大局意识、责任意识、服务意识、自律意识、团队意识等，后者如是否主动执行本职工作之外的任务、是否积极参加企业内外的团体及公益活动、工作时是否表现出符合工作要求的工作热情、能否主动帮助别人、是否有良好的人际关系、能否坦然面对逆境等。

（四）KPI体系的进一步优化整合

对KPI体系的进一步优化整合包括：一是对每项工作的业务绩效和能力绩效KPI进一步筛选。在每个员工的工作事项较多的情况下，如果教条地按照上述指标提取法设置KPI，必然导致KPI过多，所以有必要针对那些较容易、重复性强、基本不必支付财务成本的日常工作，对其初步KPI进一步筛选，剔除相对不重要的指标，只保留最重要的1个或2个KPI。比如，工资发放、社会保障登记变更等。业务绩效KPI可只考虑设置工作数量和质量指标，剔除及时率和成本指标。二是对筛选整合后的KPI进行合并同类项，即分别合并到工作数量、质量、及时率、成本指标、能力指标中去。三是每个部门中的同类人员适用相同的态度绩效指标[①]。

三、 指标权重的设置和考核主体选择

根据企业的具体情况，对以上三类指标赋予不同的权重，以突出考核的重点。通常，工作任务考核指标的权重应占到60%~70%。职能人员考核指标具有难以量化的特点，因此要清晰定义每个考核指标，并制定相应的规则，尽可能降低考核者的主观性。设计权重的主要规则是：按照指标完成质量设置等级。通常每个指标可以分为4~6个等级，每个等级对应一定的分数段。在每个等级的分数段内，考核者可选择的分数以3分（或5分）为单位分隔，以加大评价分数的差异性，尽可能降低考核总分的集中度。

根据企业情况，可以硬性规定：对于同一部门的被考核人员，每个指标的分数必须有差异，不能出现相同的情况。

针对每个指标应采取合理的考核方法。首先是考核主体。考核主体的选择应该基于他们和该项工作的相关性、评价该项工作的客观程度以及他们对该项工作了解的广度和深度，从而确定采用上级考核法、下级考核法、第三方考核法、多向考核法（即上述各种单向考核法的组合）还是360度考核法（即将所有可能的考核主体如上级、下级、同事、自我、外部第三方等结合起来）。总体上看，部门层级KPI体系以多向考核法为主，个人层级KPI体系以上级考核法为主。

四、 考核结果强制分布法

目前，考核结果的“强制正态分布”是在绩效管理中应用比较广泛的一种方法。顾名思义，强制正态分布是指企业按照员工考核结果沿正态分布曲线对员工进行归类：20%是A类员工，业绩表现优异，获得超常报酬；70%是B类员工，绩效表现中等，是企业的主力军和培养对象；10%是C类员工，业绩表现较差，可能会面临警告或解聘。

强制正态分布能够有效地降低考核中产生的主观因素和平均主义思想，得到相对客观、有区分度的考核结果，因此成为很多企业的首选。但强制正态分布的公平性也遭受到

---

① 徐晴，杨跃锋．企业职能部门绩效量化考核的难点及其突破［J］．中国人力资源开发，2013（7）．

很多质疑甚至是抵制，尤其是在人际关系相对复杂的企业。其原因是：一方面，很多企业的职能部门协作性较好，硬要分出不同级别以强调竞争性反而可能加剧内部的不公平感；另一方面，某些人员较少的职能部门很难实现强制正态分布，在与其他人数较多、可实现正态分布的职能部门员工对比时，容易产生不同部门员工之间的不公平感。

在实际应用时，企业可根据自身实际情况，利用强制正态分布实现对职能人员考核结果应用的公平性和竞争性。较为有效的方法有以下三种：

方法一：一次考核，一次分配

这种方法将全体职能人员个人的最终考核分数进行强制正态分布，考核结果直接与个人绩效薪酬挂钩。职能人员个人最终考核分数是个人考核分数和本部门的考核分数共同影响的结果。个人考核分数和部门考核分数的影响程度可以通过权重分配来体现。根据部门工作的特点，通常职能人员的个人考核分数对最终考核分数的影响权重为60%～80%。使用这种方法，可以将全体职能人员进行大排序，进而可以降低部门内部竞争引起的副作用。虽然也会造成部门领导一味给本部门人员打高分的现象，但这种现象造成的不公平性会在部门考核分数（由企业领导班子评价和协作满意度调查后确定）、差异性个人评价分数的影响下有所降低。

方法二：两次考核，二次分配

这种方法是将职能部门考核分数进行强制排序，以确定各部门的绩效薪酬总额。在职能部门内部，再根据员工个人的考核分数进行排序（不强调正态分布），然后根据排序结果确定个人的绩效薪酬。对于职能部门的考核分数，因为是企业领导班子评价和相关协作部门满意度调查的结果，因此公平性和权威性相对较高，可以作为强制排序的基础，实现职能部门之间的相对公平。同时，依据个人绩效考核分数，进行部门内薪酬的二次分配，使得个人工作绩效与个人薪酬挂钩。

这种“两次考核、二次分配”的绩效管理办法，能较好地实现企业职能部门之间以及部门内部的公平性，但容易产生业绩较差部门内的好员工和业绩良好部门内的差员工之间的不公平。同时，部门负责人在部门考核分数的压力下，可以较为公平地评价内部员工，但部门内部存在的考核结果的竞争性，对部门内部的合作可能产生某些影响。

方法三：一次考核，二次分配

这种方法也是先对职能部门的考核分数进行强制排序，以确定部门的绩效薪酬总额。在职能部门内部，由职能部门负责人根据工作量、工作难度、个人绩效考核分数等各种因素自行或者与部门有关人员协商后确定部门内人员的绩效薪酬。在这种“一次考核、二次分配”的绩效管理办法中，个人绩效考核的分数仅作为参考因素出现，部门负责人会根据考核当期的其他绩效影响因素重新确定员工的“个人绩效考核结果”。在这种方式下，职能部门负责人拥有较大权力，需要首先在部门内部拥有较强的威信和公认的公平性，否则将导致部门内员工的极大不满。这种考核办法适用于部门内人员较少（通常不超过5人）、部门多数工作需要合作才能完成或部门内人员均在各自领域内有优异表现的情况。

课后练习题

1.选择题

（1）企业绩效的根基是（　　）。

A.员工个体绩效　B.部门绩效　C.组织绩效　D.团队绩效

（2）属于财务性报酬的是（　　）。

A.培训　B.福利　C.晋升　D.表彰

（3）不适合作为员工考核内容的是（　　）。

A.工作态度　B.工作技能　C.生活习惯　D.工作能力

（4）企业文化的精髓是（　　）。

A.企业管理　B.企业环境　C.员工关系　D.绩效文化

2.判断题

（1）期望值越高激励力量肯定越大，因此领导者应尽可能提高销售人员对目标的期望值。（　　）

（2）绩效考核标准对一定时期员工的努力方向和积极性有着重要的影响，因此职能人员的绩效标准应该尽可能用数量表示。（　　）

（3）应将销售人员的绩效与薪酬联系起来，即依据绩效考核的结果进行与薪酬有关的决策。（　　）

（4）绩效考核的结果可能用来衡量研发人员招聘、选拔和培训的有效性。（　　）

3.问答题

（1）一般营销人员的绩效指标主要有哪些？

（2）职能人员的工作任务指标主要包括哪几个方面？

（3）对研发人员进行考核应把握什么原则？

4.实务题

宏达公司近来虽说产销两旺，但公司总经理已经隐约感觉到了危机。销售部门人员反映，所有的业务，不论大小，都必须由销售部经理一人经手。而销售部经理只分派其他人员做一些杂务性的工作。由于公司对销售部门人员的考核主要依据个人业绩，所以销售部经理在考核中都得到了很高的分数，也得到了可观的奖金，其他人员有不少怨言，而且已经有几个职工辞职离开公司，如果再不采取措施，事情将会变得更糟。根据以上情况，公司总经理要求人力资源部冯经理设计针对销售部门的考核方案。

要求：假如你是冯经理，该如何设计这个考核方案？

案例分析

A公司是一家大型企业。丁力是A公司的一名销售员，三年前从一家小公司辞职后入职A公司。开始的两年，丁力都没有完成销售任务，但他将大部分精力用于发展客户关系，对客户的业务需求了解很肤浅，对产品的了解也很有限。

今年由于公司在华南地区开拓了一个新项目，这个项目由销售部和技术部负责。作为销售工程师的丁力，在项目的工作中非常努力，以建立各种关系为中心，成为项目组的骨干。这个项目最后开发得很成功，丁力的销售业绩也比上年增长了30%。

但丁力在和技术部打交道的时候，关系搞得很僵。技术部的员工都抱怨丁力不能及时提供用户的需求，并且没有一个良好的计划，也不与大家沟通，造成技术部几次重新设计方案，大家都对他有意见，不想与他合作。另外，由于丁力没有提前预报项目，目前该项目的订货、交货期都存在问题。

问题分析：如果你是销售部经理，你如何看待丁力的绩效？

第九章课后练习题答案

第十章　绩效管理中常见问题的处理

学习目标

通过本章的学习，应该掌握以下几个方面的内容：

1.绩效管理中常见的各类问题；

2.绩效管理中常见问题的解决思路和方法。

引导案例

从2013年起，H烟草公司开始正式推行绩效考核工作，每年制定绩效考核办法，包括工作目标和绩效标准，由考核主体对照目标和标准，考核各单位、部门的工作任务完成情况、职责履行情况，将考核结果反馈并作为薪酬分配、评先树优的重要依据。目前市局（公司）对基层单位的绩效考核相对成熟，对基层单位的二次考核也在积极探索改进，部分试点单位也取得了一些成效。但这种传统意义上的绩效考核在理论和实践上都存在一些问题，各部门绩效得分相差无几，“大锅饭”现象严重，员工抱怨绩效考核不公平等现象频出，严重困惑着H烟草公司的领导。

究竟现行的绩效管理体系出了哪些问题，该如何进行公平、公正的考核成了该公司管理者和人力资源管理部门的难题。

公司领导层对绩效管理体系非常重视，也投入了大量精力在绩效管理方面，但是，现行的绩效管理体系仍不完善，存在着很多问题。其主要表现在：职能部门的绩效考核不到位，公司目前各考核指标的考核标准主要以定性描述为主，比如，“及时”“一定”的定性描述词语，考核标准模糊化，考核人员也难以区分具体工作项目是否达到要求，实施过程中难免出现推诿扯皮的现象；部分考核指标采取主观打分的考核方式，再加上考核标准不够明确，直属领导也容易陷入困惑，只好凭个人直观感觉打分，很难确保考核结果的客观性，效果就大打折扣，也有员工反映“干得好不如表现得好”；由于国企的性质，员工都是多年的同事，碍于情面和人际关系，很少有考核者给被考核者打低分的情况，“差不多就行了”也成了考核者的口头语，这就导致十几个部门的考核结果相差无几；考核指标难以量化，造成员工的消极怠工，工作能拖则拖，事情能推则推，多一事不如少一事，因而也造成了工作效率低下的不良局面，绩效考核无法实现合理引导员工行为、提高组织工作绩效的效果。

面对这些问题，H烟草公司的管理者也无所适从。

请问：H烟草公司的绩效管理体系哪里出了问题？该如何解决这些问题？

绩效管理是现代人力资源管理的重要职能之一，它对组织绩效提升的作用已为越来越多的企业所认识。但在实际管理过程中，许多企业没能充分发挥绩效管理应有的作用。以下问题常常令许多人力资源管理人员感到困惑：为什么绩效考核工作老是出现问题？出现的问题都是什么性质的问题？如何才能避免这些问题呢？本章将对绩效考核中的常见问题进行分析，并提出处理这些问题的思路和方法，希望能对相关人员有所启示。

第一节 企业绩效管理中的常见问题

一、绩效管理体系本身存在的问题

（一）绩效管理体系与公司战略目标联系不够紧密

绩效管理要在企业管理中创造更多价值，就必须和战略统一起来实现企业的目标。然而，许多企业仍然没有把绩效管理和公司战略目标统一起来。绩效管理若不从完成企业战略发展目标的角度出发，仅仅考虑被考核部门或个人的职能领域，即使绩效考核体系本身设计科学合理、内容完整，由于没有与企业发展战略目标挂钩，绩效考核的根本目的缺失，也不能提高企业的整体绩效。

企业的一切行为和活动，都应以战略为出发点和归宿，绩效管理工作系统也是如此。不少企业的绩效管理系统与企业战略目标相分离，没有把战略目标及规划转化成各层级员工行动的动力，绩效目标与计划不能有效地支撑企业战略的实施，甚至出现员工绩效目标与企业战略目标相背离的情况。许多企业的绩效计划目标只是来自于职责分解，绩效管理系统还是一种面向事务的绩效管理工作系统，不能有效支撑企业战略的实施，即便体系中的有些指标是战略导向的指标，但无法从整体上保证战略性、系统性的改进，从而无法从整体上促进战略目标的实现。良好的绩效管理体系应是战略性绩效管理工作体系，既要考虑绩效指标体系的系统性、整体性和长远性，又能把公司战略目标转化成各层级的绩效目标与计划，从而使绩效管理体系成为保证企业战略得以实施的有效手段。

（二）绩效考核体系的设计缺乏层次性

目前许多企业在设计绩效考核体系时，往往只关注员工层次的绩效考核，对于组织层次和流程层次的绩效不重视。这样一来，就容易产生两方面的问题：一方面，因为片面强调不同员工个体的绩效考核，使得员工过度关心自己的绩效，容易产生过度竞争，无法培养团队合作精神，虽然个体绩效得到了提高，但部门整体绩效不一定得到提高；另一方面，从流程的角度看，对部门与部门之间相联系的节点部分的绩效没有采取切实有效的考核措施，使得部门之间的沟通与协调困难，相互推诿，效率低下，从而无法保证企业整体绩效目标的实现。

（三）企业、部门、个人之间的绩效缺少联动

在许多企业经常出现的一个现象是：每个员工绩效考核结果都比较好，但部门业绩、企业业绩不怎么好。绩效管理最终目的是取得较好的企业业绩。企业业绩、部门绩效不好，虽然员工个人绩效较好，但是这样的个人绩效价值有多大却令人生疑，也不能说是真正意义上的好的个人绩效。组织、部门和员工个人绩效之间存在的差异，导致无法实现企业绩效、部门绩效和个人绩效的联动。有效的绩效管理体系是通过个人绩效、部门绩效目标的实现，最终实现企业整体绩效目标。

（四）绩效目标缺少绩效计划支持

有些企业虽然有绩效目标，但缺少有效的绩效计划来支持绩效目标的实现，绩效目标就比较难以保证。实现绩效考核指标设定值的方法和途径很多，企业给各个部门一系列指标后，各个部门应积极思考和探索，寻找实现绩效目标的最佳绩效计划和资源支持计划，并将日常工作同绩效计划结合起来。

（五）绩效目标重点不突出

企业绩效目标非常全面，包含企业经营管理的方方面面，每个部门、每位员工考核的内容都非常多，一些管理者担心如果某方面没有考核到，企业管理会不会出现问题。太多的考核指标，意味着考核非常全面，但同时也意味着绩效管理工作重点不突出。按照“二八”定律（20%的关键绩效领域决定了80%的业绩），绩效管理工作应重点关注关键业绩领域，而非面面俱到。

（六）所选绩效考核方法不当

所选绩效考核方法与指标不匹配，会导致实际操作过程中绩效考核结果失真，也可能无法把对公司的发展具有关键作用的绩效水平衡量出来，并有可能误导被考评人偏离正确的工作方向。具体来说，其主要表现如下：

1.考核方法的选择没有充分考虑企业文化特征

企业的分工特征、技术特征、人员特征、管理文化不同，对绩效的定义和强调的重点就不相同。而在实际考核过程中，许多企业在选择考核方法时并没有认真考虑企业的文化特征，绩效考核不能与企业所倡导的文化相匹配，其作用的发挥必然受到限制。

2.绩效考核方法的设计缺乏针对性

企业如果对于不同层级、不同类型员工的工作性质和特点考虑较少，采用同样的考核方法对他们进行考核，考核缺乏针对性和目的性，会导致绩效考核结果有效性降低，同时还可能增加考核成本，造成企业资源的浪费。

3.绩效考核方法的片面性

企业中常见的问题是：考核方法只重视对过去已发生绩效的评估，缺乏对未来绩效的引导；只重视对短期绩效的评估，缺乏对企业长远发展有重要影响的长期绩效的评估，导致管理者的短视行为；只重视对财务指标进行考核。另外，企业绩效考核主体过于单一，主要采用上级审查式考核的方式，会导致考核结果的片面性。

（七）考核指标与标准的设定简单化

1.绩效评估的指标设定通常是绩效考核体系的关键问题

企业往往喜欢将关注的焦点集中在评估指标的量化上，期望通过设定量化指标，保证评估系统透明、公正，管理人员也喜欢量化指标，因为量化指标简化易行，容易解释，可以减轻评估压力。但评估指标的完全量化对许多岗位有可能是不合适的，过于追求量化还可能导致评估系统过于复杂，增加操作上的难度。

2.工作绩效评价标准不清

这个问题是造成工作绩效考核工具失效的常见原因之一。比如，标准欠缺、标准走样、难以准确量化等。以欠缺的或不相关的标准来对被考核者进行考评，会导致评价不全面、不客观、不公正，很难使被考核者对考核结果信服。

正确的做法是，重视评估指标的可验证性，能量化的尽可能量化，描述性指标如果能被验证，同样是适用的。这就要求评估人员重视信息的收集、记录和整理，为评估结果提供可验证的信息。请注意，评估系统的简便易行是系统实施成功的先决条件之一。

二、绩效管理循环过程中容易出现的问题

（一）绩效计划环节存在的问题

1.绩效计划与企业战略脱节

人力资源战略服务于企业总体战略，作为人力资源管理体系中的一部分，绩效管理体系是联结企业战略与人力资源管理其他职能模块的关键环节。很多企业只是空喊口号，一边高举企业战略旗帜，另一边闭门制订绩效计划，导致绩效计划与企业战略各行其道。比较典型的情况是企业高管每年年初与各个部门签订责任书，到年底的时候，每个部门的绩效目标完成情况都很好，但是整个企业的战略目标没有达到。这就说明，企业的战略目标并没有通过绩效计划层层落实到员工身上。究其原因，应该是绩效目标的分解存在问题。对于传达下来的绩效计划，部门在制定绩效标准的时候，有意无意地回避了其中难以办到或看起来不重要的绩效目标，但实质上这些目标对企业发展具有重要意义，这样一来，各部门及各岗位的绩效标准实际上还是从本部门及其岗位的工作职责出发，并不是企业战略目标的逐层分解。

2.绩效管理指标缺乏侧重点

有的企业为了最大限度地发挥绩效考核的作用，恨不得把所有必要的、不必要的工作都纳入绩效考核的范围，从而导致员工的焦虑和抵触情绪。员工轻则没有精力或不愿意去思考如何改进工作，一味地思考如何少犯错误，保全自己的工资和奖金，重则产生行为偏常。企业不能指望通过绩效管理解决所有的管理问题，事实上也不可能解决所有的问题。绩效管理应关注那些关键业绩指标，应当通过绩效管理将员工的业绩和企业的战略目标联系起来，而不是面面俱到。对于实现企业的战略目标没有直接关系的员工行为，可以依靠员工手册或倡导组织公民行为来约束。

3.绩效管理模块与人力资源系统其他模块脱节

人力资源系统包括很多模块，与绩效管理模块联系最为紧密的是工作分析、薪酬管理和培训开发等。绩效管理建立在任职资格体系的基础上，涉及员工的职业生涯规划与管理，其结果应用于薪酬管理、培训开发和晋升等方面，而这些职能也反过来对绩效管理产生影响。因此，有效的绩效管理体系应该能够与其他人力资源模块协同发展，而不仅仅是作为一种技术工具使用。如果其他模块不完善，或者没有与绩效管理有机结合，那么绩效管理就难以发挥其应有的联结战略、员工管理与能力开发等的重要功能。

（二）绩效辅导环节存在的问题

1.对绩效辅导的重要性缺乏认识

很多企业并没有认识到绩效辅导的重要性，常见的情况是，只有在每个考核周期末进行考核的时候，绩效管理才被提上议程，根本谈不上绩效辅导。实际上，除了为价值分配提供依据之外，绩效管理还有一个非常重要的作用就是寻找企业经营管理的短板所在，通过适当的调整和绩效辅导不断完善和改进企业的经营管理方法。从某种意义上说，绩效管

理就是一个帮助员工找出问题，及时帮助员工解决问题，促进员工成长的过程。作为管理者，应该多与员工沟通工作的进展、出现的问题和遇到困难、怎么改进等情况，而不是等到绩效考核之后才来问责员工的失误或不足。及时有效的绩效沟通与辅导，不仅有助于绩效问题的解决，还能让员工产生成就感和胜任感，也有利于改善部门内的工作氛围和人际关系。

2.忽视员工的参与

没有员工的参与，绩效辅导就无法展开。在部分企业中，员工对自己的工资是如何计算的不清楚，他们并不了解企业的绩效管理制度，比如绩效考核的指标有哪些，考核是怎么进行的，考核结果是怎么得出的等。很多企业的绩效评价办法虽然是公开的，但是在具体的评价过程中，主观随意性较大，使得绩效管理对于员工的引导作用并没有得到充分发挥。绩效管理中有一个很重要的环节就是进行绩效的跟踪辅导。考核者应及时了解被考核者工作的进展情况，遇到的问题和障碍，与被考核者一起积极寻求解决的办法。

（三）绩效考核环节存在的问题

有很多业务部门的管理者认为绩效管理只是人力资源部门的事，不应该成为直线业务部门的工作。他们认为进行绩效考核是在浪费时间和精力，或者干脆以自己对下属的印象来打分，从而忽视了对员工在每个考核周期内具体表现的考察，而这些第一手的绩效资料又是管理者体现公平管理和合理激励的前提和基础。直线业务部门主管应该认识到：一是人力资源部门不可能掌握和了解所有员工的所有表现，也不可能完全了解各个部门具体的考核指标，人力资源部门只是一个服务部门，其工作的开展离不开各个业务部门的支持；二是作为部门主管，有一项重要任务，就是培养下属。因此，企业在制定绩效考核指标体系的时候，各部门主管共同参与是其中的应有之义，不能推脱。另外，在部门主管的绩效考核指标中，也应该加入员工成长等方面的考核指标。

（四）绩效反馈环节存在的问题

绩效反馈在绩效管理系统中存在两个层次。一个层次是主管人员对下属的绩效反馈。这一层次的绩效反馈出现失败，主要原因有两个：一是主管人员不愿意将评估信息反馈给被评估者，因此在实施反馈时不完全遵守反馈要求；二是管理双方对评估结果认识不一致，发生冲突，导致绩效反馈无法达到预定效果。这些问题，可以通过加强宣传教育、加强监督和贯彻落实绩效反馈的相关制度来解决。

绩效反馈的另一个层级存在于整个组织层面，组织必须设计一个员工可以申诉的通道，来保证对整个系统的实施进行监控。当员工对上级主管的评估意见不满时，可以向更上一级主管申诉，也可以向人力资源管理部门申诉。这一层级的反馈失败，常常是由于对申诉处理不及时，或者对员工申诉的处理没有制度化而造成的。解决的方法是加强员工申诉处理的制度化建设，对员工申诉设立规范的处理程序，包括调查、记录、处理和存档，建立起员工对申诉渠道的认可和信心。

（五）结果使用环节存在的问题

1.过多关注薪酬与奖金的因素

不少企业管理者认为绩效管理工作仅仅是奖金分配的手段，因此在进行绩效管理时，把员工奖金分配放在了非常突出的位置。一项调查表明，79%的中国企业认为绩效管理要结合薪酬的增长，67%的企业认为绩效管理要和奖金挂钩，这些数据远远高于全球以及亚太地区的水平。企业在绩效管理中过于强调薪酬和奖金，却忽略了绩效评定、潜力评估以及员工职业发展的重要因素。此外，中国企业在绩效管理中使用胜任力考核的比例也是最低的。

2.过度使用强制分布

有调研结果显示，全球26%的企业表示会使用“强制分布”，而在中国这一数字高达57%。如果过多地使用“强制分布”，容易使人感觉企业缺乏“人情味”，而倾向于无情的“法制”，导致员工丧失信心和被认同感，也会给他们带来过大的压力，降低敬业度。当目标或压力超过其所能承受的最大负荷时，员工往往会通过消极对待甚至离职的方式解决问题，反而对企业实现绩效目标起负面作用。此外，在强制分布实施中，鉴于人才稀缺、中国“面子”文化等原因，企业有时又不得不做出让步，最终使“强制分布”的效果大打折扣。

三、 管理者对绩效管理工作本身的认识可能存在的问题

（一）绩效管理指导思想的偏差

许多企业的管理者认为绩效考核是绩效管理工作的全部，以绩效考核代替绩效管理工作，单纯为考核而考核，远远没有发挥绩效管理的应有功能。甚至有人认为考核的目的就是找出员工的毛病，然后采取惩罚措施。事实上，绩效考核只是完整的绩效管理过程的一个环节，绩效考核的目的也并不仅仅与利益的分配相关，而更多的是希望通过有效运用考核的手段提高员工的工作绩效和职业能力。现在越来越多的企业认识到，必须从绩效管理的全过程来看待绩效考核，这样才能真正发挥绩效考核的作用。绩效考核与绩效管理存在巨大差异，同时从绩效考核到绩效管理的变化，也体现了人力资源管理理念的深刻变革：一是管理思想从科学管理到人本管理；二是管理手段从行政控制到沟通激励；三是管理基点从结果管理到过程管理。

（二）绩效管理被认为主要是人力资源部门的职责工作

在许多企业中，一提到绩效管理，多数管理者就会认为是人力资源部门的事情，与自己的工作没有多大关系。当人力资源部门推行绩效管理工作时，往往会遇到较多的阻力和障碍，其他部门的人员往往认为绩效管理是多余的，不会产生价值，浪费企业的时间、精力，管理人员在给下属打考核分时，往往走形式，不会认真对待。事实上，绩效管理更多的是直接主管的事，管理者的核心工作是对自己的绩效和下属的绩效进行有效管理，以确保实现企业绩效，因此绩效管理是每个管理部门最重要的工作。

（三）绩效管理实施的前期准备工作不充分，不被重视

不少企业管理者在实施绩效管理时都会忽视实施前的准备工作。绩效管理的实施覆盖面广，涉及每个员工的具体利益和工作、生活，因此任何一套新系统的实施都意味着组织内的一次变革。变革能否获得成功，关键在于系统和组织文化的适应性。系统实施前的充分准备可以减少阻力，为下一步的贯彻实施打下重要的基础。

绩效管理实施的前期准备不充分的情况经常表现为：

1.宣传教育不够

员工不理解什么是绩效管理，为什么要进行绩效管理，绩效管理对于企业和员工来说

有什么好处，指标和评价标准有什么合理性，因此容易产生抵触情绪，认为绩效管理仅仅是针对员工的一项不愉快的管理措施。在这样的文化和氛围下，很难做到在实施中下属和主管共同协商，制定目标和改进计划，通过持续的管理达到提高绩效的目的。

因此，各种形式的宣传教育对于成功实施绩效管理是不可忽视的前提条件。高层管理者在宣传教育的准备工作中必须发挥强有力的推动作用，表明组织变革的决心，影响企业文化和氛围，这样才能为绩效管理系统的顺利实施创造良好的环境条件。不少企业花费高昂成本开发绩效管理系统，但最终系统实施失败，其往往并不是系统本身不好、实施准备不充分。高层领导不重视宣传教育工作，可能是重要原因。

2.缺少培训

绩效管理的实施，需要主管人员掌握目标管理、绩效沟通、评估技术、反馈面谈等多项技能，如果不重视管理培训，实施过程中不可避免会由于管理人员的认识偏差和技能缺乏，造成整个系统的运行偏离预定轨道。任何管理活动都要消耗资源，会给组织增加成本，绩效管理的失败给企业带来的不仅仅是已经发生的开发成本、实施成本，更重要的是会破坏组织氛围，降低员工信心，给组织带来长期的、潜在的损失。培训是一种有效的预先控制，将失误控制在潜在的可能阶段，对组织来说是降低成本、提高收益的有效手段。

3.管理政策不配套

绩效管理的实施必须和奖惩制度、晋升制度、权责界定等一系列管理政策相配套，缺少管理政策，系统的实施就得不到制度保证，很难长期、有序地进入良性循环。

（四）把绩效管理工作看成灵丹妙药，忽视其他相关管理系统的建设

有些企业非常重视绩效管理，但忽视其他系统的建设，其把绩效管理看成“灵丹妙药”，仿佛能解决企业所有的管理问题。绩效管理体系本身是一个非常重要的管理系统，但也需要其他管理系统的协同和配合，如清晰的发展战略体系、明确的组织职责体系、良好的激励机制、健康的企业文化体系等，如果没有这些体系的配合，绩效管理工作体系的实施效果会大打折扣。

（五）管理人员对资料收集的重要性认识不足

绩效评估结果常常决定一个人在组织中的地位和前途，所以作为评估基础的信息必须真实、有效、可靠。不少企业的主管人员常常视资料收集为一种工作负担，结果导致评估时缺少能够说明问题的可靠数据。在这种情况下，为了不引起评估和被评估双方的冲突，评估只能趋向平均化，最终可能导致绩效管理流于形式，从而将系统实施失败的原因归咎于评估指标的不合理上。

避免这种问题的有效措施是，加强收集基础信息的制度管理，将行之有效的生产记录、考勤纪录、原始台账等基础信息管理落实到位，同时可以在相应监控的情况下让员工参与收集数据，保证能为绩效评估提供上、下级认可的可靠信息。

（六）评估过程的偏差

（1）由于对评估系统本身认识不够产生的问题，如对绩效评估标准认识不一致。同样的好、中、差三项标准，可能有的评估者掌握过宽，有的过严，进而影响考评结果。

（2）由于主管人员在评估过程中的心理误区造成评估偏差，比较常见的有晕轮效应、逻辑误差、偏松或偏紧倾向、首因效应、类己效应、近因效应、刻板印象等。

（3）由于评估人员主观上利用评估权力造成的偏差，如挟私报复等。

对于前两类偏差，可以通过加强对评估人员的培训指导加以改善和避免；对于第三类偏差，则需要在评估系统中制定完善的反馈控制渠道，给员工以申诉的机会，避免这种情况的发生。

以上只是绩效管理中比较常见的部分问题。企业所处的环境不同，所采用的绩效管理工具不同，都会导致每个企业存在的具体绩效问题不同。企业在绩效管理的实践中应具有战略眼光，及早发现绩效管理中存在的问题，以便防患于未然，防止管理不当所导致的一系列后果。

第二节　对绩效管理中存在问题的处理建议

一、　对创建绩效管理体系的建议

（一）要创建绩效导向的优秀企业文化，改变绩效管理的指导思想

优秀的企业文化，能对企业的绩效管理工作产生强大的推动作用：良好的企业文化能够带动员工树立与组织一致的目标；能为员工营造出一种积极的工作氛围、共享的价值观念和管理机制。另外，绩效管理只有以企业文化为导向，才能真正发挥其应有的作用。因此，为了真正发挥绩效管理的作用，适应急剧多变的市场竞争，最大限度发挥企业潜力，就必须致力于建立一种与企业的绩效管理系统相融合的高绩效的企业文化。

（二）把实现企业战略目标作为出发点，对企业的战略目标进行层层分解

企业在绩效考核指标设定时，不仅要考虑部门职责、岗位职责和业务流程，还要把企业的战略目标转化为绩效指标，这样才能提高组织整体绩效，企业战略目标的实现才有可靠的保证。

（三）构建绩效多维化的考核指标体系

企业在设计绩效考核指标时，要同时兼顾组织层级绩效、流程层级绩效和工作/执行人员层级绩效三个方面。对每个层级的绩效都可以从目标、设计和管理三个因素进行考虑，从而保证绩效考核的有效性。

（四）绩效指标权重设置要合理化

在进行员工绩效指标设计时，要针对各层、各类员工的不同特点设计不同类型指标所占的权重，以提高绩效考核工作的科学性和针对性，这样才能把不同类型员工的绩效真正衡量出来。企业内不同类型以及处于不同层次的员工由于工作性质、职责权限不同，绩效体现形式就可能不同。比如，一般来说，越到高层，由于对所管辖工作的结果所负的责任越大，在实际考核中就更加强调结果导向，而对能力和态度的考核所占的比重相对就小一些；而对基层员工来说，能力和态度就重要得多，因为影响其工作业绩的许多因素都是员工所不可控的，所以一般来说，其工作业绩在整个绩效考核结果中所占的比重就比高层管理者要小。

（五）采用系统的绩效考核方法代替过去片面的考核方法

根据管理水平的实际状况，企业应考虑采用KPI指标体系方法、平衡计分卡、360度绩效考核方法等，从组织战略和人力资源管理两个角度对绩效进行考核与管理，以促进核心竞争力的形成，提高绩效管理水平，最终实现既定的战略目标。

（六）确定考核标准尽量具体客观

企业在制定考核标准时，应坚持“能量化的量化，不能量化的细化”的原则，尽可能使考核指标可衡量，消除因需要主观判断可能带来的误差。

二、对实施绩效管理系统的建议

（一）实施绩效管理系统前的分析

（1）如果绩效评估的结果仅仅作为裁减人员的依据，绩效管理系统的应用目的则过于狭隘，并且容易引起负面情绪反应，应该对这类绩效管理的实施持审慎态度。

（2）不要轻易地直接改变原有绩效管理系统。变通的做法是，通过培训或其他手段推出一种新的绩效管理方法，其结果可以用于绩效管理。

（3）若实施绩效管理系统的一个目的是改变组织文化和氛围，则需要恰当选择和定义一系列行为性指标，从而引导员工的行为符合规范，通过行为的改变促使组织的文化和氛围得到改变。

（4）在制订绩效管理计划之前，重新审视绩效管理与其他人力资源管理活动，包括薪酬体系、培训与开发、招募与配置、员工职业生涯管理、劳动关系管理，以及诸如全面质量管理体系等企业管理职能之间的关系。

（5）若组织没有实行依据绩效评估结果付酬，那么可以尝试这样去做；如果组织已经实行依据绩效评估结果付酬，那么应该努力使与绩效有关的薪酬计划和绩效管理计划之间的关系变得更为科学合理。

（6）应该明确一套成功的绩效管理系统的设计与实施，不仅需要考虑技术层面的问题，也需要考虑沟通层面的问题，在许多时候问题往往出在沟通不畅上。

（7）想要在一套绩效管理系统中解决所有问题的想法是不现实的，要做到有所为有所不为。

（二）绩效管理系统的实施

（1）在整体推出之前，对系统进行局部的试验和测试。分阶段对绩效系统的实施进行回顾和反馈，及时纠正绩效管理系统运行中存在的问题。

（2）用组织中最难衡量的工作进行测试，如果对这样工作的评估都可以操作，那么就不用担心在其他工作上的操作了。

（3）用组织中的人作为培训师和技术支持者，主管人员和员工均可，最好使用一部分员工，这样有助于使绩效管理系统获得更加广泛的认可和支持。

（4）使用内部的公开媒介公布这一计划，并让员工逐步了解它的最新进展和结果。

（5）在可能的情况下，采用自上而下的实施方法。

（6）找到与被评估对象在工作中发生关系的其他部门进行评估，保证绩效标准在组织内部协调统一。

(7) 组建一个团队审计不同部门的绩效管理工作，处理跨部门间不一致的问题，使所有的管理人员在制订绩效计划时都采用同一套系统。

(三) 对绩效管理系统运行情况的评估

(1) 选择并跟踪几个被评估者，看看他们的绩效是否得到了改进。

(2) 定期（每季度、半年或一年）调查人们对绩效管理系统的满意度，分析、诊断原因，对绩效管理系统进行调整和完善。

(3) 绩效管理系统使用两年之后对其进行审视，看看是否达到了预期的效果，如有必要，对其进行修订。

三、对绩效评估者的建议

第一，要确保让绩效评估者对绩效考核中容易出现的问题都有清楚的认识，弄清问题有助于避免这些问题的出现。

第二，选择正确的绩效考核工具。每种考核工具，都各有优缺点，应根据实际情况，选择能充分发挥所选考核工具优点的考核工具，必要时可综合采用几种考核工具进行考核。

第三，对主管人员进行如何避免评估者误区的培训，这有助于绩效考核结果的客观公正性。

第四，主管要养成对员工的绩效不断追踪的习惯，把员工在工作过程中的一些非常好的、有利于工作绩效的行为和事件以及较差的行为和事件进行记录，这样可以避免日后与员工进行绩效沟通时遗忘，也会增强考核的客观性和说服力。

第五，建立上诉系统和高层管理评审机构，两者形成一个统一的、不可分割的整体。当员工对给予他们的考核结果不满意时，上诉系统为员工提供了一种获得公平待遇的方法和途径。同时，为保证公平，可以成立高层管理评审机构，对已经完成的考核进行评审，指出考核中存在的问题，通过这些手段可以较好地促使各级考核人员不断克服各类主观错误，提高绩效考核水平。

课后练习题

1.选择题

(1) (　　) 是绩效考核指标的来源。

A.公司发展战略目标　　B.部门职责

C.工作权限　　D.业务流程

(2) 绩效考核过程中容易出现的问题是（　　）。

A.绩效考核标准不明确　　B.晕轮效应

C.评价者的个人偏见　　D.没有建立申诉渠道

(3) 以下说法中正确的是（　　）。

A.360度考核反馈结果可以用于员工薪酬决策

B.可以对不同类型的员工采用统一的考核指标与标准，以提高考核效率

C.员工参与绩效指标和标准的制定有助于其绩效水平的提高

D.绩效考核结果反馈主要是用于薪酬决策而不是其他方面

(4) 以下说法中错误的是（ ）。

A.绩效沟通要注重换位思考和积极倾听

B.绩效辅导贯穿于绩效管理的全过程

C.绩效计划的重点在于确定绩效指标和标准

D.绩效管理主要是人力资源管理部门的工作，与其他部门关系不大

2.判断题

(1) 在制定考核标准时，能量化的量化，不能量化的目前还没有有效的办法解决。（ ）

(2) 一般来说，越到高层，由于对所管辖工作的结果所负的责任越大，在实际考核中应更加强调能力和态度导向，因而对结果的考核所占的比重相对就小一些。（ ）

(3) 绩效管理的失败给企业带来的不仅仅是已经发生的开发成本、实施成本，更重要的是会破坏组织氛围，降低员工信心，给组织带来长期的、潜在的损失。（ ）

(4) 所有岗位的评估指标都是越量化越好。（ ）

3.问答题

(1) 绩效管理系统本身容易出现的问题有哪些？应如何处理？

(2) 绩效管理循环过程中可能出现的问题有哪些？应如何解决？

(3) 在绩效评估中，考评人容易存在的误区有哪些？解决的方式有哪些？

4.实务题

假定你是某公司人力资源部门的培训经理，近一段时间以来，大家普遍反映公司各级管理人员对去年开始实施的新的绩效管理制度在执行上存在较大问题，问题主要集中在绩效考核和绩效反馈面谈方面，严重影响了员工士气，公司整体绩效水平有下滑趋势。鉴于这种情况，领导要求你根据绩效管理过程中管理人员容易产生的问题，设计一个详细的、有针对性的绩效评价和绩效反馈面谈方面的实战培训方案，并尽快付诸实施。

要求：请你根据相关情况进行培训方案的制订。

案例分析

某大型企业总部的绩效考核

本人目前在一家大型央企总部工作，所在的部门为人力资源部，具体负责整个集团的薪酬管理和集团总部职能部门的绩效管理工作。我在多年的工作中，在绩效管理方面一直有些困惑，尤其是在对职能部门进行绩效考核时，发现效果并不明显，难以达到激励和约束作用，绩效考核基本上形同虚设。

一、集团总部概况

目前，集团总部约有300人，共有10个部门，均为职能部门，具体包括：人力资源部、办公室、财务部、战略计划部、稽核审计部、法律部、管理信息部、党务工作部、风险管理部、工会，而集团旗下有40多家一级子公司，1 000多家二级子公司，整个集团共有近20万人。

集团总部的管理模式是管理控股模式，总部没有事业部，各部门主要承担对子公司的

相应模块的管理工作，人员主要以有多年工作经验的员工组成，绝大部分具有本科乃至硕士学历，平均年龄43岁。

二、现行绩效考核模式简介

在对总部部门人员的绩效考核上，公司采取目标管理模式，由人力资源部负责组织实施，各部门具体执行，分成四个步骤：

1.年初制定目标

在年初统一拟定岗位工作目标，具体到每一名员工，所设定的指标以工作内容为主，每个人是5~10个目标。目标的制定经过部门直属领导（处长）和员工本人的确认，最终部门同意即可生效。

2.期中进行工作回顾和评价

在每个季度末，由人力资源部组织各部门对员工进行期中工作回顾，主要以员工自评的形式，对过往季度的工作进展、效果进行评价，并经过直属领导（处长）的确认，提交部门存档。但是，期中评价并不直接影响个人年终绩效，只是作为完善工作、促进年度目标完成的一个手段。

3.年终集中考评

在每年的年底，由人力资源部组织，员工在线填写《个人年度目标完成情况表》，全面自评个人工作完成情况，提交直属领导（处长），再由处长出具考核意见和建议，提交部门，经部门领导班子审核同意，即为个人最终年度绩效考核结果。

在这个环节中，员工自评大约占30%权重，直属领导（处长）占50%权重，最后部门领导班子意见占20%权重，但其并未明确在制度中。

4.考核结果的运用

员工个人年度绩效考核结果分成“优秀”“称职”“基本称职”“不称职”四个档次，其中，“优秀”和“称职”属于合格，符合其他条件即可享受职位晋升、薪酬调整等待遇；“基本称职”者不享受职位晋升、薪酬调整等待遇，如果连续两年“基本称职”，将会被调整职位和薪酬；“不称职”者将接受再培训，如培训之后仍不符合公司要求，公司将考虑与其解除劳动合同。

三、现行绩效考核模式存在的问题

虽然考核的频度并不低（一年四次），但在实际运行中，仍存在许多问题，直接导致绩效考核制度形同虚设，难以真正发挥作用，主要体现在以下方面：

1.工作难以量化，无法量化考核

前文已经述及，因总部部门职能所限，各部门工作基本上是以日常管理为主，没有财务指标、销售指标等可量化指标，因此，在考核时主要以定性描述为主。这就直接导致了考核的模糊化，难以打分，在实施考核之后，就难免会出现相互扯皮的现象，直属领导也容易陷入困惑，只好凭个人直观感觉打分，很难确保考核结果的客观性，效果就大打折扣。另外，因为考核指标难以量化，同样会造成员工的消极怠工，工作能拖则拖，事情能推则推，多一事不如少一事，因而也造成了工作效率低下的不良局面。

2.平均年龄偏大，实施压力大

总部工作人员平均年龄为43岁，最高峰时期达到45岁，大部分人员均已在公司工作多年，再择业的能力偏弱。因而，在对他们进行考核时，很难真正制度化。这就导致了考核结果的不客观乃至无效，该淘汰的人无法淘汰，人才流动也很难实现。

3.考核不透明，员工对考核结果不信服

在考核中，直属领导（处长）和部门领导班子打分这两个环节都是单独进行的，虽然会有一个员工确认的过程，但也流于形式，更类似于“知会结果”的形式。同时，在考核结果出来之前，同部门员工不能知道其他同事的考核结果，这就可能导致暗箱操作，同时员工也对领导充满了不信任感，绩效考核的效果就适得其反，违背了考核的初衷。

四、个人的一些看法和建议

针对公司现行的考核模式和存在的问题，本人提出一些看法和建议：

1.增加员工之间的360度互评

针对考核的不透明情形，可以在年中考核的环节中增加一项员工互评，即同级别的员工进行互评。在互评指标的设置上，可以考虑“工作效率”“工作质量”“沟通协作”等指标，主要是敦促员工之间相互监督，增强沟通，提高工作效率。本互评环节可以设置20%乃至更高的权重，可以增强考核的透明度，同时也易于得到员工的普遍认可。

2.改进指标的设置，缓解指标难以量化带来的压力

在制定工作目标时，可以考虑引进工作完成时效、下属子公司满意度、其他部门评价等指标，将纯粹本部门的定性描述转变为其他准量化指标。这样可以促进员工提高工作效率，并注重与其他部门和子公司的沟通，有利于改善工作质量，提高工作满意度，同时也能增强考核结果的客观性。

3.强制执行“末位淘汰制”

针对考核结果中出现的和稀泥现象，可考虑实施“末位淘汰制”，分别对四个考核结果档次设置权重，拉开考核差距，并重点强调“不称职”的比重，坚决执行末位淘汰制。对一些人数较少的部门，可以考虑进行合并同类项，将几个职能相近、工作相似的部门合并起来一起进行考核。在实施末位淘汰制的过程中，在后续培训、人员流动等方面制定配套制度，保证制度的顺利推进。因为公司是一个综合性的大型企业，对于被末位淘汰的人员，可以考虑推荐到子公司就业，让员工有一个新的选择。

问题分析：针对该企业总部的绩效管理所存在问题及作者给出的建议，你的思路及解决措施是什么？

第十章课后练习题答案

主要参考文献

[1] 赵曙明，池永明. 绩效考核与管理——理论、方法、工具、实务 [M]. 北京：人民邮电出版社，2014.

[2] 付亚和，许玉林. 绩效管理 [M]. 3版. 上海：复旦大学出版社，2014.

[3] 李业昆. 绩效管理系统 [M]. 北京：华夏出版社，2011.

[4] 德斯勒. 人力资源管理 [M]. 刘昕，译. 14版. 北京：中国人民大学出版社，2017.

[5] 赵澄旻，吴志康. 三元复合绩效管理系统 [M]. 广州：广东经济出版社，2016.

[6] 李敏. 绩效管理理论与实务 [M]. 上海：复旦大学出版社，2015.

[7] 罗帆，卢少华. 绩效管理 [M]. 北京：科学出版社，2016.

[8] 胡晓东. 绩效管理学 [M]. 上海：上海交通大学出版社，2015.

[9] 赵日磊. 手把手教你做绩效管理：模型、方法、案例和实践 [M]. 北京：电子工业出版社，2016.

[10] 方振邦，陈曦. 绩效管理 [M]. 北京：中国人民大学出版社，2015.

[11] 云鹏，尹海燕. 绩效管理 [M]. 北京：中国商业出版社，2015.

[12] 李瑞. 图画绩效管理 [M]. 北京：电子工业出版社，2017.

[13] 郑芳. 资深HR手把手教你做绩效管理 [M]. 天津：天津科学技术出版社，2017.

[14] 姚琼. 世界500强绩效管理你学得会 [M]. 北京：中华工商联合出版社，2017.

[15] 吴刚. 绩效管理 [M]. 北京：清华大学出版社，2016.

[16] 智道. 绩效考核：业绩是考出来的 [M]. 北京：电子工业出版社，2017.

[17] 林新奇. 绩效考核与绩效管理 [M]. 北京：清华大学出版社，2015.

[18] 付维宁. 绩效与薪酬管理 [M]. 北京：清华大学出版社，2016.

Performance Management

21世纪应用型本科管理系列规划教材

管理学
行政管理学
海商法教程
人力资源管理
农村区域发展实验教程
绩效管理

为方便教学，本书配有电子课件，
请任课教师登录东北财经大学出版
社网站（www.dufep.cn）免费下载。

ISBN 978-7-5654-3610-9

9 787565 436109

定价:38.00元